Teoría e investigación de la comunicación de masas

Sofía Serna

Teoría e investigación de la comunicación de masas

Segunda edición

José Carlos Lozano Rendón

Director del Centro de Investigación en
Comunicación e Información
Tecnológico de Monterrey, campus Monterrey

PEARSON
Educación ®

México • Argentina • Brasil • Colombia • Costa Rica • Chile • Ecuador
España • Guatemala • Panamá • Perú • Puerto Rico • Uruguay • Venezuela

Datos de catalogación bibliográfica

LOZANO RENDÓN, JOSÉ CARLOS

Teoría e investigación de la comunicación de masas

PEARSON EDUCACIÓN, México, 2007

ISBN: 970-26-0827-9
Área: Ciencias sociales

Formato: 18.5 × 23.5 cm Páginas: 248

Edición en español
Editora: Leticia Gaona Figueroa
e-mail: leticia.gaona@pearsoned.com
Editor de desarrollo: Felipe Hernández Carrasco
Supervisor de producción: Enrique Trejo Hernández

SEGUNDA EDICIÓN, 2007

ISBN 10: **970-26-0827-9**
ISBN 13: **978-970-26-0827-1**

Impreso en México. ***Printed in Mexico***.

1 2 3 4 5 6 7 8 9 0 - 10 09 08 07

PEARSON
Educación ®

Contenido

Tercera parte. El contenido de los mensajes

Capítulo 6

Capítulo 7

Introducción a la segunda edición

A diez años de la primera edición de este libro, era urgente revisar los avances de las teorías de la comunicación de masas en el mundo y en América Latina. Los enfoques teóricos, afortunadamente, duran más tiempo de moda que sus objetos de estudios (películas, telenovelas, diarios, historietas). En la actualidad las teorías más reconocidas siguen siendo la sociología de la producción de mensajes, el análisis del cultivo y el establecimiento de la agenda en la perspectiva positivista, y la economía política y los estudios culturales en las líneas críticas. Pero, sin duda, los refinamientos, las modificaciones y la acumulación de evidencias empíricas en cada una de ellas son significativos y requieren tomarse en cuenta en un lapso de diez años.

En esta nueva edición, así, se han incluido ejemplos más actuales de las afirmaciones y las conclusiones a las que han llegado los diferentes enfoques sobre el efecto, los usos y las apropiaciones de los mensajes comunicacionales en las audiencias. Se han revisado los cambios de énfasis o los agregados que los seguidores de cada perspectiva han generado, y se han multiplicado las figuras y viñetas que faciliten la comprensión de las ideas y los conceptos que se aplican en el campo de la comunicación de masas.

El protagonismo de los medios de comunicación en la región en los ámbitos político, económico, social y cultural sigue creciendo exponencialmente, y en la actualidad los procesos electorales, los comportamientos sociales, los eventos deportivos, la música y la religión adquieren relevancia y multiplican su impacto a partir de lo que la televisión, la prensa, el cine y la radio difunden y promueven. Las imágenes de la realidad, los estereotipos, la representación de la violencia y los valores están hoy más que nunca en manos de medios de comunicación que, siguiendo intereses económicos e ideológicos, no dudan en distorsionar, exagerar o empaquetar los contenidos de manera sensacionalista para obtener mayores índices de audiencias. De ahí que la formación de comunicadores y comunicólogos conscientes de las deficiencias en los sistemas actuales de comunicación de masas, y capaces de identificar tanto sus aspectos problemáticos como sus verdaderas aportaciones sociales, sea más relevante que nunca.

Esperamos que esta nueva edición provea al estudiante de las carreras de ciencias de la comunicación y afines, mayores fundamentos para que desarrollen una actitud crítica y proactiva frente a los medios, la cual les permita cuestionar sus contenidos problemáticos y evitarlos cuando en su vida profesional estén encargados de producir mejores películas, programas de televisión y contenidos informativos en sus respectivos países.

Introducción

En América Latina, al igual que en otras regiones del mundo, han proliferado las carreras de ciencias de la comunicación. Según Rojas y Rondero (2005), a mediados de la primera década de este siglo había un total aproximado de 1,026 escuelas de comunicación en la región, siendo Brasil (348) y México (321) los países con mayor cantidad de tales facultades (p. 49).

Ese crecimiento exorbitante ha suscitado muchos problemas relativos a la calidad de la enseñanza y a la definición de los perfiles profesionales de los egresados. Hay escuelas con serias carencias en cuanto a infraestructura; otras tienen personal con escasa preparación teórica o práctica; y otras más siguen planes de estudio inconsistentes.

Pero quizás el mayor problema sea la ambigüedad prevaleciente en muchas de esas escuelas sobre la definición de su campo de estudio: la comunicación. Tras la denominación genérica de la carrera "Licenciado en Ciencias de la Comunicación", se esconden múltiples versiones, en ocasiones contradictorias. Con esa denominación ciertas escuelas forman publicistas; en tanto que otras preparan a los egresados para la comunicación organizacional; e incluso hay otras más que forman investigadores sociales. Se encuentran las que preparan productores de medios y aquellas que ponen el énfasis en la comunicación institucional y en las relaciones públicas. Además, muchas tratan de capacitar a sus alumnos en varias o en todas las áreas mencionadas.

Nadie negará que tal diversidad de objetivos y perfiles podría ser benéfica y ampliar las perspectivas laborales evitando la saturación de un solo campo. No obstante, también resulta evidente que dicha multiplicidad de enfoques hace aún más difícil la definición del objeto de estudio y del perfil del comunicólogo. ¿Qué se entiende por comunicación? ¿Cuáles son las características de este proceso? ¿Cuáles son sus implicaciones sociales? ¿Qué papel juega en la reproducción o en el cambio social?

Sin duda alguna, la teoría de la comunicación tiene asignado un papel clave en la respuesta a interrogantes como las anteriores, e incluso en la definición misma del objeto de estudio. En la teoría se encuentra, quizás, el común denominador de todos esos enfoques dispares y contradictorios o, por lo menos, una respuesta tentativa sobre las diferencias y las semejanzas entre ellos.

Pero, ¿cuál o cuáles teorías? ¿De qué tendencias o enfoques? ¿De qué escuelas de pensamiento y de qué procedencia? Aquí también enfrentamos problemas cruciales. Teorías hay muchas, de diferentes corrientes y sobre diferentes aspectos de ese polisémico término que es la comunicación. Unas abordan el análisis del proceso de la comunicación desde la psicología, otras lo hacen desde la sociología, otras desde la filosofía y otras más desde la economía política. ¿Cuáles privilegiar en nuestras escuelas? ¿Cuáles adoptar y cuáles rechazar?

Idealmente, la adopción o el rechazo de las teorías debería pasar por un cuidadoso proceso de análisis comparativo y cuestionamiento de cada una de ellas. No para desembocar en un enfoque eclecticista que pretenda mezclar lo que no es combinable, sino para que la adopción o el rechazo se dé por convencimiento conceptual y no por ignorancia de opciones ni por la tentación hacia el teoricismo. Durante la década de 1970, en México y América Latina la teoría de la comunicación cayó en un teoricismo aplastante que, lejos de legitimarla y hacerla útil para definir nuestro campo de estudio, oscureció el debate, lo polarizó en extremos ideológicos sin matices, y distanció severamente a los teóricos (profesores e investigadores) de los prácticos (profesionales y comunicadores). Ese teoricismo se caracterizó por la proliferación de análisis macrosociales (marxistas y semiológicos) escritos en una jerga innecesariamente complicada, sin anclajes en hallazgos de investigación propios, y por un afán de denuncia exacerbado y maniqueo. Daniel Prieto (1984, pp. 24-28), en un artículo adelantado al debate que se suscitaría a fines de la década de 1980 y principios de la siguiente sobre la necesidad de desideologizar la teoría de la comunicación, afirmaba lo siguiente:

> Escuelas y estudiantes se han empantanado a lo largo de años en cuestiones [teóricas] que no comprenden (porque no les hacen falta, porque para entenderlas se requiere de una formación distinta), en la adquisición de un palabrerío inútil, en la recepción de unos pocos esquemitas con los que creen (o les hacen creer) que pueden interpretarlo todo.
>
> El teoricismo [...] afirma que todo lo que no está con él está contra él. El teoricismo ha descalificado corrientes enteras de la comunicación contemporánea con una mano en la cintura. A un análisis crítico, necesario ante cualquier corriente, sea del signo que fuere, se ha superpuesto una descalificación *a priori* en la que se incluyen teorías, metodologías, técnicas.

El resultado —aún vigente de cierta manera— fue desastroso en la mayoría de los casos. Muchos alumnos, ante la complicada jerga de los teoricistas y sus malabarismos conceptuales en los más altos planos de la abstracción, terminaron por desarrollar fobia por todo lo que oliera a teoría. A los pocos que sí se interesaron por el análisis científico de la comunicación, el teoricismo les nubló el panorama y les impidió reconocer la importancia del trabajo de campo en la formulación o comprobación de las teorías. Se aprendieron unos cuantos esquemas teóricos bastante rígidos, y trataron de que la fluida y contradictoria realidad se ajustara a ellos sin matiz alguno. Los grandes teoricistas pontificaron que el uso de las técnicas de investigación cuantitativas como la encuesta y el análisis de contenido era nefasto por sus orígenes positivistas (Mattelart, 1976), y eso redundó en una mayor concentración en el ensayo teórico y en el abandono de la investigación empírica como método para confrontar los marcos conceptuales.

En los últimos años, las teorías de la comunicación en México y América Latina han experimentado una renovación saludable y necesaria. Importantes investigadores de la comunicación han criticado la sobreideologización de los enfoques teóricos, la escasa preparación técnica de los autores en los diferentes métodos cuantitativos y cualitativos de investigación, así como el divorcio inadecuado entre los estudiosos de la comunicación y los profesionales de la misma (Fuentes y Sánchez Ruiz, 1992; Marques de Melo, 1991; Sánchez Ruiz, 1993). La estrechez ideológica de adoptar ciertos modelos teóricos y rechazar otros sin la menor consideración racional de por medio ha quedado atrás. Ahora se empieza a dar un diálogo entre los distintos paradigmas y a desarrollar trabajos realmente interdisciplinarios en el estudio de la comunicación. Uno de los investigadores brasileños más reconocidos, Marques de Melo (1991), mencionó como desafío para los últimos años del milenio el rescate del intercambio internacional:

> ¡No es posible seguir siendo provincianos! ¡No es posible seguir siendo regionalistas! Es importante contemplar las peculiaridades locales, regionales, nacionales; pero la actividad de la comunicación está hoy internacionalizada. Tenemos que recuperar nuestros lazos con los avances en la enseñanza y la investigación de la comunicación en el plano internacional, del cual estamos muy distanciados. Son pocos los docentes que están sintonizados con las tendencias internacionales de la enseñanza y la investigación en el área.

Éste es precisamente uno de los objetivos que el presente libro intenta cumplir. Se trata de revisar las distintas tendencias teóricas recientes en el campo de la comunicación, las del *bando positivista* y las del *bando crítico,* tanto a nivel internacional como a nivel latinoamericano y mexicano. En esta revisión trataremos de ofrecer las características principales de cada uno de los enfoques teóricos considerados, mediante exposiciones que sean lo más sencillas posible. Aunque quizá sin éxito en ciertas ocasiones, intentaremos evitar el teoricismo —del que habla Daniel Prieto—, así como su nivel de abstracción y su dogmatismo.

Esperamos hacer una pequeña contribución a la necesaria reflexión teórica sobre lo que somos y lo que hacemos los comunicólogos. Que el conocimiento de las teorías de la comunicación masiva colaboren en la definición de nuestro campo de estudio y en articular nuestras fragmentadas especialidades. Que marquen la diferencia entre el aprendizaje empírico o técnico de la comunicación, y el estudio universitario de la materia. Finalmente, que el conocimiento de las implicaciones sociales y culturales de la comunicación de masas permita a los futuros profesionales de los medios transformar para bien los actuales sistemas y estructuras comunicacionales.

CAPÍTULO 1

La comunicación como campo y objeto de estudio

Objetivos específicos

- Discutir la relevancia de las teorías en el estudio, análisis y práctica profesional de la comunicación de masas.
- Analizar las diferentes posturas epistemológicas sobre la comunicación como objeto de estudio.
- Comprender la necesidad de optar por un enfoque interdisciplinario en el abordaje conceptual de los fenómenos comunicacionales.
- Diferenciar entre las perspectivas positivista y crítica en las teorías de la comunicación de masas.
- Identificar las diferencias entre las técnicas de investigación cuantitativas y las cualitativas en el estudio científico de la comunicación.
- Visualizar el proceso de la comunicación masiva a través de distintos modelos psicológicos y sociológicos.

La comunicación ¿ciencia o campo de estudio?

Una de las primeras dificultades con las que se enfrenta el estudioso de la comunicación de masas consiste en definir si ésta se puede abordar desde una perspectiva científica concreta —una ciencia de la comunicación—, o si necesariamente se requiere un enfoque interdisciplinario que requiera el concurso de diferentes ciencias sociales. ¿La comunicación tiene un objeto de estudio propio, o es un fenómeno que atraviesa a la mayoría de las ciencias sociales y que obliga a que éstas la incluyan como uno más de sus campos de estudio?

Los teóricos de la comunicación se dividen en dos grandes grupos: quienes afirman que la constitución de una ciencia de la comunicación es factible y deseable, y aquellos que aseguran que la comunicación es un proceso social tan amplio y tan complejo que requiere un estudio interdisciplinario. Los primeros se identifican principalmente con los enfoques teóricos positivistas, desarrollados principalmente en Estados Unidos; los segundos, con los enfoques críticos en gran medida desarrollados en Europa (más adelante examinaremos los términos *positivismo* y *enfoques críticos*).

Necesidad de un enfoque interdisciplinario

Un defensor del enfoque crítico es Miquel de Moragas (1981, pp. 12-28), quien trata ampliamente las razones por las cuales se vuelve indispensable la interdisciplinariedad en el análisis de los fenómenos comunicativos. Moragas aclara que, por desgracia, los estudiosos de la comunicación rara vez dedican sus esfuerzos a reflexionar sobre los problemas epistemológicos (relativos a definir las bases científicas de las que parte el estudio de este fenómeno) del área, a pesar de que todos aceptan que hay aún mucha confusión al respecto.

El autor catalán señala que la investigación de la comunicación no ha estado separada de la evolución ni del debate de las ciencias sociales en general (sociología, psicología, economía política, antropología social, etcétera): "La comunicación, más que una ciencia, es un proceso que aparece tanto en los niveles cognoscitivos del individuo como en su acción social."

Por todo lo anterior, Moragas propone aceptar, en el estudio de los fenómenos comunicativos, la necesidad de recurrir a distintas ciencias ya existentes. Por lo pronto, según este académico, en nuestro campo se da una pluridisciplinariedad, es decir, las distintas ciencias se acercan —cada una de ellas desde su propia perspectiva— a la comunicación, considerándola un objeto de estudio común, afirmación con la que coincide Fuentes (1999, p. 85).

La meta sería lograr una verdadera interdisciplinariedad en el estudio de la comunicación. Es decir, que varias ciencias confrontaran sus posiciones sobre la comunicación, intercambiaran métodos y puntos de vista, y colaboraran en analizar conjuntamente las distintas dimensiones de los procesos de la comunicación.

Sin una comprensión a fondo de las contribuciones que pueden y deben hacer las diferentes ciencias sociales y humanas (sociología, psicología, economía política, antropología, historia, lingüística y semiótica, entre otras), corremos el riesgo de partir de enfoques fragmentarios y descontextualizadores sin siquiera darnos cuenta de ello.

Por esta razón, los investigadores ingleses Deacon, Pickering, Golding y Murdock (1999) sostienen que sería preferible mantener el estudio de la comunicación como un campo abierto a las diferentes disciplinas sociales y humanistas, en vez de tratar de generar una ciencia de la comunicación con un objeto de estudio propio: "Nuestra posición es que el estudio de las comunicaciones debería [...] preservar su rol como arena primaria en la que académicos de diferentes tradiciones puedan reunirse para indagar cómo sería mejor entender las complejas conexiones entre los sistemas de comunicación, y la organización de la vida social y cultural contemporánea" (p. 3).

Un ejemplo específico de las intersecciones que se dan entre el campo comunicacional y algunas ciencias sociales es el trabajo interdisciplinario sobre las telenovelas de profesores de antropología y de periodismo de la Pontificia Universidad Católica de Sao Paulo, Brasil. Según Simoes Borelli (1992, pp. 11-12), el punto de partida de estos trabajos en conjunto se dio durante una investigación de campo previa que ella y otro antropólogo realizaban sobre los *office boys* en la ciudad de Sao Paulo:

> La preocupación principal, más centrada en un diálogo con la antropología urbana, no tenía como objetivo explícito el análisis de la cultura de masas o de la industria cultural. Pero, en el proceso de desarrollo de los tránsitos espaciales y generacionales de los jóvenes trabajadores, tropezamos directamente con una cotidianidad repleta de representaciones, características de la cultura de masas y reveladora de los mecanismos de producción y consumo culturales industrializados. Saltó ante nuestros ojos la fascinación por las historietas, los discos de *rock* y de *new wave* del momento, escaparates coloridos, moda, televisión y la irresistible atracción por los videojuegos: máquinas culturales modernas, expresión de un universo lúdico, cuasi informatizado.

Después de advertir que el estudio de la cultura urbana desde la antropología social no podía dejar fuera a la cultura de masas promovida por los medios de comunicación, los antropólogos decidieron conjuntar esfuerzos con los profesores de comunicación de su universidad, y elaboraron un proyecto interdisciplinario sobre la historia, producción y recepción de la telenovela brasileña.

Enfoques positivistas y enfoques críticos

Los estudios de la comunicación de masas reflejan las diferencias conceptuales que caracterizan a las ciencias sociales contemporáneas. Éstas tienden a dividirse en dos grandes bandos: aquellas relacionadas con un enfoque positivista y empirista en su abordaje científico de la realidad social; y las que, por el contrario, parten de un punto de partida crítico y dialéctico sobre los fenómenos sociales.

El enfoque positivista se identifica con el método general de las ciencias naturales: la concepción de que los fenómenos sociales, al igual que los naturales, responden a leyes universales incambiables, y de que el científico social debe adoptar una posición de plena neutralidad.

Para esta corriente, el científico no constituye un agente del cambio social, sino un observador objetivo que desde afuera analiza las causas y las leyes que rigen los fenómenos sociales (y comunicacionales). La estrategia metodológica se basa en el empirismo, es decir, en el estudio sistemático sólo de aquello que es detectable a través de los sentidos y que se diferencia de la subjetividad de los sentimientos, los principios filosóficos o éticos, y el compromiso social.

Los teóricos de la comunicación de masas identificados con esta perspectiva (también identificada en ocasiones con los términos: *empirista, funcionalista, conductista* o *administrativa)* suelen enfatizar la utilidad de los sistemas y fenómenos comunicacionales para la estabilidad y preservación de las sociedades actuales, y tienden a evitar cualquier cuestionamiento sobre el rol de la comunicación en la distribución desigual del poder y el control de los grupos sociales. Esto último es impensable para un científico que se define como observador neutral y no como agente del cambio o activista social (véase la figura 1.1). Como señalan Deacon, Pickering, Golding y Murdock (1999), para los positivistas la recolección de datos útiles requiere que los investigadores sean objetivos, manteniendo distancia con los sujetos de estudio y no permitiendo que su trabajo esté influido por sus propios valores o juicios subjetivos (p. 4). El principal objetivo de la investigación científica, así, es desarrollar generalizaciones sobre los "hechos" sociales que establecen conexiones básicas de causa y efecto. Los académicos ingleses explican que, de este modo, los positivistas se apoyan en la realización de pruebas donde el estudioso pueda aislar las relaciones, en las que se interesa de otros factores que pueden influir o intervenir en ellas.

Históricamente, la corriente positivista se ha desarrollado principalmente en Estados Unidos y de ese país provienen sus principales exponentes. Teóricos como Lazarsfeld, Schramm, Berlo, Lasswell, Katz, McQuail y McCombs, entre muchos otros, pertenecen a esta corriente. Los enfoques de la influencia personal, usos y gratificaciones y el análisis funcional, por citar unos cuantos, pueden ubicarse igualmente dentro de esta perspectiva.

En América Latina, como han señalado Beltrán (1985), Sánchez Ruiz (1992) y Fuentes (1992), se advierte este enfoque como sustento conceptual de múltiples estudios en la tradición de la *difusión de innovaciones,* y de la *modernización* a través de la comunicación de masas. Asimismo, se presenta en diversos estudios que siguieron el famoso paradigma de Lasswell.

Beltrán (1985, p. 77), en un artículo escrito a principios de la década de 1980, después de hacer una revisión de los estudios comunicacionales existentes hasta entonces, señalaba como conclusión evidente que la investigación latinoamericana sobre este objeto de estudio "ha estado, y todavía lo está, considerablemente dominada por modelos conceptuales foráneos, procedentes más que todo de Estados Unidos de Norteamérica".

Por su parte, Sánchez Ruiz (1992a, pp. 17-18) explica que desde finales de la década de 1940 (después de la Segunda Guerra Mundial) y hasta principios de la de 1960, Latinoamérica recibió "acríticamente y sin mediaciones ni adaptaciones" los enfoques positivistas prevalecientes en esos momentos en Estados Unidos: "el empirismo, el funcionalismo, el difusionismo y su síntesis, el *desarrollismo*". Aunque posteriormente los enfoques críticos desplazaron a los positivistas en gran parte de las investigaciones comunicacionales latinoamericanas, tal desplazamiento nunca fue total y ese enfoque pareció recobrar importancia a principios de la década de 1990.

FIGURA 1.1

Enfoque empirista-positivista

- Imita el método de las ciencias naturales.
- Busca leyes universales incambiables.
- Exige que el científico sea neutral.
- Propone el empirismo como método.
- Parte de una perspectiva funcionalista.
- No cuestiona el rol de los medios en la distribución desigual del poder.

Los teóricos críticos adoptan una postura radicalmente distinta a la de los positivistas. Antes de estudiar la comunicación, analizan las características de las sociedades actuales y cuestionan las desigualdades económicas, educacionales, de control y de poder en los diferentes sistemas contemporáneos. Al advertir las tremendas brechas entre ricos y pobres, y entre las élites políticas y los grupos subalternos, se preguntan sobre el rol que juega la comunicación en la preservación de sistemas tan inadecuados y tan injustos como los actuales.

Así, los teóricos críticos plantean interrogantes sobre el apoyo que dan los medios de comunicación y sus mensajes a la difusión de la ideología dominante de las élites económicas y políticas, así como a la obstaculización del cambio social necesario.

Aunque por mucho tiempo marxismo y teoría crítica fueron sinónimos, en la actualidad hay diversos enfoques conceptuales que parten de una posición claramente cuestionadora de los medios y de las desigualdades sociales, sin caer en los esquemas maniqueos del marxismo vulgar.

En estos nuevos enfoques se encuentran todos aquellos investigadores que consideran que su rol como científicos es convertirse en activistas sociales y comprometerse de lleno con el cambio de los sistemas actuales. Se caracterizan por situar el estudio de los medios de comunicación masiva dentro del más amplio contexto social y por analizarlos no en forma aislada, sino en sus relaciones con otras organizaciones e instituciones sociales. Consideran el proceso de la comunicación como un proceso social y visualizan a los medios de comunicación masiva como organizaciones dedicadas a la producción y distribución de significados sociales (véase la figura 1.2).

Así como los enfoques positivistas sobre la comunicación de masas se desarrollaron básicamente en Estados Unidos, los críticos tuvieron su origen principal en Europa. Primero el marxismo, y luego sus numerosas derivaciones en enfoques denominados *neomarxistas*, basados en las aportaciones de la Escuela de Frankfurt, Althusser, Gramsci, Barthes, Williams y Hall, entre otros, surgieron en los países de Europa Occidental y desde ahí se exportaron hacia América Latina. En esta región, en un principio, se adaptaron y enriquecieron con raíces y características muy latinoamericanas (Sánchez Ruiz, 1992a. p. 19), aunque durante las décadas de 1960 y 1980 muchos estudios hayan retomado los enfoques europeos tan acríticamente como se había hecho antes con los positivistas.

En la actualidad, América Latina ha hecho aportaciones importantes a nivel internacional en el campo de los enfoques críticos, con los planteamientos conceptuales de la escuela *culturalista* latinoamericana, representada entre otros autores por Jesús Martín Barbero (Colombia), Néstor García Canclini (Argentina/México), Guillermo Orozco (México) y Jorge A. González (México).

FIGURA 1.2

Enfoque crítico

- Estudia la comunicación dentro del amplio contexto social.
- Cuestiona el rol de la comunicación en la desigualdad económica y del poder político.
- Sus partidarios no son neutrales, se comprometen con el cambio social.
- Cuestiona el rol de los medios en el reforzamiento de la ideología dominante.

Dentro de cada gran línea, la de positivistas y la de críticos, existen numerosas subdivisiones y énfasis. Entre los positivistas hay quienes adoptan una postura analítica macro, como los funcionalistas, y quienes prefieren ubicar sus estudios a nivel micro, como los de usos y gratificaciones. Entre los críticos, hay autores que privilegian el estudio de los condicionantes económico-políticos que obligan a los medios a servir a los poderosos; y otros que prefieren centrarse en el análisis de los mensajes o en la capacidad de las audiencias populares para resistir la manipulación ideológica de los medios, como los culturalistas europeos y latinoamericanos.

La figura 1.3 muestra una clasificación de diversos enfoques teóricos sobre la comunicación de masas, los cuales se abordarán con mayor detalle en los siguientes capítulos.

Es importante aclarar que las etiquetas de *positivistas* y *críticos* resultan cada vez menos útiles para caracterizar los nuevos enfoques teóricos en ambos campos. Por vías diferentes, los positivistas han reconsiderado la influencia de los medios y perciben algunas de sus insuficiencias (por ejemplo, los enfoques de análisis del cultivo, del establecimiento de la agenda y de la sociología de la producción de mensajes). Paralelamente, los enfoques críticos de mayor auge actual, los culturalistas, se han distanciado del pesimismo de las tradiciones críticas previas y han roto con la concepción de las audiencias pasivas y fácilmente manipulables. De hecho, hay una tercera perspectiva que en las últimas décadas ha ido tomando más auge en el campo de la investigación de la comunicación: la perspectiva "interpretacionista". La preocupación central de esta tradición no es el establecimiento de relaciones de causa y efecto, como en el positivismo, sino la exploración de las formas en que la gente hace sentido de sus mundos sociales y cómo expresa esos entendimientos a través de lenguaje, sonido, imaginarios, estilos personales y rituales sociales (Deacon, Pickering, Golding y Murdock, 1999). Los autores de esta corriente parten del supuesto de que el investigador debe ver una situación social desde el punto de vista de los actores, para entender qué está ocurriendo en dicha situación (Lindlof, 1995, p. 30). Para los interpretacionistas, las estructuras organizativas de la vida social y cultural se reproducen y modifican constantemente mediante las múltiples actividades de la vida cotidiana (Deacon, Pickering, Golding y Murdock, 1999). El objetivo de la investigación interpretacionista, así, consiste en llevar a cabo lo que Clifford Geertz llamó "descripciones densas" de cómo la gente le da significado a su mundo, y cómo negocia y cuestiona otros sistemas de significado (p. 7). De acuerdo con Saintout (2003) se desplaza así la pregunta positivista sobre el descubrimiento (en la escena de la naturaleza) hacia la de la atribución de los significados (en la escena humana de las convenciones, los acuerdos, la acción social): "Se podría decir [...] que entra en crisis un modelo que va de la no significación hacia la significación, y se reemplaza por otro donde la significación procede, en principio por lo menos, de la significación (de la vida social) a la significación (de ésta por el analista social)" (p. 101).

Las tres fuentes metodológicas en las cuales se apoya este enfoque interpretacionista son, de acuerdo con Jankowski y Wester (1993) las siguientes: *a)* el interaccionismo simbólico, *b)* la etnometodología y *c)* la etnografía (p. 66). El primero se desarrolló principalmente en las décadas de 1960 y 1970, y entre sus autores principales se encuentran Cooley, Thomas, Dewey y Blumer. Este último postuló que la gente actúa sobre la base del significado que atribuye a los objetos y situaciones. Asimismo, afirmó que el significado procedía de la interacción con otros y que este significado se transformaba posteriormente a través de un proceso de interpretación durante la interacción (en Jankowski y Wester, 1993, p. 67). La etnometodología, por su parte, busca entender cómo se llega a tomar por sentada la vida cotidiana, a no percibirla ni cuestionarla (Lindlof, 1995, p. 36). El término "metodología", en este caso particular, no se refiere al método científico, sino a las estrategias que desarrollan los sujetos estudiados para construir formas sensibles y ordenadas que les permitan actuar (p. 36). Así, una de las preocupaciones de los etnometodólogos es identificar las reglas que la gente aplica con la finalidad de lograr que su mundo tenga sentido (Jankowski y Wester, 1993, p. 68). La tercera fuente, la etnografía, se define de distintas maneras según los autores. Para Lindlof es una tradición que considera al discurso como fundamental en el estudio social, analizando la quinésica (movimiento humano), la proxémica (la distancia social), así como las posturas, los gestos y lo lingüístico y paralingüístico (p. 46). Para Jankowski y Wester, sin embargo, se trata más bien de la tendencia de muchos investigadores de la comunicación por utilizar el método etnográfico, consistente en tres principios básicos: *a)* enfoque en las formas culturales en el sentido más amplio del término, incluyendo lo cotidiano así como la religión y las artes; *b)* el uso de una observación participante a largo plazo, en la que el investigador se constituye en el principal instrumento de investigación; *c)* el uso de métodos adicionales múltiples de recopilación de datos como verificación de los descubrimientos observacionales (p. 69).

Algunos de los estudios más conocidos en el campo de la comunicación de masas, basados en buena medida en estos enfoques interpretacionistas fueron los de Molotoch y Lester (1974), y el de Gaye Tuchman (1983) en relación con la producción de noticias (véase capítulo 3 de esta obra), así como los de James Lull (1988) sobre los usos sociales de la televisión por parte de las familias (véase capítulo 10 de este libro). Sin embargo, todavía son escasos los trabajos apoyados en marcos teóricos interpretacionistas. Es más común encontrar el uso de la etnografía como método en enfoques críticos como los estudios culturales, que el interaccionismo simbólico o la etnometodología como aproximaciones conceptuales y teóricas.

De hecho, Deacon, Pickering, Golding y Murdock (1999) explican que el enfoque crítico —al que ellos llaman "realismo crítico"— coincide con los interpretacionistas en la convicción de que el mundo social se reproduce y transforma en la vida cotidiana; pero insisten en que la acción cotidiana no puede entenderse adecuadamente sin tomar en cuenta "las formaciones sociales y culturales más amplias que las envuelven y la moldean al proveerla de los medios, las reglas y los recursos para cada cosa que hacemos" (p. 10). Para ellos, si bien las estructuras sociales generan oportunidades para que los individuos actúen creativamente, también establecen los límites y las restricciones de esa actuación. En la discusión sobre la agencia (la capacidad del individuo para actuar libremente sobre su entorno y modificarlo) y la estructura (los límites e imposiciones que establece el sistema social en sus individuos y que les impide actuar libremente), los críticos buscan tomar en cuenta ambas posiciones y documentarlas empíricamente: "el realismo crítico [...] rechaza [...] el idealismo filosófico en que se basa el argumento interpretativo de que la realidad social sólo existe en las maneras en que la gente decide imaginarla y [...] adopta [...] una filosofía realista, que afirma que hay estructuras sociales y culturales que moldean las opciones para la acción de la gente, pero que existen independientemente de sí las perciben o no" (p. 10).

Esas estructuras sociales y culturas podrían generar una gran variedad de respuestas, algunas de las cuales desafiarían e incluso cambiarían la forma en que funcionan los medios de comunicación en la actualidad, en vez de reforzarla. El objetivo del investigador crítico, así, consiste en hacer visible lo anterior, y explicar cómo funcionan para promover una acción informada dirigida a erradicar barreras a la igualdad y la justicia.

FIGURA 1.3

Enfoques positivistas (empiristas, funcionalistas)

Influencia personal.
Análisis funcional.
Usos y gratificaciones.
Establecimiento de agenda *(agenda setting)*.
Análisis del cultivo.
Sociología de la producción de mensajes.

Enfoques críticos

Escuela crítica de Frankfurt.
Economía política.
Imperialismo cultural.
Estudios culturales.

La complejidad y multiplicidad de elementos que confluyen en los procesos de la comunicación de masas han favorecido, sin duda, la proliferación de numerosos enfoques que, desde distintas perspectivas y énfasis, buscan entender y explicar la importancia de tales procesos en la vida contemporánea.

Por desgracia, la mayoría de dichos enfoques se centra en el análisis de unos cuantos elementos —en ocasiones en uno solo de ellos—, dejando incompletas sus visiones sobre el proceso más amplio. Así, enfoques tan famosos como el de usos y gratificaciones se concentran en explicar lo que ocurre en las audiencias, dando poca atención a los mensajes y nula atención a los emisores. En contraste, enfoques como el de la economía política, muy común en América Latina, resalta básicamente el análisis del polo emisor: las industrias culturales y los condicionantes de sus procesos de producción, organización y control, sin abarcar el estudio de los mensajes ni los procesos de recepción.

Aunque cualquier clasificación termina por forzar la realidad, y por imponer de manera tajante límites y fronteras donde no los hay, la figura 1.4 puntualiza los énfasis por elemento del proceso de la comunicación de masas en algunas de las teorías más actuales en el área.

FIGURA 1.4

Enfoques teóricos para cada elemento del modelo de la comunicación masiva

Emisor	Mensaje	Receptor
Sociología de la producción de mensajes	Análisis del cultivo	Análisis del cultivo
Economía política	Establecimiento de agenda	Establecimiento de agenda
Imperialismo cultural	Imperialismo cultural	Usos y gratificaciones
	Estudios culturales	Estudios culturales

FIGURA 1.5

Enfoques teóricos según el tipo de efectos que atribuyen a la comunicación de masas

	FUERTE INFLUENCIA DE LOS MEDIOS DE COMUNICACIÓN		NULA O CASI NULA INFLUENCIA DE LOS MEDIOS DE COMUNICACIÓN
	Efectos conductuales	Efectos actitudinales y/o cognitivos	Usos psicológicos y sociales

Enfoques positivistas	• Conductismo • Aguja hipodérmica	• *Agenda setting* • Análisis del cultivo • Espiral del silencio	• Usos y gratificaciones
	Efectos ideológicos	**Lecturas negociadas**	**Rutinas y vida cotidiana/Lecturas oposicionales**
Enfoques críticos y etnográficos	• Economía política	• Estudios culturales (sociológicos)	• Investigación etnográfica de audiencias y de análisis textuales dentro de los estudios culturales

FUENTE: José Carlos Lozano (2004), "¿Usos o efectos de la comunicación de masas? Convergencias y divergencias entre la economía política, los estudios culturales y los enfoques de los efectos cognitivos", en *Revista de Estudios para el Desarrollo Social de la Comunicación (Redes.Com)*, (1), 245-254. Instituto Europeo de Comunicación y Desarrollo. Sevilla.

Investigaciones cuantitativa y cualitativa

Como cualquier otro estudio científico, el de la comunicación de masas exige confrontar los postulados teóricos con la realidad, como quiera que se defina esta última. Para ello se requieren técnicas de investigación que permitan al analista realizar indagaciones sistemáticas y confiables.

En principio, cada ciencia social tiene sus respectivas técnicas de investigación. La psicología tiene el experimento en laboratorio, las entrevistas en profundidad y las sesiones de grupo; la sociología, la encuesta, el análisis de contenido y el estudio de caso; la antropología social, la observación participante; la historia, la investigación documental y la historia oral; los interesados en el mensaje, los análisis semiótico y estructuralista.

Como todas estas disciplinas han abordado de una u otra manera el estudio de los fenómenos comunicacionales, la investigación de nuestra área presenta ejemplos de aplicación de cada una de las anteriores técnicas, aunque de manera desigual, ya que algunas disciplinas como la sociología y la psicología han hecho mayores contribuciones.

Las técnicas de investigación se dividen, en términos generales, en dos grandes grupos: las *cuantitativas* y las *cualitativas*. Las primeras se basan en observaciones cuantificables y susceptibles de tratamiento estadístico. Buscan detectar tendencias generalizables en el comportamiento y en las actitudes de las personas, de tal manera que cualquier investigador, siguiendo el mismo protocolo de investigación, llegue a los mismos resultados. Tienden a restringirse a la observación de las conductas o actitudes manifiestas, denotativas. Entre otras, las técnicas cuantitativas son el experimento en laboratorio, la encuesta por muestreo y el análisis de contenido.

FIGURA 1.6

Técnicas cuantitativas

- Observaciones cuantificables para trato estadístico. Buscan tendencias generalizables a grupos amplios.
- Buscan que sus investigaciones sean válidas y replicables.
- Se concentran en observar conductas o actitudes manifiestas.

Ejemplos:

- Experimento.
- Encuesta.
- Análisis de contenido.

Las técnicas cualitativas, por el contrario, rechazan la cuantificación y la generalización de los hallazgos a grupos muy amplios de individuos. Prefieren profundizar en unos cuantos casos y tratar de llegar a los niveles connotativos y latentes de las personas o de los mensajes de los medios. La entrevista en profundidad (abierta, no estructurada), la historia oral, la observación participante y los análisis semiótico y estructuralista son técnicas cualitativas.

FIGURA 1.7

Técnicas cualitativas

- Rechazan la cuantificación y la generalización.
- Profundizan en niveles connotativos o latentes de pocos casos.
- Usan el lenguaje natural para describir resultados.
- No tratan de predecir la conducta, sino entenderla.

Ejemplos:

- Entrevistas en profundidad.
- Observación participante.
- Análisis semióticos y análisis críticos del discurso.
- Historia oral.

Los dos grandes bandos de los que hablábamos en el punto anterior, los positivistas y los críticos, se han identificado tradicionalmente por el uso diferenciado de los dos grupos de técnicas de investigación ya reseñados. Los positivistas desarrollaron y tienden a utilizar los métodos cuantitativos; los críticos acostumbran usar los cualitativos.

Hasta principios de la década de 1980, los positivistas solían rechazar el uso de técnicas cualitativas, acusándolas de ser demasiado subjetivas, y de carecer de confiabilidad y generabilidad. Los críticos, por su parte, acusaban a las técnicas cuantitativas de subordinación al sistema dominante, al legitimar lo establecido por no cuestionar a fondo los valores ni la ideología de dicho sistema (*cfr.* Mattelart, 1976). Los dos bandos consideraban que la decisión de usar las técnicas desarrolladas por sus contrincantes implicaba necesariamente adoptar sus concepciones teóricas y científicas.

En la década de 1980 esa situación empezó a cambiar. Numerosos investigadores positivistas —sin abandonar su posición como tales— concluyeron que sí es conveniente utilizar técnicas cualitativas para profundizar en los hallazgos de las cuantitativas, y empezaron a realizar observaciones participantes y entrevistas a profundidad (el análisis semiótico continúa siendo rechazado por la mayoría, por considerarlo extremadamente subjetivo). Muchos investigadores críticos, por su parte, comprendieron que las técnicas cuantitativas contribuían a obtener datos descriptivos y básicos, indispensables para investigaciones posteriores más profundas, y empezaron a realizar encuestas y análisis de contenido (el experimento en laboratorio sigue siendo rechazado por la mayoría, por aislar a los sujetos de su entorno social). De hecho, autores como Reese, Kroesen, y Gallimore (1999) afirman que incluso es posible analizar datos cualitativos de manera cuantitativa, convirtiendo textos (entrevistas, notas de observación) a códigos numéricos y viceversa, y analizar datos cuantitativos de manera cualitativa (p. 42). En esto coincide la investigadora mexicana Rossana Reguillo (1999), quien afirma que es posible utilizar técnicas cuantitativas y mantener un enfoque cualitativo, y emplear técnicas cualitativas y situarse en un enfoque positivo que no recurra ni busque la cualidad del dato (p. 23). Para Reguillo se requiere tanto de la mirada del observador externo y la distancia que mantendrá respecto del grupo investigado, como de la capacidad de penetrar hermenéuticamente el punto de vista del nativo: "La mirada interior permite atender a las características socioculturales de los actores; la mirada exterior permite atender a los marcos, mecanismos y dispositivos de regulación y control social. El investigador dialoga con su *objeto* desde esas dos posiciones" (p. 25). Russi (1998) aclara que las formas que presenta la realidad social...

> en cuanto a su dinamismo y complejidad, no nos dejan abordarla con una metodología cuantitativa o una cualitativa, por muy complejas que éstas sean. Más bien, la realidad requiere de metodólogos que diseñen estrategias que impliquen una tercera cultura de investigación, que desarrolle con imaginación y creatividad el potencial que cada una de las metodologías puede dar si se usan en forma combinada [p. 79].

Este intercambio entre los dos bandos teóricos, hay que aclararlo, se da exclusivamente a nivel de las técnicas de investigación. Las diferencias conceptuales y epistemológicas (de fundamentos y métodos científicos de aproximación a la realidad) entre los dos grupos siguen tan vigentes como siempre, excepto en algunos enfoques particulares que veremos en este libro.

En el caso de México y de América Latina, el problema tradicional no ha sido tanto la intolerancia de un bando hacia las técnicas del otro, sino la tendencia hacia el ensayismo y el teoricismo que ha relegado la realización de estudios de campo, sean de índole cuantitativa o cualitativa (Fuentes y Sánchez Ruiz, 1992b; Marqués de Melo, 1991; González, 1994; Sánchez Ruiz, 1993).

Como ha señalado Sánchez Ruiz (1993, p. 40), muchos investigadores de la comunicación en nuestra región han tendido más a ser filósofos, poetas y periodistas, que científicos sociales, siendo incapaces de "diseñar, aplicar y analizar una investigación concreta, empírica, ya sea cuantitativa o cualitativa, con precisión y rigor metodológicos y técnicos".

Después de explicar que el análisis de los estudios comunicacionales mexicanos refleja que éstos han tendido a minimizar el trabajo empírico, Fuentes y Sánchez Ruiz (1992, p. 24), en los inicios de la década de 1990 se mostraban optimistas ante la tendencia más reciente de nuestra investigación comunicacional, de apoyar los análisis en estudios empíricos sistemáticos: "Por ello pensamos que durante los noventa habremos de ser capaces de hacer nuestros esfuerzos por teorizar cada vez más pertinentes a nuestra compleja realidad, en tanto que tales teorizaciones estarán cada vez más basadas en investigaciones concretas."

En los primeros años de este siglo XXI, se puede advertir ya una tendencia mucho más sistemática y amplia de llevar a cabo investigaciones de campo, ya sean cuantitativas o cualitativas. Todavía hay mucho ensayismo y teoricismo en Iberoamérica; no obstante, es posible encontrar estudios empíricos de una nueva generación de académicos latinoamericanos como Becerra (2005), Becerra y Mastrini (2004), Carabaza (2004), Gómez (2004), Guadarrama (1999), Hinojosa (2003), Huerta (2004), Ibarra y Robles (2005), Jacks (2006), Karam (2004), Martínez (2003), Mascarello (2004), Padilla (2004), Pedroza (2004), Perencin y Jacobs (2000), Pineda y Durante (2000), Rebouças (2005), Saintout, Ferrando y Mochen (2000), Vega (2004 y 2005) y Vizcarra (2002), que se han incorporado al pequeño grupo de investigadores de campo que venía realizando investigación empírica desde las décadas de 1980 y 1990.

La figura 1.8 ofrece una clasificación del uso de las diversas técnicas de investigación disponibles para cada elemento del proceso de la comunicación de masas. La decisión final de cuál de ellas utilizar en cada caso la toman los investigadores, dependiendo de su enfoque teórico y de la manera en que hayan planteado el problema de estudio.

FIGURA 1.8

Técnicas de investigación para cada elemento del modelo de la comunicación masiva

Emisor	Mensaje	Receptor
• Encuestas • Entrevistas en profundidad • Observación participante	• Análisis de contenido • Análisis semiótico	• Encuestas • Experimento en laboratorio • Entrevistas en profundidad • Observación

Modelos del proceso de la comunicación

Como han demostrado McQuail y Windahl (1981), los estudiosos de la comunicación en los distintos enfoques y disciplinas han diseñado numerosos modelos que pretenden sintetizar y describir los rasgos esenciales del proceso de la comunicación de masas. Los modelos, según ambos autores, intentan mostrar los elementos principales de las estructuras o procesos de la comunicación, y las relaciones entre dichos elementos. (1981, p. 2.)

No es el propósito de este libro hacer una revisión histórica de los diferentes modelos de la comunicación de masas que se han realizado. Nos interesa, más bien, encontrar uno de ellos que nos sirva de referencia a lo largo de este texto.

La primera opción la ofrecerían los modelos psicológicos de la comunicación, como la célebre elaboración de Harold Lasswell en 1948:

- Quién
- Qué dice
- En qué canal
- A quién
- Con qué efecto

Este influyente modelo, aún utilizado actualmente, define los elementos clásicos de muchos modelos posteriores: emisor, mensaje, canal, receptor, efecto. El siguiente modelo retoma lo anterior:

Fuente — Encodificador — Mensaje — Canal — Decodificador — Receptor — Retroalimentación

Aunque ambos modelos se ven muy completos en la identificación de los elementos clave del proceso de la comunicación, tienen un grave problema. Las dos elaboraciones, por su visión psicologista, ignoran los elementos externos al proceso de la comunicación de masas que, desde afuera, ejercen una influencia decisiva en la producción, distribución y consumo de los mensajes. Las posturas sociológicas señalan que siempre hay que ubicar los fenómenos comunicacionales dentro del más amplio contexto social, ya que la producción, difusión y recepción de mensajes se realiza dentro de él.

El modelo de Riley y Riley (véase la figura 1.9) fue uno de los primeros intentos por visualizar el proceso de la comunicación de masas dentro del contexto social. Para ambos autores, tanto el comunicador como el receptor pertenecen a diferentes instancias sociales. En principio, pertenecen a sus respectivos grupos primarios (familias, amigos, compañeros de trabajo). Éstos, a la vez, están influidos por la estructura social a la que pertenecen (clase social, educación, tipo de trabajo). Y todo lo anterior se encuentra influenciado a su vez por el amplio sistema social que caracteriza al país o la región en que se desarrolla el proceso comunicativo.

FIGURA 1.9

Modelo de Riley y Riley

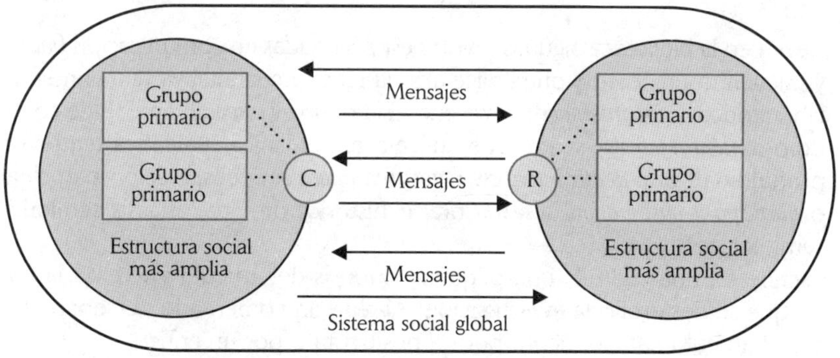

C = Comunicador R = Receptor

Fuente: Denis McQuail y Sven. Windhal, *Communication Models*, Longman, Londres y Nueva York, 1981, p. 35.

Adaptando el modelo anterior a las nuevas propuestas de los enfoques teóricos recientes, este libro propone el modelo que aparece en la figura 1.10. No entraremos en detalles en este momento sobre lo que significa cada uno de los aspectos contemplados en él. A medida de que repasemos los principales enfoques teóricos actuales, iremos analizándolo parte por parte. Basta decir, por ahora, que se trata de un modelo sociológico que describe la multiplicidad de influencias y factores, tanto a nivel micro como macro, que influyen en la producción, difusión y recepción de los mensajes comunicacionales.

FIGURA 1.10

Modelo sociológico de las mediaciones en la comunicación de masas

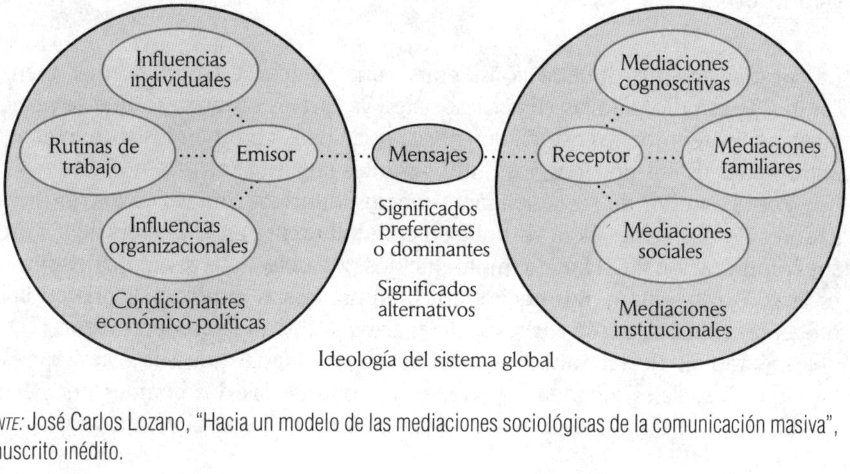

Fuente: José Carlos Lozano, "Hacia un modelo de las mediaciones sociológicas de la comunicación masiva", manuscrito inédito.

ACTIVIDADES

1. Revisa en la biblioteca algunas revistas especializadas en comunicación (*journals*) y encuentra un artículo que utilice alguna técnica cuantitativa (experimento en laboratorio o *experimental research*, encuesta o *survey research*, análisis de contenido o *content analysis*), y otro que utilice alguna técnica cualitativa (entrevista a profundidad o *in-depth interview* o *focused interviews*, observación participante o *participant observation*, historia oral o historias de vida, análisis semiótico o semiológico).
2. Escribe en una cuartilla una pequeña sinopsis del artículo y explica la forma en que se desarrolló la investigación. Agrega un comentario personal relativo a si el artículo parece escrito por un positivista o por un crítico.
3. Las revistas académicas especializadas en las que puedes encontrar investigaciones cuantitativas son: *Journalism Quarterly, Communication Research, Journalism Communication, Communication Yearbook, European Journal of Communication, Global Media Journal en español, INTERCOM Revista Brasileira de Ciencias de la Comunicación, Public Opinion Quarterly, Chasqui, Revista Mexicana de Comunicación,* y *Comunicación y Sociedad.*
4. Las revistas donde encontrarás estudios cualitativos son más escasas y pocas bibliotecas las tienen: *Media, Culture & Society, Cultural Studies, Critical Studies in Mass Communication, Diálogos de la Comunicación, Estudios sobre las Culturas Contemporáneas.* Si no encuentras alguna de estas revistas, trata de encontrar algún análisis semiótico específico de algún mensaje comunicacional (película, programa de televisión, historieta, etcétera).

Resumen

La comunicación no puede considerarse una ciencia. Constituye, más bien, un campo de estudio para las ciencias sociales, ya que es un proceso que se presenta tanto en los fenómenos estudiados por la psicología, como en los sociológicos, los antropológicos, los políticos, los históricos y los lingüísticos.

Por lo anterior, se recomiendan esfuerzos interdisciplinarios en los que investigadores de dos o más ciencias trabajen conjuntamente en el análisis de los procesos comunicacionales. Hasta el momento, los proyectos interdisciplinarios son muy escasos. Por lo pronto, nos encontramos en una etapa pluridisciplinaria en la que diferentes ciencias, desde sus respectivas áreas, estudian la comunicación.

Las teorías de la comunicación de masas, al igual que sus contrapartes en las ciencias sociales, tienden a pertenecer a una de las dos grandes perspectivas científicas en el campo de lo social: el positivismo o el enfoque crítico.

La corriente positivista se identifica con el método general de las ciencias naturales: la concepción de que los fenómenos comunicacionales y sociales, al igual que los naturales, responden a leyes universales, y de que los científicos deben adoptar una posición de neutralidad ante los fenómenos estudiados.

Las teorías críticas, por su parte, se preguntan sobre el rol que cumplen los medios de comunicación en la reproducción de las sociedades contemporáneas, caracterizadas por amplias desigualdades económicas, políticas, educacionales, de control y de poder. En este sentido, cuestionan el apoyo de los medios a la difusión de la ideología de las élites económicas y políticas.

Dentro de cada perspectiva hay múltiples enfoques, en ocasiones con importantes diferencias entre sí (más adelante los conoceremos y discutiremos). Es importante, también, usar los términos *positivista* y *crítico* con cautela, ya que los enfoques teóricos comunicacionales contemporáneos, más que caer claramente en una de las dos posiciones, se ubican en algún punto de un continuo lleno de matices y de tonalidades de grises.

Las teorías no deben ser descripciones estáticas de la realidad, sino confrontar permanentemente sus postulados con ella. Para eso recurren a técnicas de investigación que permiten la comprobación, el rechazo o la modificación de dichos postulados. Los enfoques positivistas han tendido a usar las técnicas cuantitativas (encuestas, análisis de contenido, experimentos en laboratorio); mientras que los críticos han preferido las cualitativas (entrevistas en profundidad, observación participante, análisis semiótico, historias de vida, sesiones de grupo, etcétera). En la actualidad, muchos investigadores de ambas tendencias aceptan y usan los dos tipos de técnicas, por considerar que permiten la triangulación de los resultados y un conocimiento mayor del fenómeno estudiado.

CAPÍTULO 2

Surgimiento y desarrollo de las teorías de la comunicación de masas

Objetivos específicos

- Identificar las primeras teorías sobre la comunicación y la sociedad de masas.
- Diferenciar las posturas aristócrata y crítica hacia la sociedad y la cultura de masas.
- Describir los postulados básicos de la teoría de la aguja hipodérmica.
- Comprender las implicaciones del análisis funcional sobre el impacto social de los sistemas de comunicación de masas.
- Reconocer la importancia de la teoría del flujo de la comunicación en dos pasos, o influencia personal, en el desarrollo de los enfoques teóricos positivistas.

Teorías de la sociedad de masas

La mayoría de los autores coinciden en señalar que las primeras teorías formales sobre la influencia social de la comunicación de masas se encuentran en los planteamientos filosóficos y sociológicos referentes a la sociedad de masas, desarrollados básicamente en las primeras tres décadas del siglo XX, pero con antecedentes en el siglo anterior.

Las teorías de la sociedad de masas se caracterizan por considerar que el crecimiento de las sociedades industriales ha erosionado los vínculos sociales y familiares de los individuos, masificándolos y aislándolos de sus grupos primarios y de referencia. Según Swingewood (1981, pp. 2-3) los siguientes factores, entre otros, influyeron en la generación del concepto de sociedad de masas:

a) La división del trabajo.
b) La organización industrial a gran escala.
c) La producción automatizada de mercancías.
d) Las densas concentraciones de población urbana.
e) El crecimiento de las ciudades.
f) El aumento de movimientos políticos masivos basados en la extensión del voto a las clases trabajadoras.

De lo anterior surge la imagen de las audiencias como conglomerados de individuos pasivos, aislados, manipulables, irracionales e ignorantes. La masificación y el aislamiento de las personas, según esta perspectiva, las hacían extremadamente susceptibles de ser influenciadas por los medios de comunicación masiva.

Durante la segunda mitad del siglo XIX, en Europa y Estados Unidos —en abierto contraste con la prensa elitista y literaria de un principio— empiezan a surgir los periódicos para las clases populares, gracias a los procesos de alfabetización que se vivieron en dichos países. A principios del siglo XX, el cine se había vuelto un medio de entretenimiento masivo y la radio iniciaba su impresionante auge en la década de 1920.

Los teóricos de la sociedad de masas, partiendo de una concepción elitista que privilegiaba las bellas artes o la alta cultura, menospreciaban la cultura de masas porque, decían, carecía de complejidad y de refinamientos estéticos en forma y contenido. Los contenidos vulgares y estandarizados de tales medios, entonces, no podían más que afectar en forma negativa las estructuras sociales de sus países.

Esas teorías de la sociedad de masas, pese a compartir características como las anteriores, en términos generales se dividían en dos tendencias claramente diferenciadas: la postura aristocrática de filósofos y ensayistas como Nietszche, T. S. Eliot y Ortega y Gasset, y la posición crítica de los miembros de la denominada Escuela de Frankfurt: Adorno, Horkheimer y Marcuse.

El enfoque aristocrático

Tiene sus antecedentes en las críticas sociológicas de Alexis de Tocqueville a la democracia estadounidense de mediados del siglo XIX, en las cuales planteaba que la alta cultura estaba amenazada por la naturaleza monótona y rutinaria de la vida en una sociedad industrial; y en los planteamientos de Federico Nietszche, en especial en su obra *El ocaso de los dioses.* Para Nietszche, el mejor sistema social era aquel que se basaba en una rígida jerarquización de clases, donde los *preeminentemente intelectuales* fungían como los líderes, los *fuertes en músculo y temperamento* constituían una clase en segundo nivel y donde los *mediocres* aparecían en lo más bajo de la escala social (véase la figura 2.1). Como explica Swingewood (1981, p. 19), la amenaza a la sociedad moderna, según Nietszche, provenía de abajo, del *hombre común,* del *hombre masificado* a quien debería enseñarse a conocer y aceptar su lugar *natural* para que la cultura tradicional no pereciera por el barbarismo.

FIGURA 2.1

Federico Nietszche y el sistema social

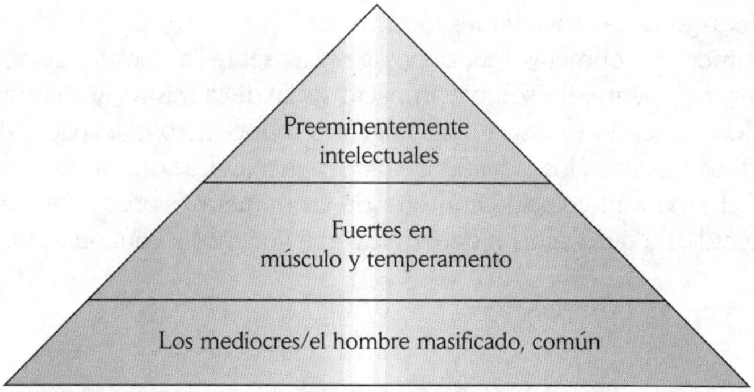

FUENTE: Alan Swingewood, *El mito de la cultura de masas,* Premiá, 2a. ed., México, 1981, pp. 17-18.

El filósofo español Ortega y Gasset y el inglés T.S. Eliot comparten esa posición aristocrática, y señalan que las sociedades deberían ser guiadas por las *minorías superiores* y no por las *masas sin atributos.* Swingewood (1981, pp. 17-19) hace una buena descripción de esta tendencia, la cual considera que los medios de comunicación masiva son nefastos por promover una cultura vulgarizada y nociva, así como por fomentar una mayor participación de las masas incultas en los destinos de las sociedades industrializadas de la época.

El enfoque crítico de la Escuela de Frankfurt

Aunque en el fondo comparte ciertos criterios aristocráticos —en especial su defensa del arte genuino y su desprecio por la cultura de masas—, el enfoque de la Escuela de Frankfurt se diferencia radicalmente del anterior en cuanto a su concepción del papel que deben cumplir las masas en la sociedad.

Partiendo de una perspectiva marxista interesada en que las masas proletarias conquistaran el poder, y en que las minorías burguesas dejaran de constituir las clases dominantes en las sociedades industrializadas, Adorno, Horkheimer y Marcuse acusaban a los medios de comunicación masiva de manipular ideológicamente a las masas, inculcándoles una falsa conciencia que les hacía creer que vivían en sociedades justas y auténticamente democráticas.

Entre 1930 y 1970, los teóricos críticos desarrollaron análisis filosóficos y sociológicos complejos que acusaban a los medios de comunicación masiva de impedir que las masas lucharan por cambiar las estructuras de los sistemas sociales a que pertenecían. Para ellos, los medios de comunicación masiva servían incondicionalmente a las clases dominantes, y reproducían la ideología de éstas a través de la producción industrial de mensajes comunicacionales estandarizados, repetitivos y estereotipados.

Así, mientras los aristócratas culpaban a los medios de comunicación masiva de darle demasiado juego político a las masas —al grado de atentar contra el dominio en la sociedad de las minorías privilegiadas—, los críticos de Frankfurt acusaban a esos mismos medios de impedir una mayor participación de las masas en el control y el liderazgo de las sociedades industriales.

En resumen, las primeras reflexiones teóricas sobre la comunicación de masas tienden a ser muy pesimistas sobre el impacto social de la misma, y a considerar a los medios de comunicación masiva como agentes todopoderosos capaces de influir y manipular directamente a los individuos, gracias a la masificación y al aislamiento social de éstos. Dicha postura coincide con otra de las primeras teorías relativas a nuestro objeto de estudio, la de la aguja hipodérmica, que veremos a continuación.

Teoría de la aguja hipodérmica

Una posición similar a las anteriores en términos del poder de influencia atribuido a los medios de comunicación masiva y de las concepciones de las masas, se encuentra en el enfoque denominado teoría de la aguja hipodérmica.

Esta perspectiva se genera en las primeras décadas del presente siglo por dos razones fundamentales:

1. El tremendo uso de la propaganda bélica, a partir de la Primera Guerra Mundial, para persuadir a las masas de apoyar incondicionalmente a los respectivos bandos.
2. El auge en las ciencias sociales de esa época de las teorías conductistas, basadas en concepciones mecanicistas de estímulo y respuesta. Estas teorías daban por sentado que ciertos estímulos, hábilmente elaborados, llegaban a través de los medios a cada uno de los miembros individuales de la sociedad de masas, y que cada uno de ellos los percibía del mismo modo, generando en todos una respuesta más o menos uniforme.

En esta teoría, la comunicación masiva se consideraba sumamente poderosa. Se creía que era capaz de moldear directamente la opinión pública y lograr que las masas adoptaran casi cualquier punto de vista que el comunicador se propusiera.

DeFleur (1976, p. 169) señala que la teoría de la aguja hipodérmica asumía que "ciertos estímulos, hábilmente elaborados, llegarían a través de los medios a cada uno de los miembros individuales de la sociedad de masas, que cada uno de ellos los percibiría del mismo modo que sus iguales, y que ello provocaría en todos una respuesta más o menos uniforme".

Después de la Primera Guerra Mundial, continúa DeFleur, prevaleció la convicción acerca del poderío de la comunicación de masas y de su capacidad para moldear la opinión pública, así como para lograr que los receptores adoptaran "casi cualquier punto de vista que el comunicador se propusiera" (1976, p. 169).

De la omnipotencia de los medios a las funciones y la influencia personal

La declinación de la teoría de la aguja hipodérmica en los estudios comunicacionales y su sustitución por enfoques más optimistas, a partir de la década de 1930, se debe principalmente a tres razones:

1. El auge de la teoría funcionalista en las ciencias sociales.
2. La adopción de metodologías cuantitativas como la encuesta y el análisis de contenido que desembocaron en investigaciones de campo que no encontraron los efectos pronosticados por la aguja hipodérmica.
3. La naturaleza administrativa y comercial de la investigación de la comunicación que desmotivó el planteamiento de cuestionamientos críticos hacia los medios.

El auge de la teoría funcionalista

Ya hemos dicho anteriormente que la comunicación, más que una disciplina científica autónoma, constituye un campo de estudio para las diferentes ciencias sociales.

En ese sentido, las teorías que han estado en boga en los diferentes periodos históricos en la psicología, en la sociología o en las demás ciencias, han sido decisivas en el desarrollo de los enfoques específicos sobre la comunicación de masas. Así, vimos en el apartado anterior cómo el auge del conductismo, en la psicología de las primeras tres décadas del siglo XX, desembocó en el surgimiento del concepto de la aguja hipodérmica (también llamado la teoría de la bala).

Iniciado por los estudios de Auguste Comte, Herbert Spencer y Emile Durkheim, en la segunda mitad del siglo XIX, en las décadas de 1930 y 1940 el funcionalismo se convierte en el paradigma dominante en la sociología, gracias a las contribuciones de autores como Bronislaw Malinowski, Radcliff-Brown, Talcott Parson y Robert K. Merton (Mitchell, 1979, pp. 85-88; Cuff y Payne, 1980, pp. 22-54).

En términos generales, el funcionalismo se basa en dos supuestos básicos:

a) El consenso en ciertos valores básicos es el principal rasgo que mantiene cohesionado y ordenado a cualquier sistema social.
b) La sociedad puede verse como un sistema integrado compuesto por partes interdependientes (Cuff y Payne, 1980, p. 53). Las instituciones (familia, es-

cuela, Iglesia, gobierno) existen para satisfacer necesidades sociales que permitan el desarrollo armónico, la estabilidad y el orden del sistema social.

Según Robert K. Merton (citado en DeFleur y Ball-Rokeach, 1989, p. 32) los postulados generales del funcionalismo sobre la naturaleza de la sociedad son cuatro:

1. Un sistema social puede concebirse como un sistema de partes interrelacionadas; es una organización de actividades interconectadas, repetitivas y estandarizadas.
2. Dicho sistema tiende naturalmente hacia un estado de equilibrio dinámico; si se manifiesta un desequilibrio, se generarán fuerzas que tenderán a restaurar la estabilidad.
3. Todas las actividades repetitivas en una sociedad contribuyen hacia un estado de equilibrio; en otras palabras, todas las formas persistentes de acciones estandarizadas cumplen un rol en el mantenimiento de la estabilidad del sistema.
4. Por lo menos algunas de las acciones estandarizadas y repetitivas en la sociedad son indispensables para que continúe su existencia; esto es, hay prerrequisitos funcionales que satisfacen necesidades críticas del sistema, sin los cuales éste no sobreviviría.

¿Qué implicaciones tuvo el predominio del funcionalismo en la sociología respecto de los estudios comunicacionales? Como veremos más adelante, los investigadores dejaron de cuestionarse acerca de los efectos negativos de los medios en las audiencias y empezaron a preguntarse qué funciones cumplían los medios de comunicación para el equilibrio, la estabilidad y el orden de los sistemas sociales.

La adopción de metodologías cuantitativas

La investigación empírica (a través de encuestas por muestreo, principalmente) adquirió una gran importancia en esos años, desplazando las reflexiones teóricas y filosóficas previas con hallazgos concretos. La tendencia de estas técnicas a no detectar aspectos subjetivos, morales o ideológicos, ni a profundizar en ellos —junto con las premisas teóricas funcionalistas que las guiaron— propiciaron hallazgos desfavorables a las hipótesis de los efectos sobre la conducta y las actitudes de los miembros de las audiencias.

La naturaleza administrativa y comercial de la investigación de la comunicación

Como señala Moragas (1981, p. 12) el estudio científico de la comunicación de masas siempre ha estado condicionado de un modo u otro por los factores económicos y políticos prevalecientes en cada periodo histórico. En la etapa que nos ocupa, los medios de comunicación han alcanzado un desarrollo considerable. En particular, en Estados Unidos se han interesado por conocer los patrones de exposición de las audiencias, así como sus gustos, preferencias y necesidades.

De ahí que las grandes empresas de medios empezaran a patrocinar estudios cuya finalidad principal no era generar resultados científicos y teóricos, sino información útil para un mayor desarrollo económico de los medios que los sufragaban. De hecho, los estudios realizados por Paul Lazarsfeld en Estados Unidos, los cuales fueron y siguen siendo vitales en la investigación científica de la comunicación masiva, se realizaron con financiamiento comercial. Esto propició que la mayoría de los estudios se centraran en el análisis del receptor y se descuidara la investigación de los medios como productores de mensajes. Como señala Beltrán (1985, p. 87), después de todo, "¿cuál sería la razón para investigar al persuasor, a aquel que *tiene la sartén por el mango*? ¿Estaría él dispuesto a pagar por ser investigado así como paga para que se estudie a su *público meta*?"

A continuación analizaremos las nuevas teorías que se desarrollaron con base en lo anterior, desplazando a las de la sociedad de masas y la aguja hipodérmica: el análisis funcional y el flujo de la comunicación en dos pasos.

El análisis funcional (funcionalismo)

El origen del funcionalismo como propuesta conceptual sobre la comunicación tiene su origen en la corriente funcionalista general de la sociología. El clima científico por el que atravesaban las ciencias sociales en la década de 1940 —como señalamos— estaba marcado por el funcionalismo. Ello incidió en el desarrollo de un enfoque específico derivado de esa corriente sobre la comunicación de masas, representado inicialmente por Harold Lasswell (1986) y Charles R. Wright (1986). Aunque en ocasiones se le identifica simplemente como el enfoque funcionalista sobre la comunicación, el término más utilizado es el de *análisis funcional.*

Una de las primeras aplicaciones de esta perspectiva en la comunicación la dio Lasswell en 1948, en aquel artículo célebre donde sugirió el modelo de *¿quién, dice qué, en qué canal, a quién y con qué efecto?* (Lasswell, 1986, p. 51.) En esa obra, el influyente sociólogo estadounidense proponía estudiar la comunicación de masas desde dos marcos de referencia: su estructura y sus funciones. Sobre estas últimas, Lasswell señalaba tres:

1. La supervisión del entorno.
2. La correlación de las distintas partes de la sociedad en su respuesta al entorno.
3. La transmisión de la herencia social de una generación a la siguiente (*Ibid.*, p. 52). Unos años más tarde, en 1954, Charles R. Wright (1986) agregaba una cuarta función:
4. El entretenimiento (véase la figura 2.2).

FIGURA 2.2

Las cuatro funciones de la comunicación de masas según Lasswell y Wright

• Supervisión del entorno	Función de recopilar y distribuir información respecto del entorno, tanto dentro como fuera de cualquier sociedad particular. Corresponde aproximadamente a la circulación de noticias.
• Correlación (interpretación)	Interpretación de la información sobre el entorno y sugerencias de cómo reaccionar ante los acontecimientos (editoriales, propaganda).
• Transmisión de cultura	Actividades destinadas a comunicar el acopio de las normas sociales de un grupo, información, valores, etcétera, de una generación a otra, de los miembros de un grupo a los que se incorporan al mismo (secciones culturales, documentales históricos y artísticos, etcétera).
• Entretenimiento	Actividad destinada primordialmente a distraer a la gente, independientemente de los efectos instrumentales que pueda tener.

Cuadro elaborado con base en la lectura de Charles R. Wright, "Análisis funcional y comunicación de masas", en M. de Moragas (ed.), *Sociología de lo comunicación de masas*, vol. 2, Gustavo Gili, Barcelona, 1986, pp. 69-90.

Como explica el propio Wright, cada una de las funciones anteriores ya se daba desde antes de que existieran los medios, pero en éstos han venido a ocupar un lugar mucho más importante. El hecho de que dichas actividades se cumplieran a través de medios de comunicación, y no mediante el contacto interpersonal, según este autor, derivaba en tres tipos de consecuencias:

- Funciones manifiestas: los resultados buscados explícitamente.
- Funciones latentes: los resultados inesperados.
- Disfunciones: los efectos indeseables desde el punto de vista de la sociedad o de sus miembros.

Cada acto de comunicación masiva puede cumplir con más de una de las cuatro funciones arriba señaladas, e igualmente tener tanto funciones como disfunciones. La figura 2.3 señala algunas de las funciones y disfunciones que podrían tener los mensajes de los medios.

FIGURA 2.3

Algunas funciones y disfunciones de la comunicación de masas

• Funciones:	De advertencia e instrumentales (fuente de información acerca de acontecimientos cotidianos, cartelera, modas, etcétera). Aportar prestigio a los individuos que se informan (líderes de opinión). Otorgamiento de *status* a lo que aparece en los medios de comunicación masiva. Función moralizante al exponer las desviaciones de la conducta.
• Disfunciones:	Amenazar la estabilidad al dar a conocer sociedades mejores. Provocar pánico al informar sobre peligros. Las noticias negativas quizá provoquen ansiedad en el público. La comunicación masiva puede provocar aislamiento social, apatía y narcotización, al creer que se participa en la vida social a través de la exposición a los medios de comunicación masiva.

Cuadro elaborado con base en la lectura de Charles R. Wright. "Análisis funcional y comunicación de masas", en M. de Moragas (ed.), *Sociología de la comunicación de masas,* vol. 2, Gustavo Gili, Barcelona, 1986, pp. 69-90.

Aunque las contribuciones de Lasswell y Wright provienen de las décadas de 1940 y 1950, los enfoques positivistas actuales —en especial el de usos y gratificaciones— siguen apoyándose fundamentalmente en los postulados principales de la corriente funcionalista.

Como explica Wolf (1987, pp. 68-89), el funcionalismo brinda una sofisticada base teórica para las indagaciones empíricas, base que deja de enfatizar la búsqueda de efectos, reemplazándola por el análisis de las funciones desempeñadas por los medios de comunicación masiva en la sociedad.

El flujo de la comunicación en dos pasos

Las investigaciones realizadas por Paul Lazarsfeld y sus colegas en la década de 1940, buscando documentar empíricamente la manera en que los medios de comunicación masiva influían en la selección y votación de candidatos presidenciales, se convirtieron en un parteaguas en el estudio científico de la comunicación de masas.

Utilizando una sofisticada metodología de encuestas en panel (una amplia muestra de individuos entrevistados en varias ocasiones previas a la fecha de elección), Lazarsfeld encontró que los medios de comunicación masiva no tenían una influencia decisiva en los votantes, sino que éstos eran persuadidos mayormente por miembros de sus grupos primarios o de referencia, a los que consideraban líderes de opinión.

Como señalan Chaffee y Hernández Ramos (1986, p. 322), las investigaciones de Lazarsfeld en Ohio, en las elecciones presidenciales estadounidenses de 1940 y las de Elmira (Nueva York) en 1948, concluyeron que

> el impacto de los medios es, por lo común, muy limitado, debido a que la lealtad al partido elegido y las conexiones sociales interfieren y neutralizan los mensajes de los medios masivos, en los que no se tiene tanta confianza *como* en la propia familia, los amigos y los compañeros de trabajo. La influencia no va directamente de los medios al individuo, sino que llega a la mayoría de las personas a través de un número pequeño de personas informadas que filtran las noticias para todos los demás [los llamados líderes de opinión].

Fue en este periodo —del predominio del funcionalismo en la sociología— cuando las concepciones simplistas de la sociedad de masas, compuesta por individuos aislados de todo tipo de relaciones sociales, fueron rechazadas en favor de un redescubrimiento de la importancia de los lazos gregarios entre las personas.

Lazarsfeld, en conjunto con otros investigadores como Berelson y Katz, desarrollan así el enfoque de la influencia personal (también llamado enfoque de los efectos limitados), que destaca la importancia de los contactos personales sobre la exposición a los medios de comunicación masiva, o del flujo de la comunicación en dos pasos, que enfatiza el proceso de circulación de información y opinión de los medios a los líderes y de éstos a sus seguidores (véase la figura 2.4). Así, los medios, más que cambiar la actitud de los receptores hacia ciertas personas, cosas o procesos, refuerzan predisposiciones, valores y actitudes preexistentes.

FIGURA 2.4 **Modelo de la sociedad de masas**

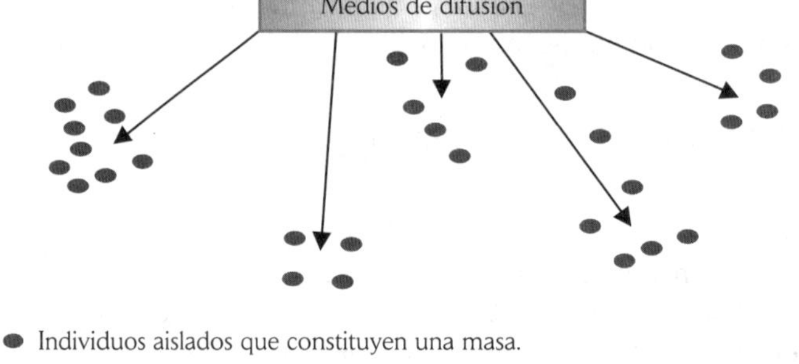

Modelo de Katz y Lazarsfeld sobre el flujo de la comunicación en dos pasos (influencia personal)

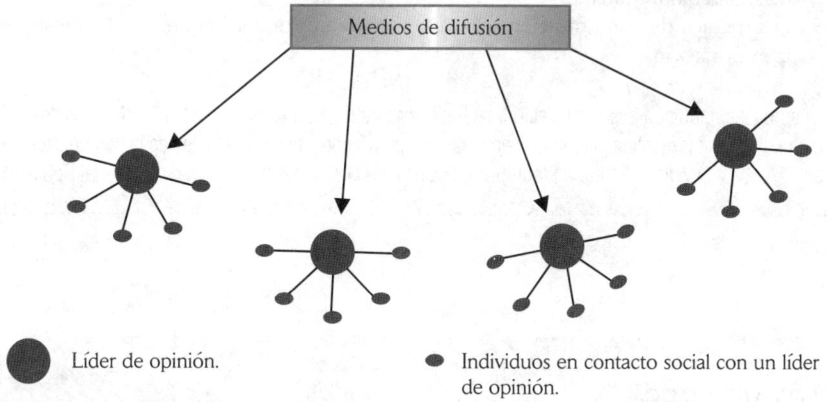

Fuente: Denis McQuail y Sven Windhal, *Communication models*, Longman, Londres y Nueva York, 1981, p.49.

El enfoque de la influencia personal puede considerarse como el primer enfoque teórico positivista sobre la comunicación de masas y de él derivan la mayoría de las perspectivas posteriores. La figura 2.5 resume las principales conclusiones de esta tradición teórica.

FIGURA 2.5

Conclusiones más importantes del enfoque de la influencia personal

1. Los individuos más educados acuden más a los medios de masas.
2. Las personas seleccionan para su atención aquellas opiniones con las cuales ya están de acuerdo.
3. Las noticias y opiniones acerca de un asunto reciben la mayor atención de parte de aquellos que están más interesados en la cuestión, es decir, aquellos cuyas opiniones ya están formadas.
4. Aquellos que leen más y oyen más acerca de una cuestión son aquellos cuyas opiniones e intenciones se encuentran menos dispuestas al cambio.
5. Las personas se ven más afectadas en sus decisiones políticas por el contacto personal con otros individuos (miembros de la familia, amigos, vecinos y compañeros de trabajo), que por los medios de masas directamente.
6. Los líderes de opinión no se hallan concentrados en las clases más educadas o de mayor prestigio en la comunidad; se encuentran casi uniformemente distribuidos en las diferentes clases y ocupaciones. Están, sin embargo, más interesados en el tema que el ciudadano promedio y considerablemente más expuestos a los medios de comunicación.
7. El líder de opinión no lo es en todos los campos, sólo en uno o algunos.

8. Los líderes de opinión: *a*) ocupan posiciones consideradas como adecuadas para darles competencia especial en el tema; *b*) son personas accesibles, gregarias y conocen a muchas personas; y *c*) tienen contacto con información adecuada proveniente del exterior de su círculo inmediato.
9. Los medios de comunicación son más importantes que los líderes en la transmisión de la información.

Cuadro elaborado con base en la lectura de Paul Lazarsfeld y Herbert Menzel (1975), "Medios de comunicación colectiva e influencia personal" y en la de Joseph Klapper "Efectos sociales de la comunicación de masas". Ambos en Wilbur Schramm (comp.), *La ciencia de la comunicación humana*, Editorial Roble, México.

ACTIVIDADES

Análisis funcional

1. Consigue un periódico local o nacional, e identifica en él cuatro noticias que satisfagan cada una de las funciones de la comunicación o tipos de actividades comunicativas, según Lasswell y Wright: supervisión o vigilancia del ambiente, interpretación, transmisión de la herencia sociocultural y entretenimiento.
2. Señala las posibles funciones manifiestas y latentes de, por lo menos, una nota de cada tipo.
3. Identifica posibles disfunciones de, por lo menos, una noticia de cada tipo.

Influencia personal

Las investigaciones en este enfoque requieren ser de carácter longitudinal, es decir, seleccionar una muestra de personas y encuestarlas repetidamente en un periodo más o menos amplio (por ejemplo, seis meses), para rastrear cualquier posible cambio de conducta o de actitud, e identificar la causa del mismo (medios de comunicación, líderes de opinión o alguna otra).

Debido a la dificultad que representa lo anterior, realiza una sola encuesta con un grupo de personas (10 a 15), trata de determinar si han tenido cambios de opinión o de conducta, y los factores que habrían influido en ello. En el cuestionario puedes incluir las siguientes variables:

1. Cambios recientes en sus opiniones sobre: *a*) economía, *b*) educación, *c*) política, *d*) entretenimiento.

2. Razones por las que cambió de opinión.
   a) Por información o análisis tomados de prensa escrita, radio, televisión, revistas, etcétera.
   b) Sugerencias o recomendaciones de amigos, familiares, compañeros de trabajo, especialistas.
   c) Decisión propia.

3. Comportamientos recientes en las mismas áreas del punto 1.
4. Razones por las que efectuó dicho comportamiento.

Resumen

Este capítulo te ofrece una descripción muy sintética de las primeras reflexiones filosóficas y científicas sobre el impacto de la comunicación de masas en la sociedad.

Históricamente, las primeras teorías sobre nuestro objeto de estudio se remontan a la segunda mitad del siglo XIX y a las primeras décadas del XX, cuando prevalecían las imágenes sobre la masificación de las sociedades en los países industrializados. La desaparición de los vínculos comunitarios y solidarios entre los individuos a consecuencia de la urbanización, el crecimiento de las ciudades y el aislamiento geográfico y psicológico de los individuos había hecho que estos últimos fueran extremadamente vulnerables a la manipulación de los medios de comunicación.

La teoría de la sociedad de masas, nombre de esta primera corriente, se divide en dos enfoques: el aristocrático y el de la escuela crítica de Frankfurt. Los dos comparten su desprecio por la cultura de masas promovida por los medios de comunicación y la creencia en el poderío de dichos medios para manipular a las masas.

Sin embargo, los dos enfoques de la sociedad de masas difieren radicalmente en la dirección de sus críticas. Mientras que los aristocráticos cuestionaban el papel predominante que asumían las masas en la vida social sin adoptar los valores culturales de la élite, los críticos de Frankfurt acusaban a los medios de inculcar a las masas una falsa conciencia que las llevaba a permanecer sumisas y obedientes hacia la élite burguesa de las sociedades capitalistas.

Paralelamente a las dos corrientes anteriores se desarrolló la teoría de la aguja hipodérmica.

Apoyándose en las ideas de la sociedad de masas y agregando las de la psicología conductista de la época, este enfoque desarrolló un modelo relativamente simplista de estímulo-respuesta, en el cual se consideraban los medios como vehículos poderosos, capaces de moldear la opinión pública y de influir en la conducta y las actitudes de las personas.

A partir de la década de 1930, con el desarrollo de las teorías funcionalistas en la sociología estadounidense, los enfoques anteriores empiezan a declinar. En su lugar surgen nuevas propuestas conceptuales (el análisis funcional y la teoría de la influencia personal), que concluyen que los miembros de la audiencia no son individuos pasivos, ignorantes e irracionales, sino miembros activos de grupos sociales, capaces de exponerse a los medios de comunicación en forma selectiva y de acuerdo con sus predisposiciones existentes. Los medios, más que agentes malévolos capaces de manipular a su antojo a las audiencias, se conceptualizan ahora como partes vitales de la sociedad, que contribuyen a su armonía y su estabilidad mediante el cumplimiento de ciertas funciones.

Como el interés de este libro de texto se centra en las teorías más recientes de la comunicación, este capítulo trata de una manera muy rápida y sintética los antecedentes y las teorías de la comunicación de masas. Se sugiere que para abundar en mayores detalles y profundizar en los temas abordados, se consulte la bibliografía referida en este capítulo.

SEGUNDA PARTE. PROCESOS Y CONDICIONANTES EN LA PRODUCCIÓN Y DISTRIBUCIÓN DE MENSAJES

CAPÍTULO 3

La sociología de la producción de mensajes

Objetivos específicos

- Identificar los antecedentes de la investigación sobre las instituciones y organizaciones de medios.
- Conocer las características del enfoque positivista conocido como sociología de la producción de mensajes.
- Discutir los condicionantes individuales que intervienen en los procesos de recopilación y producción de los mensajes comunicacionales.
- Identificar la manera en que las rutinas de trabajo y los valores profesionales influyen en el contenido de los mensajes.
- Analizar los condicionantes organizacionales que inciden en el contenido de los medios.

Los capítulos de esta segunda parte, dedicada a la producción de mensajes, describen las perspectivas más recientes para el primer elemento de la comunicación de masas: los emisores.

Como muestra la figura 1.9 del capítulo 1, analizar a los emisores va más allá de una simple identificación del medio de comunicación o de los profesionales de la comunicación que confeccionan los mensajes. Se requiere estudiar los diversos condicionantes que inciden en la producción misma de los mensajes, desde aquellos de orden individual (clase social, educación, actitudes políticas, valores profesionales), hasta los relacionados con las rutinas de trabajo, las políticas organizacionales, así como los intereses económicos y políticos de los medios, e incluso los ideológicos procedentes del sistema social global. En este capítulo revisaremos el enfoque de la sociología de la producción de mensajes especializado en el estudio de los factores internos a las organizaciones de medios. En el capítulo 4 discutiremos la corriente de la economía política crítica, más orientada hacia la investigación sobre aspectos externos a los medios de comunicación, como las cadenas a las que pertenecen, los anunciantes y las relaciones con el gobierno. En el capítulo 5, por último, comentaremos el enfoque del imperialismo cultural, que se centra en el análisis de los mismos factores incluidos por la economía política, pero en el ámbito internacional.

La teoría del *gatekeeper* o guardabarreras

Desde el principio de la investigación empírica positivista de la comunicación (Lazarsfeld y otros), el elemento del proceso de la comunicación más estudiado fue con mucho el de la recepción de los medios por parte de las audiencias.

Durante varias décadas, la inmensa mayoría de los investigadores positivistas se dedicaron a realizar estudios de audiencias, ya que realizaban investigación patrocinada por los propios medios o por sus anunciantes, y eso los condicionaba a centrarse en esta parte del proceso de la comunicación.

De esta forma, el análisis de los emisores y los procesos de producción de los mensajes quedaron muy relegados, despertándose el interés apenas a finales de la década de 1970 y principios de la siguiente, con el enfoque que veremos en el siguiente apartado.

Entre los escasos estudios previos a dicha perspectiva se encuentran los relativos a los *guardabarreras, porteros* o *gatekeepers,* que reflejaron una preocupación inicial por analizar la manera en que los editores de las diferentes secciones de un periódico seleccionaban ciertas noticias y rechazaban otras.

Kurt Lewin, uno de los cuatro teóricos considerados por Schramm (1975) como los padres fundadores de la investigación de la comunicación en Estados Unidos, acuñó el concepto de *gatekeepers* en un ensayo destinado a identificar los procesos de selección y rechazo en la compra de distintos tipos de alimentos por parte de los líderes de opinión familiares (Shoemaker, 1991, p. 6).

En 1949, David Manning White trasladó la teoría de Lewin a los procesos de selección y rechazo de las notas nacionales que llegaban a la redacción de un periódico del medioeste norteamericano, enviadas por las agencias informativas.

White descubrió que alrededor del 90 por ciento de las noticias recibidas de las agencias no se utilizaba, y que los criterios utilizados por el editor de la sección –llamado por él *Mr. Gates*– para descartar dicho material eran muy subjetivos. Durante una semana, White entrevistó a Mr. Gates pidiéndole que le entregara tanto las noticias que había usado diariamente como las que había desechado, y que escribiera en cada una de ellas el porqué las había considerado o no (Schudson, 1997, p. 8).

La figura 3.1 muestra el modelo del *guardabarreras.* De la inumerable cantidad de acontecimientos y sucesos en la vida real (representados cada uno por una "X"), los reporteros de un periódico seleccionan unos cuantos y los llevan al periódico. Ahí, el editor de la sección acepta algunas de esas noticias y rechaza otras. Al final, el lector (o el público de noticieros televisivos o radiofónicos) recibe información de muy pocos sucesos y termina ignorando el resto.

FIGURA 3.1

Modelo del seleccionador (*gatekeeper*)

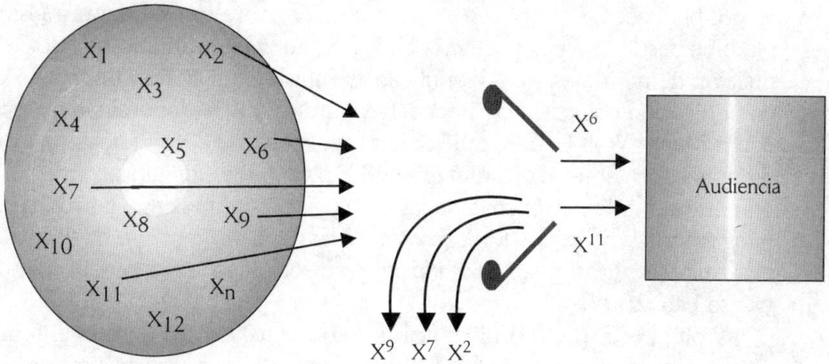

Fuente: Pamela J. Shoemaker, *Gatekeeping*, Sage, Newbury Park, p. 10.

Durante las décadas de 1960 y 1970 se realizaron esporádicamente otros estudios sobre los guardabarreras; pero descuidaban el análisis de otro tipo de condicionantes en los procesos de elaboración y selección de los mensajes. Según Schudson (1993, p. 142), el problema con esta metáfora del guardabarreras es que minimiza la complejidad de la producción de noticias: "Los acontecimientos noticiosos no solamente se seleccionan, sino que se construyen. La metáfora del selector no describe lo anterior ni tampoco la retroalimentación circular que se da cuando las agencias que generan información para la prensa anticipan los criterios de los selectores necesarios para quedar dentro." En el próximo apartado veremos cómo la sociología de la producción de mensajes trata de solventar tal insuficiencia.

Sociología de la producción de mensajes

Para mediados de la década de 1970, el estudio de los procesos de elaboración y selección de noticias evolucionó hacia un enfoque mucho más completo y amplio, al cual denominamos *sociología de la producción de mensajes.* Este enfoque tiene como finalidad principal estudiar los diversos condicionantes que inciden en la producción de los mensajes de los medios, y que determinan que ciertos contenidos se difundan y otros no.

La pregunta clave que se formula esta perspectiva, según Shoemaker y Reese (1991, p. 1) es: "¿Qué factores, desde adentro y desde afuera de las organizaciones de medios, afectan el contenido de los mensajes?" Entre esos factores, los investigadores de esta tendencia analizan las actitudes personales y orientaciones de los comunicadores, los valores profesionales, las políticas corporativas de las organizaciones de medios, la propiedad y el control de los mismos, los condicionantes derivados del sistema económico, y las influencias ideológicas del sistema social global (*cfr.* Shoemaker y Reese, 1991, p. 1).

El nombre con el que se identifica en Estados Unidos a este enfoque es *media sociology,* o sociología de los medios de comunicación. No obstante, como también es posible hacer –y se hacen– otros estudios sobre los mensajes y los receptores también desde una perspectiva sociológica, conviene llamarlo sociología de la producción de mensajes, para identificar su énfasis en el análisis de los emisores de la comunicación colectiva. De hecho, hay autores que lo denominan de otra manera, como Mauro Wolf (1987), quien lo llama el enfoque del *newsmaking* o producción de noticias; o James Curran *et al.* (1982, p. 19), que identifican una parte de este enfoque como la perspectiva de las ideologías profesionales y las rutinas de trabajo (*professional ideologies and work practices*). Más recientemente, se ha utilizado también el término de *sociology of news production* o sociología de la producción de noticias (véase Lau, 2004).

Wolf (1987, p. 203) identifica dos corrientes dentro de este enfoque. La primera es la sociología de las profesiones, "que estudia a los emisores desde el punto de vista de sus características sociológicas, culturales, de los estándares de carrera que siguen, de los procesos de socialización a los que están sometidos". La segunda tendencia analiza "la lógica de los procesos con los que se produce la comunicación de masas y el tipo de organización del trabajo en que tiene lugar la *construcción* de los mensajes" (*Ibid.,* p. 204). Una posición similar asume el investigador venezolano Jesús María Aguirre (1992, p. 9), quien explica que los estudios en esta área adoptaron dos direcciones complementarias:

> Una, orientada al análisis del cuerpo de trabajadores intelectuales que comparten un conjunto de valores, normas de comportamiento y capacidades particulares dentro de empresas productivas; y otra dirigida al análisis de los contextos organizativos en los que laboran la mayor parte de los comunicadores, incluyendo los entornos social, político, económico y cultural.
>
> Si la primera responde más bien al punto de vista de la sociología de las profesiones, la segunda adopta el enfoque de la sociología de la organización y de las decisiones.

Michael Schudson, uno de los teóricos más reconocidos en esta línea, por su parte, señala que se pueden identificar tres perspectivas diferentes sobre el tema de la producción de los mensajes noticiosos: *a*) la que se basa en la economía política crítica de la comunicación (que analizaremos en el siguiente capítulo); *b*) el estudio de la organización social y la sociología de los puestos ocupacionales y las ideologías ocupacionales, que toma como problema central la autonomía proclamada por los periodistas y su poder de decisión, así como las limitantes en su trabajo impuestas por rutinas organizacionales y ocupacionales; y *c*) el enfoque culturológico o antropológico, muy cercano a los estudios culturales que discutiremos en el capítulo 10 (Schudson, 1997, pp. 9-10).

La figura 3.2 muestra el modelo que proponen Shoemaker y Reese para estudiar los condicionantes que inciden en la producción de los mensajes, desde el nivel más micro (los individuales), hasta los macro, como los del nivel ideológico. En los niveles menos determinantes se encuentran las características individuales de los comunicadores, las rutinas de trabajo y los valores profesionales. Factores más amplios, como los condicionantes económico-políticos y los ideológicos, por otra parte, ejercen una influencia mucho mayor en el contenido. La figura 3.3 ofrece algunos ejemplos concretos de cada condicionante.

FIGURA 3.2

Modelo jerárquico de influencias en el contenido

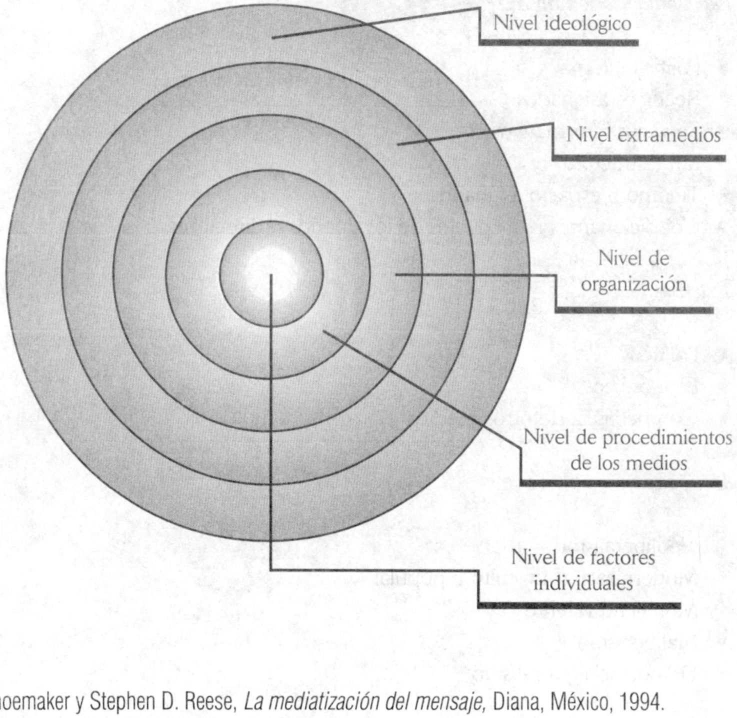

Fuente: Pamela Shoemaker y Stephen D. Reese, *La mediatización del mensaje*, Diana, México, 1994.

FIGURA 3.3

Condicionantes en la producción de mensajes

Individuales (de los reporteros, editores, guionistas, directores, productores, etcétera)

- Sexo
- Edad
- Clase social
- Educación
- Valores personales y creencias
- Actitud política personal
- Orientación religiosa
- Valores profesionales

Rutinas de trabajo

- Horarios de trabajo
- Cargas laborales
- Transporte de los reporteros
- Canales oficiales rutinarios
- Roles profesionales y ética profesional

De la organización misma

- Política interna
- Recursos asignados
- Servicios informativos
- Infraestructura
- Tiempo o espacio asignados
- Condicionantes individuales de los dueños o directores

Externos

- Políticos
- Económicos
- Competencia de otros medios

Ideológicos

- Neoliberalismo = TLC
- Modernización *vs.* cultura popular
- Moralidad vigente
- Malinchismo
- Democracia, pluralismo

Condicionantes individuales

Entre los condicionantes que afectan la producción de los mensajes comunicacionales se encuentran, según este enfoque, las características individuales de los profesionales que los confeccionan.

Factores como el sexo, la edad, la clase social, la educación, los valores personales, las actitudes políticas y las orientaciones religiosas de los comunicadores, entre otros, pueden influir en el contenido final de los mensajes.

Veamos cada uno de ellos más específicamente.

Sexo

Dadas las importantes diferencias en la socialización de hombres y mujeres en la mayoría de las sociedades, resulta lógico encontrar contrastes en los énfasis, los ángulos y las percepciones de los mensajes según hayan sido producidos por comunicadores de uno u otro género.

Una reportera de locales que cubra temas como el aborto, la violación, los derechos de la mujer, la violencia doméstica, etc., muy probablemente le dará a la información un tratamiento distinto al que le daría un colega de sexo masculino.

Asimismo, podríamos esperar que un guionista o director de películas difiera en el tratamiento de temas amorosos, de violencia doméstica o de problemas familiares según sea su género.

Por desgracia, en un gran número de países, a la mujer se le relega o se le impide su participación en numerosas actividades profesionales. Los medios de comunicación no son inmunes a tales fenómenos y tienden a favorecer al sexo masculino en la mayoría de las actividades profesionales, desde las posiciones inferiores (reporteros, camarógrafos, operadores, guionistas), hasta los puestos directivos (editores, directores, productores, etcétera).

En Estados Unidos y en los países europeos la lucha de las mujeres contra las prácticas discriminatorias ha permitido avances sustanciales, aunque las estadísticas siguen demostrando un desequilibrio injustificado. Según un estudio de Weaver y Wilhoit (citados en Shoemaker y Reese, 1991, p. 56) en 1983, el 33.3% de los reporteros y el 28% de los editores, jefes de sección o productores de noticias en Estados Unidos eran del sexo femenino. Aunque bajas, dichas cifras demostraban avances, ya que en 1971 tan sólo el 20% de los reporteros y 12% de los editores y productores eran mujeres. Sin embargo, la figura 3.4 muestra que a nivel mundial la participación de la mujer tanto como fuentes informativas como productoras de noticias sigue siendo muy desequilibrada. El 16 de febrero de 2005, el Proyecto de Monitoreo de los Medios Globales (Global Media Monitoring Project) realizó, por tercera vez en 15 años, un análisis de contenido exhaustivo de 12,893 noticias de prensa, radio y televisión de 76 países diferentes. Encontró que tan sólo el 21% del total de fuentes informativas eran mujeres, una ligera mejoría en comparación con 1995, cuando representaban el 17%. Es decir, que por cada mujer entrevistada para que brindara datos o su opinión sobre un determinado tema, se entrevistaba a cinco hombres. Estos últimos sobrepasaban con mucho a las mujeres en todos los temas noticiosos, incluso en aquellos que tenían que ver con violencia de género, donde definitivamente sería deseable tener más o por lo menos la misma cantidad de mujeres que den su versión.

FIGURA 3.4

Las mujeres pocas veces son invitadas como expertas a programas de debate

Sólo el 11% de los expertos invitados a los programas dominicales de debate en Estados Unidos son mujeres.

Aunque casi la mitad de los hombres tenían más de 50 años, demostrando que la edad no impedía que siguieran apareciendo en los medios, sólo tres de cada 10 mujeres eran mayores de 50, lo cual mostraba un sesgo a favorecer a las mujeres más jóvenes por considerarlas probablemente más atractivas para protagonizar la información. El mismo informe mundial encontró que en los medios informativos de los 76 países los reporteros eran predominantemente hombres: 63%, frente a 37% de mujeres, cifra no obstante mejor al 28% de 1995 y al 31% del 2000. Muchas de esas mujeres periodistas, sin embargo, aparecían en las secciones del clima o en *soft news* (noticias suaves). En España, una encuesta del Departamento de Comunicación Pública de la Universidad de Navarra encontró en 1997 que sólo el 34% de los periodistas eran mujeres (Rodríguez Andrés, *s/f*).

Para la mayoría de los medios de comunicación latinoamericanos no se cuenta con datos sistemáticos ni confiables –no parece haber estudios al respecto–, pero es indudable que en la región se reproduce el mismo problema. En una encuesta aplicada a 97 periodistas venezolanos en 1991, Aguirre (1992, p. 72) se encontró que 66 eran del sexo masculino y sólo 31 del femenino. En los puestos gerenciales había 22 hombres por tan sólo 8 mujeres. Otro de los escasos estudios realizados en América Latina, el de Baldivia (1981, p. 144), detectó que en 1979, en 12 medios informativos de la Ciudad de México, únicamente el 23% de los periodistas eran mujeres.

Esto parece estar cambiando. El Proyecto de Monitoreo de los Medios Globales (Global Media Monitoring Project, 2005), ya mencionado, concluyó que en los periódicos analizados en América Latina solamente dos de cada 10 fuentes informativas eran mujeres. En contraste, el mismo estudio identificaba que el número de notas atribuidas a mujeres era de 44%, un incremento notable en comparación con el año 2000, cuando era del 27%. A finales de 1994, un estudio sobre los reporteros de locales de prensa y televisión en la ciudad de Monterrey (*cfr.* Lozano, 1995) encontró que el 53% de los reporteros eran del sexo femenino, porcentaje por demás significativo en una sección especializada en política y aspectos considerados por mucho tiempo como *duros* o *masculinos*. Así, aunque en nuestra región se advertía un avance significativo en el porcentaje de mujeres periodistas, al llegar casi a la mitad que les corresponde de acuerdo con su peso demográfico, la consideración de fuentes informativas femeninas seguía siendo una asignatura preocupante y pendiente.

FIGURA 3.5

Porcentajes de mujeres como fuentes informativas y como reporteras en 76 países del mundo

	1995		2000		2005	
¿Quién figura en las noticias? Actoras/res de las noticias	% Mujeres	% Hombres	% Mujeres	% Hombres	% Mujeres	% Hombres
Actoras/res de las noticias	17	83	18	82	21	79
Temas de las noticias:						
Celeb, Artes y Deportes	24	76	23	77	28	72
Social y Legal	19	81	21	79	28	72
Crimen y Violencia	21	79	18	82	22	78
Ciencia y Salud	27	73	21	79	22	78
Economía	10	90	18	82	20	80
Política y Gobierno	7	93	12	88	14	86
Rol en la noticia:	N/A[2]	N/A	N/A	N/A		
Opinión popular					34	66
Experiencia personal					31	69
Testigo presencial					30	70
Actora/Actor					23	77
Experta/o					17	83
Vocera/o					14	86
Actoras/res presentadas como víctimas:	29	10	19	7	19	8
¿Quién figura en las noticias? Reporteras/os & Presentadoras/es						
Presentadoras/es	51	49	49	51	53	47
Reporteras/os	28	72	31	69	37	63
Reporteras/ros en los temas:	N/A	N/A				
Celeb, Artes y Deportes			27	73	35	65
Social y Legal			39	61	40	60
Crimen y Violencia			29	71	33	67
Ciencia y Salud			46	54	38	62
Economía			35	65	43	57
Política y Gobierno			26	74	32	68

FUENTE: Media *Monitoring* Project, 2005.

Edad

Esta variable sociodemográfica también se considera importante en la lista de condicionantes individuales que influyen en el contenido de los mensajes de los medios. La perspectiva de los acontecimientos que tenga un joven será muy distinta de la de un adulto maduro o un adulto mayor.

El contenido de reportajes o reseñas que realice un periodista entrado en años de un concierto de rock, de una manifestación juvenil o de los problemas que orillan a los jóvenes a la drogadicción o a suicidarse, será sin duda distinta del de los trabajos periodísticos de un reportero joven. Asimismo, si este último llegara a cubrir eventos de adultos mayores, su óptica sería diferente de la de sus colegas de mucho más edad.

En algunos puestos, como la conducción de programas y noticieros televisivos, las organizaciones de medios prefieren a comunicadores jóvenes. En otros, como la publicación de artículos editoriales en la prensa, se prefiere a individuos de mayor edad.

Al igual que en los otros factores individuales, se cuenta con muy poca información sobre las edades de los profesionales de los medios. En Estados Unidos, el estudio de Weaver y Wilhoit (en Shoemaker y Reese, 1991, p. 58) encontró que a mediados de la década de 1980, más de la mitad de los periodistas tenían menos de 35 años, en tanto que tan sólo el 10% eran mayores de 55. En España el estudio del Departamento de Comunicación Pública de la Universidad de Navarra encontró una media de 34 años de edad para los periodistas de ese país (Rodríguez Andrés, *s/f*). Esto parece ser similar en América Latina, al menos en algunos países. El estudio sobre los periodistas de Venezuela realizado por Aguirre (1992, p. 74) detectó que la mayoría de ellos tenía entre 25 y 35 años en 1991. Asimismo, la investigación realizada en Monterrey encontró que la media de edad de los reporteros de locales era de 26.8 años, con una desviación estándar de 5.8 años (*cfr.* Lozano, 1995).

Clase social

Quizás ésta sea la variable más importante de las que se discuten al nivel de las características individuales. Numerosos estudios sociológicos han demostrado la decisiva influencia de la extracción de clase tanto en las visiones del mundo y de la vida, como en las oportunidades académicas y profesionales de la gente.

¿Se encontrarían diferencias en los tratamientos periodísticos, cinematográficos, televisivos o musicales de temas como la pobreza, la marginación, el desempleo, las pandillas, la explotación laboral, los niños de la calle, etcétera, entre comunicadores de extracción humilde y de niveles socioeconómicos altos? Aunque se requieren investigaciones científicas para contestar esa pregunta, la lógica indica que se manifestarían diferencias importantes.

Según Weaver y Wilhoit (en Shoemaker y Reese, 1991, p. 56), la mayoría de los periodistas estadounidenses provienen de las élites culturales de ese país, lo cual los identifica en mayor grado con las clases privilegiadas que con las trabajadoras. Solís y Guerra (1981) encontraron que en Costa Rica la mayoría de los periodistas eran de clase media: de 252 comunicadores encuestados, 163 (el 65%) eran de dicho nivel socioeconómico. Desafortunadamente, no parecen existir investigaciones más recientes al respecto.

Educación

Al igual que en muchos otros temas, la variable *educación* también resulta ser una de las más importantes. La escuela, como institución socializadora, es fundamental en la transmisión de conocimientos, destrezas y habilidades que marcarán al individuo a lo largo de su vida. Tanto el nivel de estudios como el tipo de escuela (pública o privada, confesional o no) y, en su caso, la carrera profesional elegida (social, humanista, técnica, exacta) ejercen una influencia decisiva en los ángulos, énfasis y matices de la información noticiosa, así como en el tratamiento de los temas en programas y películas de ficción, etcétera.

En Estados Unidos y Europa casi la totalidad de los comunicadores (desde los reporteros, guionistas y fotógrafos, hasta los directores y productores) son egresados de carreras profesionales, y en no pocas ocasiones de postgrados (*cfr.* Shoemaker y Reese, 1991, pp. 59-60). En España, por ejemplo, el 98.3% de los periodistas tienen estudios universitarios, casi en su totalidad afines con el periodismo o con las ciencias relacionadas con la comunicación (Rodríguez Andrés, *s/f*). En los medios de América Latina coexisten en forma por demás irregular los comunicadores *empíricos* (sin estudios universitarios) con los egresados de carreras de comunicación o de otras ciencias sociales (*cfr.* Aguirre, 1992, p. 33; Baldivia *et al.*, 1981). La tendencia, sin embargo, parece apuntar claramente hacia la profesionalización de los periodistas. De acuerdo con una encuesta a 300 periodistas de Argentina, Bolivia, Brasil, Chile, Colombia, Paraguay, Perú, México, Uruguay y Venezuela realizada en 2005, por la Fundación Konrad Adenauer, el Instituto Prensa y Sociedad y la Organización Medios para la Paz, de Colombia, el 56% había estudiado carreras de ciencias de la comunicación y 25% carreras de periodismo, lo que representaba en conjunto el 81% del total: un avance muy significativo en comparación con años anteriores (Mackelmann, 2005). En las grandes ciudades y en los mejores periódicos es donde parece concentrarse la mayoría de los profesionales universitarios en América Latina. Es el caso de Monterrey, México, donde para 1994 el 86% de los reporteros de locales había cursado una carrera profesional (Lozano, 1995).

De nuevo, incorporar esta variable en el estudio de los condicionantes individuales permite determinar el grado en que el contenido final de los mensajes comunicacionales se ve afectado por la preparación profesional del comunicador. El mismo acontecimiento noticioso, en el caso de la prensa, será cubierto de distinta manera por un *empírico* que sólo estudió hasta secundaria, que por un egresado de la carrera de ciencias de la comunicación.

Ideología política

Aunque los códigos profesionales de los periodistas tienden a favorecer en ellos posturas neutrales ante los partidos y las ideologías políticas, sin duda alguna mantienen sus propias posiciones y convicciones. ¿Tienden a ser de izquierda, de derecha o de centro? ¿Consideran que las políticas neoliberales son las mejores opciones para el desarrollo o consideran que el Estado debe tener una mayor injerencia en la regulación de la vida económica y social?

Este tema ha sido materia de discusión desde hace ya varios años en Estados Unidos. Los conservadores acusan a los periodistas de ser demasiado liberales, de adoptar oposiciones de izquierda. Los liberales, por su parte, los acusan de defender los intereses de las grandes corporaciones y de los políticos influyentes que las representan. En las elecciones presidenciales de 1996 y de 2000, por citar dos ejemplos, los candidatos republicanos a la presidencia de Estados Unidos, Bob Dole y George W. Bush, acusaron a los periodistas que cubrían sus campañas de tener un sesgo liberal (Croteau y Hoynes, 2003). En América Latina, por desgracia, éste es otro más de los múltiples temas inexplorados.

La importancia de esta variable es evidente. Aunque el valor de la objetividad evitaría en cierta medida que se transparente la ideología política de los periodistas, éstos tenderán a destacar, promover u omitir aquellos planteamientos o sucesos que coincidan o se contrapongan al prisma ideológico-político con que observan la realidad. A final de cuentas, los periodistas también son producto de la sociedad donde viven y están expuestos a ser influenciados por sus diferentes agentes de socialización.

Un caso extremo es el de un periodista estadounidense de clara tendencia izquierdista, quien trabajó en el *Wall Street Journal,* el diario procapitalista por excelencia. Después de laborar diez años en ese medio, Kent McDougall reveló que durante todo ese tiempo había sido un socialista radical y que utilizó su puesto para promover ideas izquierdistas (*cfr.* Reese, 1990). Estirando las reglas del juego lo más posible, MacDougall había entrevistado economistas de izquierda y promovido sus ideas con el pretexto de ofrecer al lector ambas caras de la moneda. Aunque la andanada de respuestas y de críticas a MacDougall por parte de la prensa trataron de persuadir a la gente de lo excepcional del caso, así como de la capacidad de los valores de objetividad y profesionalismo para *controlar* los intereses ideológicos de ese reportero mientras fungía como tal, resulta muy evidente la posibilidad de que las tendencias políticas de los comunicadores se hagan presentes en su labor.

En el fondo, como afirma Reese (1990, p. 395), la posición de *neutralidad* y de carencia de ideología política en los periodistas no hace más que reforzar la tendencia política dominante:

> El concepto de objetividad se apoya en supuestos que son eminentemente compatibles con los requerimientos de la clase hegemónica. [...] las reglas de la *imparcialidad* no sólo disfrazan mensajes ideológicos en los medios, sino que son una parte esencial de su funcionamiento ideológico. Las definiciones convencionales de los sucesos son reforzadas, mientras que los puntos de vista fuera del consenso se califican de irracionales e ilegítimos.

Si esto es válido para los periodistas que se dicen neutrales, ¿qué diríamos de los comunicadores que intervienen en la producción de mensajes no noticiosos? ¿Qué tanta influencia tendrá la ideología política de guionistas, directores, productores, autores de canciones o de historietas? La relevancia de esta variable es patente al analizar muchas de las películas de *autor* como las de Oliver Stone (*JFK, Nacido el 4 de julio, Asesinos por naturaleza*), Francis Ford Coppola (*Apocalipsis ahora, Drácula*), o hasta en historietas con mensaje social como las de la *Familia Burrón,* los cartones políticos y las tiras cómicas de Quino, Rius y Palomo. Sin embargo, no queda duda de que en las películas más comerciales y rutinarias, la visión particular del mundo y de la vida de los guionistas, directores, actores y demás personal creativo y técnico se reflejará de una u otra manera.

De hecho, autores como Van Dijk (1995), desde una perspectiva diferente a la de la sociología de la producción de mensajes, afirman que los medios tienden a ponerse del lado de los poderosos, contribuyendo a la producción y reproducción de la dominación occidental, blanca y neoliberal en los mercados económicos, la hegemonía política y la marginación social: "Los medios logran lo anterior al proveer los valores noticiosos dominantes, encabezados, narrativas, editoriales, tópicos, metáforas y descripciones que podrían ser usados como bases para la legitimación y naturalización de desigualdades étnicas y sociales, tanto a nivel local como global [p. 30]."

De acuerdo con Van Dijk (1995), el sesgo ideológico de los periodistas se observa mejor al identificar los temas que suelen ignorar por no ir de acuerdo con sus visiones del mundo como: *a*) la pobreza en los países ricos y sus causas; *b*) el racismo cotidiano, especialmente entre las élites; *c*) el etnocentrismo cultural; *d*) la posición de las mujeres en sus propias sociedades (y en las ajenas, como la musulmana), entre otros.

Valores religiosos

Las creencias y afiliaciones religiosas de los comunicadores también pueden constituirse en influencias sobre el contenido de los medios. Igual que en los casos anteriores, los valores profesionales de objetividad y neutralidad mediatizarían tal influencia, aunque difícilmente la anularían del todo.

En temas como el aborto, los pronunciamientos del Papa, la proliferación de Iglesias y sectas protestantes, la relación Iglesia-Estado, la moral y la planificación familiar, la afiliación religiosa del periodista resultaría muy importante. En muchos países latinoamericanos, los comunicadores son abiertamente católicos y eso explica la importancia y el respeto que le conceden a las personalidades eclesiásticas y a sus posiciones sobre temas sociales, políticos y morales. En la visita realizada por el Papa Juan Pablo II a Denver, Colorado, en agosto de 1993, muchos periodistas norteamericanos entrevistaron a sacerdotes disidentes y a fuentes críticas de las posiciones papales sobre el aborto, el sacerdocio femenino y la homosexualidad. Además, criticaron aspectos relativos a la organización y las condiciones de los feligreses que esperaban al Papa en los distintos lugares en que se presentó. Unos días después, en su visita a México, la prensa trataba de muy distinta manera al pontífice y sus actividades, con un gran respeto y una notoria escasez de críticas o entrevistas a fuentes disidentes. Aunque muchas de estas diferencias quizá se deban a condicionantes más amplios, es muy probable que algo tenga que ver la afiliación religiosa de los comunicadores.

Según varios estudios realizados en Estados Unidos (Shoemaker y Reese, 1991), los periodistas norteamericanos, en su conjunto, sostienen orientaciones religiosas similares a las del estadounidense promedio: casi el 60 se declaran protestantes; 27, católicos; y 6%, judíos. Los periodistas de la prensa de élite en ese país, sin embargo, tienden a ser mucho menos religiosos que la población en general, lo cual les ha valido recibir críticas de ser muy liberales y como humanistas *anticristianos*.

En América Latina se cuenta con muy pocos datos al respecto. En el estudio sobre reporteros de locales realizado en Monterrey, México, el 92% declaró ser católico (Lozano, 1995). Sin embargo, no sólo se debe tomar en cuenta la orientación religiosa. El grado de participación en sus respectivas Iglesias también es muy importante. La influencia de la afiliación religiosa será mayor en quienes sean más practicantes, y menor en aquellos que pocas veces asisten a servicios o actividades religiosos. Este último era el caso de los periodistas regiomontanos. Sólo el 9.6% de ellos declaró ser practicante o muy practicante (*cfr*. Lozano, 1995), lo cual significa que en la mayoría de los reporteros la orientación religiosa tenía un peso menor.

Valores profesionales

Aunque en un primer momento los valores profesionales parecerían pertenecer al nivel de los condicionantes individuales (junto con los valores personales, los religiosos y los ideológicos), la mayoría de los autores los sitúan en un nivel distinto, ya que son las instituciones de medios las que imponen códigos de conducta y aspiraciones de profesionalismo a sus comunicadores.

En realidad, el culto por la objetividad de parte de los periodistas, parece deberse a la necesidad de las organizaciones de medios de maximizar su audiencia. Si en el siglo XIX los periódicos adoptaban líneas partidistas defendiendo a ciertos grupos políticos y atacando a otros, la industrialización y comercialización de estos medios los motivó a convertirse en tribunas apolíticas para que todo tipo de facciones y organismos pudieran convertirse en lectores (*cfr.* Gans, 1980, p. 186).

Así, la objetividad sirve para generar credibilidad hacia la actividad periodística: "Si no se considerara a los periodistas objetivos, cada noticia podría ser criticada de tener uno u otro tipo de sesgo periodístico, y habría una mayor desconfianza por parte de los lectores y los televidentes hacia la información de la que existe ahora."

Por lo anterior, los periodistas prefieren adoptar un valor profesional como la *objetividad,* en vez de considerarse a sí mismos periodistas comprometidos con el cambio social, con las minorías o con las masas.

Por desgracia, es imposible alcanzar la objetividad como tal, por lo que este valor profesional lo único que provoca es que los comunicadores tiendan a favorecer los valores dominantes en la sociedad y a reforzar el *status quo.* La objetividad total no se cumple desde el momento en que los reporteros cubren ciertos eventos e ignoran otros, seleccionan ciertos datos de un acontecimiento y desechan otros de ese mismo caso, jerarquizan los datos alterando su orden cronológico y acomodándolos por un orden de importancia atribuido por sí mismos. Por último, las políticas editoriales del medio en que se trabaje ordenan la información de acuerdo con lineamientos específicos. El mismo evento recibirá un tratamiento mucho más sensacionalista en un periódico vespertino que en uno matutino. En otros, la orientación del periódico o del noticiero televisivo influirá radicalmente en la presentación de los hechos.

Un ejemplo lo constituye la cobertura de una manifestación realizada el 28 de julio de 1993 en la Ciudad de México, en contra de una nueva ley inquilinaria que dejaba libre el monto de las rentas de acuerdo con el juego de la oferta y la demanda, y que facilitaba el desalojo de inquilinos morosos. Durante la marcha, hubo un enfrentamiento con policías locales, pero al final los manifestantes lograron entrevistarse con el Secretario de Gobierno del Distrito Federal, quien prometió resolver sus peticiones. El periódico *El Financiero,* de amplio prestigio en el país, incluyó la información en la página 36, dentro de su sección metropolitana, y optó por darle mayor importancia a la entrevista sostenida por los marchistas con la autoridad y explicar a fondo la problemática de la desregulación de los arrendamientos. Los datos sobre el enfrentamiento con los granaderos se mencionaron hasta los párrafos 5 y 6. El periódico *El Norte,* de Monterrey, también de gran prestigio en México, prefirió presentar la información en la parte superior derecha de la primera plana, y destacar el enfrentamiento de los manifestantes con la policía. ¿Cuál de los dos periódicos fue más objetivo? ¿Mintió alguno de los dos? Ambos fueron veraces en cuanto a los datos ofrecidos a los lectores. Sin embargo, condicionantes relacionados con los valores profesionales y políticas editoriales provocaron que los lectores de uno de los matutinos tuvieran una impresión muy diferente sobre el suceso que sus contrapartes del otro medio.

Por otro lado, los reporteros no son objetivos en cuanto a que es su cultura y su ideología lo que los motiva a considerar ciertos hechos como normales y otros como anormales, como desviaciones de la regla (*cfr.* Tuchman, 1983, pp. 112-113). En ocasiones, actividades proselitistas de grupos religiosos protestantes en América Latina se cubren como acontecimientos preocupantes para la sociedad por parte de los periodistas, mientras que actividades similares por parte de la Iglesia católica se consideran *normales.* Como se mencionó en el apartado de condicionantes individuales, la razón de lo anterior es que los periodistas, como entes sociales, no dejan de ser participantes activos en la ideología y la cultura de sus sociedades.

Los periodistas, según Breed (en Shoemaker y Reese, 1994, p. 87), "aprenden las normas que sus organizaciones desean mediante la observación y la experiencia". Este proceso de *socialización* (aprendizaje) se realiza de diferentes maneras, sin que haya de por medio una enseñanza formal por parte de los directivos. Los periodistas novatos aprenden lo que se debe y no se debe hacer mediante:

a) La lectura de los periódicos o exposición a los noticieros para los que trabajan.
b) Las correcciones que les hacen a sus notas los editores o jefes de sección.
c) Las pláticas en el café, donde los reporteros veteranos comentan lo que le gusta o disgusta a los jefes.
d) Los comentarios de los jefes y reporteros veteranos en las reuniones editoriales.

Rutinas de trabajo

A un nivel jerárquicamente superior –más importante en su capacidad de influenciar el contenido de los medios–, se encuentra el de las rutinas de trabajo (véase la figura 3.3). Los procedimientos establecidos para recopilar y procesar la información, según este enfoque, tienen consecuencias evidentes en el contenido y la forma de los mensajes.

Uno de los mitos más persistentes en el campo del periodismo es el que describe a los reporteros como hábiles y sagaces cazadores de noticias quienes, basados en una mezcla ingeniosa de astucia, olfato y suerte, logran descubrir acontecimientos y acciones sobresalientes. Aunque lo anterior sigue siendo válido en algunos casos, el enfoque de la sociología de la producción de mensajes sugiere que los periodistas contemporáneos, más que cazadores, son recolectores rutinarios de noticias que acuden a fuentes fijas que les imparten, en muchos casos, información oficiosa o propagandística. Igualmente, la producción de telenovelas, series de acción, películas y canciones comerciales, más que reflejar la creatividad incontenible y espontánea de autores y directores, muestra la reiteración exasperante de tramas, temas y fórmulas.

FIGURA 3.6

Las películas han contribuido a promover el mito de los periodistas como investigadores y cazadores de noticias

Fuente: Portada del DVD de la película Todos los hombres del Presidente (1976) del director Alan J. Pakula.

Lo anterior no es resultado de pereza profesional, ni de falta de preparación o voluntad. La causa se encuentra en las necesidades de las organizaciones de medios por asegurar un abasto de *materia prima*, que permita el *llenado* de los espacios o los tiempos previamente establecidos. ¿Qué pasaría si un periódico o un noticiero de televisión enviara a sus reporteros a buscar noticias y éstos no encontraran ninguna durante un día determinado? ¿Cancelarían la edición? ¿Reduciría el periódico el número de páginas de acuerdo con el número de noticias obtenidas? ¿Tendría un noticiero televisivo distinta duración cada día, dependiendo de los acontecimientos espontáneos que hubiesen ocurrido? ¿Qué diríamos de las telenovelas? ¿Es posible evitar los pequeños clímax de cada fin de episodio si la trama no los requiere? ¿Se debe evitar el hecho de incrementar el número de capítulos si hay mucho éxito de audiencias, en lealtad a la trama original? ¿Se debería grabar en exteriores y en el extranjero cuando así lo pida el argumento, aunque no haya recursos ni tiempo para ello?

Es evidente que los medios de comunicación, para funcionar eficientemente, requieren establecer rutinas de trabajo que aseguren un abasto adecuado de la materia prima que sirve para producir sus mensajes. Y muchas veces, la cantidad de materia prima requerida no está en función de la disponibilidad del contenido en sí mismo, sino de la cantidad de publicidad que se tenga. Los domingos deben aparecer más noticias en los diarios no porque los sábados haya más sucesos relevantes que entre semana, sino porque hay más cantidad de anunciantes, y éstos exigen que haya información alrededor de sus desplegados para captar la atención de los lectores. Las canciones comerciales deben durar tres minutos no porque esa sea la estructura más adecuada para plantear el contenido y la forma, sino porque se tarta de un formato que permite a las radiodifusoras transmitir más anuncios e identificaciones. Las telenovelas deben durar el mismo tiempo cada día no porque, casualmente, todos los fragmentos del drama y las emociones humanas que se narran a lo largo de la obra se expresen mejor en ese tiempo, sino porque hay que establecer horarios regulares que permitan una continuidad programática y acceso permanente a los anuncios comerciales.

En este contexto, las organizaciones de medios establecen procedimientos rutinarios de producción, donde prevalecen, según Wolf (1987, pp. 252-253) aquellos que satisfacen las siguientes exigencias:

a) Racionalización del trabajo.
b) Reducción de los costos.
c) Reducción de los tiempos.
d) Fiabilidad de quien suministra los materiales.

En este sentido, y como señala Hernández Ramírez (1992, p. 243), los medios informativos son:

> organizaciones complejas y cuentan con todos los atributos principales de las burocracias: división del trabajo, jerarquía de autoridad, un sistema de reglas tanto para la recolección como para la trascripción de la información [...] La mayoría de las organizaciones informativas son empresas que buscan la autosuficiencia económica y la obtención de ganancias; por ello, para asegurar la maximización de sus recursos, estas organizaciones tienen procedimientos establecidos que gobiernan gran parte de la actividad de sus empleados.

La disponibilidad de recursos económicos, humanos y de infraestructura condicionan en cada organización de medios las rutinas de trabajo y los procesos de producción de los mensajes. En el caso de los medios informativos, por ejemplo, la diversidad de fuentes y temas dependerá del número de reporteros con que se cuente, el número de horas que éstos dediquen efectivamente a la recopilación de noticias, el medio de transporte que utilicen (automóvil propio o de la empresa, o transporte público), la infraestructura técnica que les agilice (o entorpezca) la elaboración final de sus mensajes, la disponibilidad de archivos hemerográficos y bibliográficos en su medio, y de los demás procesos rutinarios de trabajo.

FIGURA 3.7

Mitos sobre las noticias y los periodistas

Mito 1: La noticia es algo tangible "allá afuera" que los periodistas reconocen cuando la ven.
Realidad: *Los periodistas aplican criterios mutuamente consensuados para observar, interpretar y representar los eventos sociales.*

Mito 2: Hay eventos que naturalmente contienen valores que los hacen más noticiosos que otros.
Realidad: *Los valores son construcciones sociales aceptados informalmente y en consenso por los periodistas.*

Mito 3: Los periodistas pueden ser objetivos frente al mundo que observan y sobre el que reportan.
Realidad: *Los periodistas no pueden despojarse de sus creencias aprendidas socialmente sobre cómo funciona el mundo.*

Los periodistas no portan verdades objetivas, son constructores de un producto moldeado por una variedad de fuerzas sociales.

FUENTE: Schudson, M. (1997). *The Sociology of News Production*, en D. Berkowitz (comp.), *Social Meanings of News* (pp. 7-23). Thousand Oaks, California: Sage Publications.

Una de las principales exponentes del enfoque de sociología de la producción de mensajes, Gaye Tuchman (1983, pp. 34-35), realizó un largo estudio basado en observación participante en algunos periódicos neoyorquinos, para detectar la forma en que las rutinas de trabajo de los periodistas, sus valores profesionales y los condicionantes impuestos por sus respectivas organizaciones afectaban el tipo de contenidos y temas que aparecían publicados. La investigadora señala que la mayoría de los medios informativos, mediante sus rutinas de trabajo, establecen *redes* diseñadas para atrapar solamente a los *peces grandes*, es decir, a los altos funcionarios públicos y corporativos, desechando muchísimas noticias que pueden ser muy relevantes, pero que no cumplen los criterios de previsión y acceso eficiente: "los medios informativos de hoy sitúan a los reporteros en las instituciones legitimadas, donde puede esperarse que se van a encontrar acontecimientos que cabe suponer van a atraer a los consumidores de noticias contemporáneos [...] Significativamente, todas estas organizaciones mantienen archivos de información centralizada, reunida, al menos parcialmente, para el uso de los periodistas".

Lo que termina siendo noticia, por lo tanto, no es más que "una cierta forma de conocimiento que resulta de los métodos y rutinas empleados por los periodistas, para dar cuenta de lo que ocurre en el mundo" (Hernández, 1992, p. 240). Y entre todas las posibles fuentes de información, los periodistas suelen favorecer las oficiales, puesto que están mejor equipadas para satisfacer las necesidades organizacionales de los reporteros.

En efecto, las dependencias de los gobiernos federales, estatales o municipales cuentan con departamentos de comunicación social que facilitan la labor de los reporteros. Los atienden en los horarios adecuados a su jornada de trabajo, les ofrecen boletines, fotografías o entrevistas con los funcionarios. El hecho de que el funcionario ocupe un cargo público le da legitimidad para opinar, lo cual evita que el reportero pierda tiempo en determinar si la fuente es creíble o no.

FIGURA 3.8

EL MERCURIO

La lucha de Tonka por superar sus miedos y ser reina de la mañana

Incidencia del cáncer tras golpe emocional.

El retorno de Bret Easton Ellis con la novela "Luna Park".

Las patentes a domicilio.

Cambio de mando:

Alta seguridad para proteger a Mandatarios

Ayer arribaron las delegaciones de Paraguay y Nueva Zelandia.

Hoy llegan la secretaria de Estado de EE.UU., Condoleezza Rice, y el Presidente de Bolivia, Evo Morales.

Cambio de mando en el Ejército

Rector Riveros postula de nuevo

Condoleezza Rice destaca a Chile

Balance económico de la era Lagos

Nueva Zelandia

Las rutinas de trabajo de los periodistas tienden a favorecer a las fuentes gubernamentales

Fuente: Portada del diario chileno *El Mercurio*.

FIGURA 3.9

Los boletines de prensa facilitan la labor de los periodistas, aunque generan un sesgo hacia las fuentes oficiales.

U.S. Department of Defense
Office of the Assistant Secretary of Defense (Public Affairs)
News Release

On the Web:
http://www.defenselink.mil/releases/2006/nr20060301-12579.html
Media contact: +1 (703) 697-5131

Public contact:
http://www.dod.mil/faq/comment.html
or +1 (703) 428-0711

IMMEDIATE RELEASE

No. 176-06
March 1, 2006

National Guard (In Federal Status) and Reserve Mobilized as of March 1, 2006

This week, the Air Force announced an increase in the number of reservists on active duty in support of the partial mobilization, while the Army, Navy and Marine Corps numbers decreased. The Coast Guard remained unchanged. The net collective result is 6,369 fewer reservists mobilized than last week.

At any given time, services may mobilize some units and individuals while demobilizing others, making it possible for these figures to either increase or decrease. Total number currently on active duty in support of the partial mobilization for the Army National Guard and Army Reserve is 99,857; Navy Reserve, 5,279; Air National Guard and Air Force Reserve, 7,573; Marine Corps Reserve, 7,004; and the Coast Guard Reserve, 412. This brings the total National Guard and Reserve personnel, who have been mobilized, to 120,125, including both units and individual augmentees.

A cumulative roster of all National Guard and Reserve personnel, who are currently mobilized, can be found at http://www.defenselink.mil/news/Mar2006/d20060301ngr.pdf.

Fuente: Boletín de prensa del Departamento de Defensa de Estados Unidos disponible en Internet.

Incluso los periódicos más prestigiosos del mundo caen en tales condicionantes. Un estudio realizado por Sigal sobre la información publicada por los reconocidos periódicos norteamericanos *The New York Times* y *The Washington Post,* detectó que el 58% del total de noticias fueron recopiladas por canales rutinarios, como procedimientos oficiales, comunicados de prensa y eventos no espontáneos. En un estudio similar realizado en México en el contexto de las elecciones presidenciales del año 2000, López Gómez (2001) encontró que la mayoría de las noticias publicadas sobre dicho proceso provenían de canales rutinarios (ruedas de prensa, boletines, actos oficiales, giras) e informales (foros y sesiones e información de otros medios), y muy pocas se basaban en procedimientos individuales (investigación del reportero, entrevistas exclusivas o documentos), mecanismos que el código periodístico considera como muy superiores a los dos anteriores (véase la figura 3.10).

FIGURA 3.10

Porcentaje de canales rutinarios, informales e individuales utilizados por los reporteros de seis medios informativos mexicanos en la primera mitad del año 2000

	Rutinarios	Informales	Individuales
Excélsior ($N = 218$ notas)	59%	24%	17%
La Jornada ($N = 195$ notas)	61	17	22
Noticiero-Televisa ($N = 251$ notas)	46	24	30
Reforma ($N = 251$ notas)	60	8	32
Hechos-TV Azteca ($N = 149$ notas)	56	25	19
CNI-*Noticias* ($N = 190$ notas)	55	17	28
Todos los periódicos ($N = 1289$ notas)	56	19	25

FUENTE: López Gómez, G. (2002, septiembre-octubre). Análisis de la cobertura de las elecciones presidenciales mexicanas de 2000: Rutina informativa y política. *Revista Mexicana de Comunicación*, pp. 34-35.

También en México, un análisis de contenido de la cobertura de un hecho controversial –una manifestación cívica en una población fronteriza que culminó con el ataque y la quema de un puente internacional–, determinó que *El Norte*, de Monterrey, uno de los diarios más independientes y prestigiosos de México, se había apoyado mayoritariamente en fuentes gubernamentales para informar sobre el suceso (Lozano, 1993, p. 186). A pesar de los lineamientos asumidos por ese medio por brindar acceso balanceado a las distintas partes de un conflicto, el análisis de contenido mostró que *El Norte* dio el 73% del espacio a fuentes oficiales, contra sólo 5% a las personas y organismos involucrados directamente en el suceso (véase la figura 3.11).

Todo lo anterior explica por qué los reporteros prefieren acudir a las fuentes oficiales, en vez de buscar personas u organismos que, por falta de recursos, no pueden satisfacer sus exigencias organizacionales de la misma forma. Al final, de acuerdo con Schudson (1993, p. 148), el meollo de la generación de noticias se encuentra en "el vínculo entre reporteros y funcionarios, la interacción de los representantes de la burocracia periodística y la burocracia gubernamental".

Así, los teóricos de este enfoque afirman que el contenido de los medios, en muchas ocasiones, no cumple con los ideales de los sistemas democráticos: ofrecer un foro abierto y plural para que se expresen todos los puntos de vista existentes en la sociedad. El sesgo de la prensa hacia fuentes gubernamentales va en contra de la pluralidad y del equilibrio de fuerzas políticas. Gans (1980), después de documentar ampliamente la manera en que las revistas *Time* y *Newsweek* y los noticieros televisivos de CBS y NBC, favorecen la representación de las opiniones y las visiones del mundo de la clase política en el poder, concluye que lo correcto debería ser que los medios adoptaran una perspectiva más plural, proporcionando acceso a la mayor cantidad posible de perspectivas y grupos sociales. Sigal (1978, pp. 237-238) coincide con lo anterior en las conclusiones de su libro:

> La característica que define a la democracia occidental es la existencia de una oposición institucionalizada, atrincherada en el sistema político y con una razonable oportunidad de llegar al gobierno.
>
> La prensa, al circular información, representa un importante papel en la efectividad de la oposición.
>
> Para desarrollar esta función, la prensa debe permanecer independiente del gobierno y libre de su poder coactivo.
>
> Los periodistas se resisten, incluso resienten, los halagos de los funcionarios para que se alíen con ellos, pero a menudo caen víctimas de la tentación más insidiosa a convertirse en participantes, a tener influencia. Las rutinas y convenciones de su trabajo los inclinan a aceptar las palabras de los funcionarios sin comprobarlas por su cuenta.

FIGURA 3.11

Notas y párrafos atribuidos a cada fuente en El Norte de Monterrey, en la información sobre los disturbios en la Aduana de Nuevo Laredo

Fuente informativa	Número de notas	Porcentaje	Número de párrafos	Porcentaje
Fuentes gubernamentales	24	69	128	73
Protagonistas o fuentes locales	5	14	9	5
Fuentes foráneas	6	17	37	21
Total	35	100%	174	100%

Fuente: José Carlos Lozano (1993), "Fuentes y versiones gubernamentales en la prensa mexicana: la cobertura del ataque a la Aduana de Nuevo Laredo en *El Norte* de Monterrey", en *Comunicación y sociedad,* números 18-19 (mayo-diciembre).

Por supuesto, en algunos países donde imperan prácticas de corrupción, control gubernamental y falta de profesionalismo, la excesiva cobertura de fuentes oficiales quizá se deba a otras razones más mundanas, como el soborno (*mordidas* o *embutes*), la represión gubernamental o los favores e influencias prevalecientes en la relación prensa-gobierno. Aun en ellos, sin embargo, la satisfacción de los requerimientos productivos de los periodistas, sin duda, influye en la cobertura y la magnífica.

Por desgracia, el enfoque de la sociología de la producción de mensajes se ha concentrado principalmente en el análisis de la producción de noticias, dejando a un lado la de otros mensajes como películas, programas televisivos de entretenimiento, historietas, caricaturas, canciones y demás. Los principios básicos detectados en la rutinización del trabajo periodístico, sin embargo, pueden aplicarse también a este otro tipo de contenidos.

Condicionantes organizacionales

La estructura de las organizaciones de medios, la forma en que se ejerce la autoridad dentro de ellas, sus objetivos, sus políticas y sus mercados representan un nivel aún más importante de influencias en el contenido, como se advierte en la figura 3.3 (*cfr.* Shoemaker y Reese, 1994, pp. 139-140).

Como señalan Shoemaker y Reese (1994, p. 146), para la mayor parte de las organizaciones el principal objetivo es económico, es decir, ganar utilidades: "Otras metas se establecen dentro de dicho objetivo, como elaborar un producto de calidad, servir al público y lograr el reconocimiento profesional".

En Estados Unidos –y en América Latina cada vez con mayor frecuencia–, los grandes periódicos, televisoras, radiodifusoras y compañías editoriales son propiedad de accionistas. Lo anterior hace más importantes, como señalan Shoemaker y Reese (1994, p. 146), los objetivos de lucro de las empresas de medios. La función de los gerentes y del personal directivo no es satisfacer el bien común –como sería deseable en medios tan estratégicos para la vida política y social–, sino maximizar las ganancias de los accionistas.

El investigador mexicano Gabriel González Molina (1987, p. 226) identifica estos condicionantes organizacionales con el término *dimensión institucional.* Para él, el estudio de esta dimensión cuestiona los intereses centrales de las organizaciones para establecer la forma en que sus procesos de producción se orientan a "la satisfacción y la promoción de sus objetivos *centrales*".

En muchas ocasiones, las decisiones, reajustes y planeaciones de los departamentos editoriales o creativos de los medios se hacen ajustándose a las limitaciones y prioridades expuestas por otros departamentos de sus organizaciones, como los administrativos, los de publicidad o los de distribución. La hora de cierre para una sección del periódico –y, por lo tanto, lo que logra cubrirse o no– la establecen con mucha frecuencia los departamentos administrativo y de distribución. El número de páginas o de minutos disponibles para información dependen de los anuncios que el departamento de publicidad haya vendido para cada edición. Los recortes de personal se deciden en departamentos ajenos al editorial, que sería el indicado para señalar cuántos elementos se requieren para realizar una buena labor. La diversidad y pluralidad de noticias internacionales y nacionales en un periódico o en noticieros televisivos o radiofónicos depende del número de agencias informativas a las que se puedan suscribir, o a su capacidad económica para tener corresponsales o enviados especiales.

Lo mismo ocurre en la producción de otros mensajes no informativos. Las telenovelas se alargan o recortan dependiendo de la audiencia y la afluencia de publicidad. Sus tomas se hacen en interiores o exteriores dependiendo de los recursos económicos y técnicos con que cuente la empresa. El cine es una industria donde, en muchas ocasiones, el personal creativo (directores, guionistas, actores) se ajusta a los lineamientos de los productores, quienes suelen buscar la optimización financiera más que el logro estético.

El enfoque de la sociología de la producción de mensajes señala que otro nivel de condicionamiento del contenido de los medios, incluso más importante que los vistos hasta este momento, es el de los *factores externos* a las organizaciones de medios, como los anunciantes, los grupos empresariales y las cadenas a las que pertenecen, su relación con el gobierno, así como por los públicos a los que se dirigen. Por la relación que tienen estos factores con el enfoque crítico de la economía política, se discutirán dentro de esta última perspectiva.

ACTIVIDADES

1. Contacta a algún reportero de un medio informativo local y charla con él sobre las rutinas de trabajo y los condicionantes organizacionales. Pídele que te comente la forma en que las horas de cierre, la cuota de noticias, la asignación de fuentes, las políticas de la organización, etcétera, influyen y condicionan el tipo de noticias que pueden cubrirse.
2. Redacta un informe no mayor de tres cuartillas, donde discutas las principales conclusiones y señales si, a tu juicio, se comprueban las afirmaciones del enfoque de la sociología de los medios.

Resumen

Un cabal entendimiento de los medios de comunicación y de su impacto social requiere analizar a fondo los procesos de producción y distribución de los mensajes. Que el contenido sea plural, y positivo o manipulador y sesgado, depende de lo que haya ocurrido en las diferentes etapas y procedimientos de su manufactura.

La sociología de la producción de mensajes (*media sociology* o *newsmaking*) es un enfoque teórico especializado en estudiar los condicionantes micro y macro que se presentan en dicho proceso de producción. Para los autores de esta corriente, existen distintos niveles de influencias en el contenido de los mensajes, que van ascendiendo en importancia, desde las características individuales de los comunicadores (sexo, edad, clase social, nivel educativo, orientación ideológica y religiosa), hasta los condicionantes económicos y políticos, pasando por las rutinas de trabajo, los valores profesionales y los aspectos organizacionales.

El aspecto central de este enfoque se refiere a que los mensajes de los medios son *construidos* por los comunicadores, es decir, que no tan sólo los seleccionan de la realidad y los transmiten tal cual, sino que sus valores profesionales, sus características, las rutinas de trabajo, así como los condicionantes organizacionales, económicos y políticos moldean el contenido de los mensajes y los hacen reflejar visiones parciales y mediatizadas de la realidad.

CAPÍTULO 4

Economía política crítica

Objetivos específicos

- Identificar las diferencias entre los planteamientos de la economía tradicional (liberal) y la economía política crítica sobre los medios de comunicación.
- Analizar los condicionantes ejercidos en el contenido por parte de quienes poseen y controlan las organizaciones de medios.
- Determinar la influencia de la publicidad en el contenido de los medios de comunicación.
- Discutir las relaciones formales e informales entre los comunicadores y el poder político.
- Señalar algunas limitaciones del enfoque de la economía política crítica.

Mientras que en la tradición positivista el análisis de los emisores es algo muy reciente –hay algunos trabajos importantes en la década de 1970, pero fue a partir de la siguiente cuando iniciaron realmente su despegue–, en la perspectiva crítica tiene una larga historia, aunque principalmente desde una perspectiva macrosocial, los últimos dos niveles del modelo de Shoemaker y Reese (véase la figura 3.2 del capítulo 3). Esto se explica por la base neomarxista de los principales enfoques críticos, que sugiere estudiar la propiedad y el control de los medios de comunicación para demostrar sus vínculos con la clase dominante. Según Marx y Engels (citados en Murdock y Golding, 1981, p. 25), en todas las épocas,

> la clase que dispone de los medios de producción material controla al mismo tiempo los medios de producción mental, de manera que, por lo mismo, las ideas de los que carecen de los medios de producción mental están sujetas a ella [...] Por lo tanto, mientras gobiernen como clase y determinen el alcance y los límites de una época, es evidente que ellas [...] entre otras cosas [...] regulan la producción y distribución de las ideas de su tiempo: así, sus ideas son las ideas rectoras de su época.

En otras palabras, la clase dominante en una sociedad –en el caso de Estados Unidos y Europa, la burguesía– posee y controla los medios de producción material (industrias, maquinaria, capital, tecnología), lo cual le permite a la vez controlar la ideología de las otras clases. En palabras de Murdock y Golding (*ibid*), el pasaje anterior sugiere tres proposiciones importantes:

> que el control sobre la producción y distribución de las ideas se concentra en las manos de los propietarios capitalistas de los medios de producción; que, como resultado de este control, sus opiniones y sus visiones del mundo reciben insistente publicidad y llegan a dominar el pensamiento de los grupos subordinados; y que este dominio ideológico cumple una función clave en el mantenimiento de las desigualdades de clases.

Por todo lo anterior, la mayoría de los investigadores críticos de la comunicación se han concentrado en el análisis de los emisores. Su objetivo principal ha sido demostrar que los propietarios de los medios de comunicación masiva y quienes los controlan forman parte de la clase capitalista dominante o responden a los intereses de ésta. Según Mosco (1989, p. 49), el enfoque económico político parte de cuestionar la propiedad y el control de las instituciones de los medios, "identifica sus procesos de producción, distribución y recepción, y analiza las conexiones entre medios de comunicación y medios de producción y reproducción en una economía mundial capitalista".

Economía tradicional y economía política crítica

Golding y Murdock (1993, pp. 15-18), dos de los representantes más sobresalientes de este enfoque, señalan que la economía política crítica es distinta de la economía en general en cuatro aspectos:

1. Es holística.
2. Es histórica.
3. Se preocupa por el balance entre la iniciativa privada y la intervención pública gubernamental.
4. Y, lo más importante, va más allá de las cuestiones técnicas de cómo obtener la eficiencia para abordar cuestiones morales básicas como la justicia, la igualdad y el bienestar común.

Los dos autores británicos aclaran que mientras la economía tradicional se maneja como una disciplina separada y especializada, la economía política crítica parte de una visión holística, que se interesa por la interacción entre la organización económica, y la vida política, social y cultural: "En el caso de la industria cultural [medios de comunicación masiva] nos preocupa en particular el detectar el impacto de las dinámicas económicas en el rango y la diversidad de las expresiones culturales públicas y su disponibilidad para diferentes grupos sociales."

Los economistas políticos liberales (no críticos), según Golding y Murdock, consideran que los receptores de comunicación masiva participan en un mercado, seleccionando entre diferentes productos según la utilidad y la satisfacción que les brinden. Para los críticos, argumentan los dos teóricos, lo más importante no es analizar cómo se da ese consumo, sino la organización de la propiedad y producción, ya que ésta necesariamente condiciona la oferta y las opciones entre las que los receptores eligen.

Así, para Golding y Murdock, la economía política crítica tiene tres áreas de análisis prioritarias: 1. la producción de bienes culturales, en la medida en que los condicionantes de la producción impactan en el rango de opciones del consumo (o recepción); 2. la economía política de los mensajes de los medios (textos), para ilustrar las formas en que las representaciones presentes en los contenidos se relacionan con la realidad material de su producción y su consumo; y 3. la economía política del consumo cultural, para ilustrar la relación entre la desigualdad material y la cultural.

FIGURA 4.1

Áreas de análisis prioritarias para la economía política crítica

La producción de bienes culturales	Investigar cómo es que los cambios en la organización de fuerzas que ejercen control sobre la producción y distribución cultural limitan o liberan la esfera pública: a) Patrones de propiedad de los medios y sus consecuencias en la producción de mensajes. b) Relaciones entre las regulaciones del Estado y los medios.

La economía política del contenido de los medios	Analizar cómo es que los factores económicos presentes en la producción condicionan los géneros, las formas y los contenidos de los mensajes comunicacionales.
La economía política del consumo cultural	Analizar las barreras que limitan la *soberanía* de los consumidores de comunicación masiva, impidiéndoles seleccionar lo que realmente quieren o necesitan por falta de opciones o de dinero (el uso del cable, la antena parabólica, la videocasetera, el disco compacto, la computadora, etcétera, requiere de gastos que no todas las clases sociales pueden ejercer).

Fuente: Peter Golding y Graham Murdock, "Culture, Communications, and Political Economy", en James Curran y Michael Gurevitch (eds.), *Mass Media and Society*, Edward Arnold, Londres, 1993.

Además de los ya mencionados arriba, otros autores identificados con esta corriente son: Herbert Schiller (1976), Dallas Smythe (1983), Armand Mattelart (1976 y 1977), Garnham (1985), Nordenstreng (1982), Hamelink (1981) y Mosco (1989, 1996). En América Latina abundan ejemplos de aplicación del enfoque económico político (en ocasiones manejado dentro de la perspectiva del imperialismo cultural) al análisis de la comunicación de masas, desde la ya clásica antología *Televisa: el quinto poder* (Trejo Delarbre, 1985), hasta los trabajos de Albornoz, Castillo, Hernández, Mastrini y Postolski (1999), Arredondo y Sánchez Ruiz (1987), Bernal Sahagún (1982), Bolaño (1999), Beltrán y Fox (1981), Brittos (2005), Crovi (1999), Esteinou (1992), Faraone (1999), Fernández Christlieb (1982), Herscovici (1999), Lozano (2006) y Rebouças (2005), entre muchos otros.

Todos los anteriores comparten –con algunas diferencias entre sí– una perspectiva económico-política en sus análisis de la comunicación de masas. Por lo general, su visión es macro: analizan los condicionantes externos a los medios, en especial los económicos (anunciantes, cadenas o grupos empresariales a los que pertenecen), los políticos (relación con el gobierno, las regulaciones legales que rigen su funcionamiento, y los mecanismos de censura y autocensura), y los ideológicos (visiones del mundo de los propietarios y de los agentes externos que los influyen, e ideología dominante en la sociedad en que funcionan los medios). En el modelo de Shoemaker y Reese (véase la figura 3.2 del capítulo 3), se pueden ubicar estos estudios entre los condicionantes más amplios de los señalados por ellos.

Propiedad y control de las organizaciones de medios

En Estados Unidos y en muchos otros países, la mayoría de los grandes medios de comunicación pertenecen a grupos empresariales o industriales, dedicados ya sea a actividades sin relación directa con la producción de mensajes comunicacionales o a una amplia gama de estos. El lanzamiento y el funcionamiento de un periódico, una estación televisiva o radiofónica exigen una gran inversión económica, por lo que, en la práctica, los ciudadanos comunes y corrientes, o las organizaciones sociales pequeñas, se ven imposibilitadas de contar con sus propios medios. Las grandes corporaciones, por el contrario, cuentan con el capital y los recursos humanos y tecnológicos, por lo que terminan siendo quienes poseen y controlan la mayoría de los medios.

Según Esteinou (1992, p. 95) la propiedad privada de las organizaciones de medios permite que los dueños obtengan...

> la facultad de orientar su función cultural hacia el fortalecimiento y la reproducción de sus intereses económicos, políticos y culturales que, generalmente, coinciden con los intereses que movilizan a la clase en el poder. Esto se debe a que, en términos generales, la propiedad de los transmisores, especialmente de los tecnológicamente más avanzados, está condicionada a la inversión de un fuerte capital inicial.
>
> El desmontaje de esta centralización de poder nos remite a descubrir que, en el común de los casos, en la sociedad capitalista, los propietarios de los medios pertenecen al mismo sector dirigente que está en constante articulación simbiótica con las principales fracciones de la clase dominante que controlan y dirigen las ramas fundamentales de la producción social donde actúan. Esta relación de mutua dependencia es la que los lleva a quedar determinados por la amalgama de intereses que configuran al estrato en el poder.

Economistas políticos norteamericanos han resaltado lo anterior para el caso de su país, analizando un gran número de casos. De acuerdo a Herman y Chomsky (1988, pp. 8-14), en Estados Unidos hay muy pocas empresas de medios que controlan la mayoría del mercado comunicacional. Dichas corporaciones están integradas completamente al mercado; en ellas se manifiestan simultáneamente las presiones de accionistas, directivos y banqueros para que sean productivas y rentables en términos estrictamente económicos. Para tales grandes corporaciones, que se manejan como cualquier otro negocio, los fines sociales y culturales son totalmente secundarios. La gran rentabilidad de los medios, en un ambiente sin restricciones legales fuertes como el estadounidense, según Croteau y Hoynes (2001), ha propiciado que se incrementen los intentos hostiles de compra entre las grandes corporaciones. Lo anterior ha forzado a los gerentes de los gigantes de la comunicación a endeudarse más y a centrarse aún más agresiva e inequívocamente en las ganancias, de tal forma que los dueños estén tranquilos, y para ser menos atractivos a los posibles compradores hostiles, quienes tendrían que pagar mucho más si el medio fuera rentable.

Muchos medios pertenecen a grandes cadenas nacionales o internacionales. El imperio de Rupert Murdoch es un ejemplo del alarmante grado de concentración de la propiedad de los medios. Su compañía, News Corporation es dueña o parcialmente propietaria de cientos de medios y empresas de comunicación (véase la figura 4.2 para identificar todo lo que tenía en 2005), entre otros de numerosos periódicos ingleses (entre ellos el prestigioso *Times* de Londres), norteamericanos (*TV Guide, New York Post*) y australianos, de compañías editoriales y del Canal *Fox* de Estados Unidos, la cuarta cadena nacional de televisión de ese país. Asimismo, tiene participación en los sistemas de televisión por satélite SKY y DirecTV tanto en Estados Unidos como en América Latina, Europa y Asia (*cfr.* News Corporation, 2005; Golding y Murdock, 1993, p. 23; Lee y Solomon, 1990, pp. 95-96). El propio Rupert Murdoch, destacando la importancia de las operaciones de News Corporation a nivel mundial, señalaba en su reporte anual a los accionistas que el 40% de las ganancias del conglomerado provenían de fuera de Estados Unidos (News Corporation, 2005, p. 5).

FIGURA 4.2

News Corporation: propiedad total o parcial de medios y empresas de comunicación (2005)

CINE	TELEVISIÓN	TV DE PAGA	OTROS
Estados Unidos 1. Fox Filmed Entertainment – 20th Century Fox Film Corp – Fox 2000 Pictures – Fox Searchlight Pictures – Fox Music – 20th Century Fox Home Entertainment – 20th Century Fox Licensing and Merchandising – Blue Sky Studios – 20th Century Fox TV – 20th TV – Regency TV (50%) **Asia** 1.11. Balaji Telefilms (26%) **América Latina** 1.12. Fox Studios Baja 1.13. Canal Fox	**Estados Unidos** 1. Fox Broadcasting Company 2. Fox TV Stations – WNYW Nueva York – WWOR Nueva York – KTTV Los Ángeles – KCOP Los Ángeles – WFLD Chicago – WPWR Chicago – WTXF Philadelphia – KDFW Dallas – KDFI Dallas – WFXT Boston – Otras 25 estaciones en 20 ciudades más **Asia** 3. STAR – STAR Plus – STAR Movies – STAR News – STAR Mandarin Movies – STAR World – STAR Gold – STAR Chinese channel – ESPN Start Sports (50%)	**CANALES** **Estados Unidos** 1. Fox News Channel 2. Fox Cable Network – FX – Fox Movie Channel – Fox Regional Sports Network (14 canales) – Fox soccer channel – SPEED channel – FUEL – Fox reality – National Sports Partners – National Advertising Partners – Fox Sports Net Bay Area (40%) – Fox Panamerican Sports (38%) – National Geographic Channel International (50%) – National Geographic Channel Domestic (67%)	**PERIÓDICOS** **Estados Unidos** – *New York Post* **Gran Bretaña** – *The Times* – *The Sunday Times* – *The Sun* – *News of the World* – *TSL Education* **Australia** – Más de 110 periódicos nacionales, metropolitanos, suburbanos, regionales **Fiji y Papúa Nueva Guinea** – Cinco periódicos **EDITORAS DE LIBROS** – Harper Collins – **REVISTAS** – *Gemstar TV Guide International (41%)*

- Channel (V) Taiwan
- Channel (V) Tailandia
- Xing Kong Wei Shi
- Vijay TV

América Latina
- Cine Canal (23%)
- Telecine (13%)

Australia
3. Premier Media Group (50%)

SISTEMAS DE TV
- SKY Italia
- British SKY Broadcasting (37%)
- DIRECTV Group (Estados Unidos, 34%)
- SKY Latin America (México, 30%) (Brasil, 50%)
- Space TV (India, 20%)
- Phoenix Sat TV (Asia, 38%)
- Hathway Cable y Datacom (Asia, 26%)
- China Network Systems (17 sistemas de cable en Asia)

Fuente: News Corporation (2005). *Annual Report.* Obtenido el 14 de marzo de 2006 de http://www.newscorp.com/index2.html

En muchos casos, cada medio específico pertenece a una gran cadena de medios, con una estructura de control y propiedad centralizada y vertical que impide la autonomía y la capacidad de toma de decisiones a niveles particulares. Según Ben Bagdikian, en 1982, 50 corporaciones controlaban la mayoría de las organizaciones de medios. Para 1990, esa cantidad se había reducido a 23, y para 2000 tan sólo seis gigantes de la comunicación poseían y determinaban el contenido de la gran mayoría de periódicos, estaciones de televisión, radiodifusoras, estudios cinematográficos y compañías editoriales (*cfr.* Lee y Solomon, 1990, pp. 70-71; y Bagdikian, 2000). Mientras que, a mediados de la década de 1940, el 80% de los diarios estadounidenses eran de propiedad independiente, para 1986 tan sólo el 28% de ellos no pertenecía a grandes cadenas nacionales (Shoemaker y Reese, 1994, pp. 168). En el año 2000, según Croteau y Hoynes (2003), 12 conglomerados poseían 335 diarios en Estados Unidos. Dentro de estas empresas, destacaba Gannett, editora del periódico de circulación nacional *USA Today*, la cual además era dueña de otros 96 diarios que llegaba a una circulación combinada de 7.8 millones de ejemplares (p. 36).

Conglomerados mediáticos latinoamericanos

Hay evidencias de un desarrollo importante de conglomerados mediáticos originarios de América Latina con vínculos y alianzas entre sí. Como documentan

Arroyo, López Gómez y Vega (2003) por lo menos existen cuatro grandes conglomerados regionales latinoamericanos: Grupo Clarín en Argentina, Televisa en México, Globo en Brasil y Grupo Cisneros en Venezuela. Aunque no son los únicos, sí son los más grandes, y los que cuentan con alianzas estrechas entre sí y con otros grupos regionales o locales.

El Grupo Clarín, por ejemplo, está relacionado con empresas en Paraguay, Guatemala y Puerto Rico en alianza con Grupo Cisneros en los últimos dos países. Televisa, por su parte, es propietaria o tiene alianzas con televisoras en Brasil, Chile, Ecuador, Guatemala, Estados Unidos,[1] Paraguay y Perú, entre otros países. El Grupo Cisneros aparece con vínculos o propiedades en Argentina, Brasil, Guatemala, Estados Unidos y Puerto Rico (Arroyo, López y Vega, 2003), y presume de contar con seis cadenas de medios en el hemisferio americano[2] (Colitt, 1998, 24 de marzo). Además, dicho grupo venezolano se ha embarcado en los últimos años en la compra de acciones en medios latinoamericanos, españoles y portugueses, buscando convertirse en socio mayoritario de grupos locales.

"[Si trabajas solo] te tomará más tiempo y te costará más dinero", afirma Carlos Cisneros. "Un socio adecuado, señala, agrega eficiencia y rapidez a la operación [...] Cisneros busca alianzas con socios locales o le ofrece a inversionistas locales una participación minoritaria en el negocio.]"

De acuerdo con Colitt, en 1998 el Grupo Cisneros adquirió Imagen Satelital, la programadora de cable más grande de Argentina, permitiendo a los administrativos comprar el 20% de las acciones. Además, tenía un convenio con Admira (propiedad de Telefónica España) firmado en el 2001 para coproducir telenovelas para el mercado latinoamericano e hispano en Estados Unidos (De Pablos, 2003, pp. 20-26 de enero).

Televisa tenía como socio a la compañía Prensa Española en el Grupo Euro-Producciones, para coproducir telenovelas para el país ibérico (Hopewell, 2001). Después de un declive en el interés de las audiencias españolas por ver telenovelas latinoamericanas, la fórmula de llevar argumentos ya realizados por Televisa en México y reescritos para el mercado español parecía estar funcionando a partir de 2003.

Irónicamente, estos grandes conglomerados latinoamericanos de medios, pese a su poderío económico y su capacidad de producción de mensajes comunicacionales –o quizás gracias a eso–, tienen vinculaciones y alianzas claras con los gigantes transnacionales mediáticos. El Grupo Clarín era aliado en Argentina de DIRECTV Latinoamérica (Sutter, 2001). Televisa y Globo son socios por su parte de SKY Latinoamérica, junto con News Corporation y Liberty Media. Televisa también tiene relaciones comerciales con Entretenimiento Plural, subsidiaria de producción del gigante español Prisa, para producir largometrajes, películas para televisión y miniseries (De Pablos, 2003). Gaylord Cable Networks, de Estados Unidos, es

[1] En el 2004 Televisa tenía el 15% de las acciones de Univisión y le proveía el 40% de su programación, mientras que el Grupo Cisneros tenía el 19% y le proveía el 11% de su programación. Joe Perenchio tenía el resto de la acciones.

[2] En 1999 compró el canal de videos musicales HTV, basado en Miami, e incluido en la programación de DIRECTV Latinoamérica.

socio de grupos locales argentinos en los canales de música MusicCountry Latin America y Tango, así como del grupo Mega Cable de Guadalajara, México, en el canal Video Rola (Cobo, 2001). La compañía peruana de cable, Cable Mágico, es apoyada por Telefónica, de España (Sutter, 2001). El sistema de cable venezolano MSO Super Cable es parcialmente propiedad del grupo estadounidense MSO Adelphia Cable Communication, quien en 1999 poseía el 20% de las acciones en forma directa y otro 20% a través de su subsidiaria ecuatoriana Eljuri, considerada por el Pacto Andino como socio local a pesar de su dependencia de la compañía estadounidense (Duarte, 1999).

En ocasiones, estos conglomerados transnacionales son los propietarios directos de importantes medios de comunicación. Es el caso de la cadena canadiense CTG, dueña del canal de música MuchMusic en Argentina y de la mencionada Gaylord Cable Networks, propietaria exclusiva del canal MusicCountry Brasil (Cobo, 2001, 17 de febrero). El Grupo Árbol de España es la propietaria de la argentina Promofilm, que ha comercializado *reality shows* en Colombia y Venezuela como *Protagonistas de novela* y el show de variedades *Sala de parejas* para Colombia, Venezuela y Estados Unidos (De Pablos, 2003). La compañía francesa MultiThematiques, adquirió en 2000 el canal Eurochannel de Brasil, de manos del grupo latinoamericano Abril (James, 2000).

De hecho, no sólo conglomerados norteamericanos y europeos, sino ciudades enteras, como Miami, tienen una influencia extraordinaria en la programación televisiva latinoamericana, como lo hace notar Sinclair (2003). Dicha población es la base de operaciones de canales como MTV Latino, y de las cadenas hispanas Telemundo, propiedad de la cadena NBC y Univisión, de Perenchio, Televisa y Grupo Cisneros. Este último conglomerado mediático de Venezuela tiene una importante base de operaciones en Miami, para la producción de contenidos dirigidos a la región (p. 224). Su competidora RCTV tiene a la vez una distribuidora de su programación para Estados Unidos llamada Coral Pictures. Todo lo anterior hace más complejo el análisis de los mercados regionales latinoamericanos, ya que implica también de manera predominante una ciudad en territorio norteamericano pero desde una óptica principalmente regional.

Resumiendo, se puede afirmar que si bien, por un lado, efectivamente se han desarrollado y consolidado grandes conglomerados regionales en América Latina, lo cual indica que el predominio norteamericano no es absoluto, por otra parte los gigantes comunicacionales estadounidenses o transnacionales tienen todavía una influencia desproporcionada en la región, lo que no ocurre en sentido inverso.

Concentración en la propiedad de medios impresos

En algunos países latinoamericanos, como en el caso de México, la concentración de la propiedad y control de periódicos no se distingue tan marcadamente (*cfr.* Bohmann, 1989; Arredondo y Sánchez, 1987), aunque existe por lo menos una cadena nacional de proporciones muy importantes: la Organización Editorial Mexicana (véase la figura 4.3). En las cadenas radiofónicas, por su parte, el problema no parece residir en la concentración de la propiedad (ésta se encuentra fragmentada en numerosos grupos e individuos), sino en la concentración del control de los grupos radiofónicos. De acuerdo con Javier Corral (2005), en 2005 existían en el país 1,597 estaciones de radio, aunque el 80% de ellas era controlado únicamente por 13 grandes grupos radiofónicos. Para marzo de 2006 el Grupo ACIR, por ejemplo, tenía afiliadas 160 radiodifusoras en México (Grupo ACIR, 2006).

FIGURA 4.3

Organización Editorial Mexicana (2006)

El Sol de México
México, D.F.

ESTO
México, D.F.

La Prensa
México, D.F.

Marcador
México, D.F.

Trato Directo
México, D.F.

El Sol de Mediodía
México, D.F.

El Sol del Centro
Aguascalientes, Aguascalientes

La Voz de la Frontera
Mexicali, Baja California

El Sol de Tijuana
Tijuana, Baja California

El Centinela (Mexicali)
Mexicali, Baja California Norte

ESTO de las Californias
Tijuana, Baja California

El Sudcaliforniano (La Paz)
La Paz, Baja California Sur

El Heraldo de Chiapas
Tuxtla Gutiérrez, Chiapas

Diario del Sur
Tapachula, Chiapas

El Heraldo de Chihuahua
Chihuahua, Chihuahua

El Heraldo de la Tarde
Chihuahua, Chihuahua

El Mexicano (Cd. Juárez)

El Sol de Parral
Hidalgo del Parral, Chihuahua

Noticias de El Sol de la Laguna
Torreón, Coahuila

El Sol de Durango
Durango, Durango

El Sol de Toluca
Toluca, Edo. de México

Extra del Sol (Toluca)
Toluca, Edo. de México

El Sol del Bajío
Celaya, Guanajuato

El Sol de Irapuato
Irapuato, Guanajuato

El Sol de Salamanca
Irapuato, Guanajuato

El Sol de León
León, Guanajuato

Noticias Vespertinas (León)
León, Guanajuato

El Sol Diario de la Tarde
Irapuato, Guanajuato

ESTO del Bajío
León, Guanajuato

La Prensa del Bajío
Celaya, Guanajuato

El Sol de Acapulco
Acapulco, Guerrero

El Sol de Hidalgo
Pachuca, Hidalgo

El Sol de Tulancingo
Pachuca, Hidalgo

El Occidental
Guadalajara, Jalisco

El Sol de Guadalajara
Guadalajara, Jalisco

ESTO de Jalisco
Guadalajara, Jalisco

La Prensa de Jalisco
Guadalajara, Jalisco

El Sol de Morelia
Morelia, Michoacán

El Sol de Zamora
Zamora, Michoacán

El Sol de Cuautla Cuautla, Morelos	ESTO del Centro San Luis Potosí, S.L.P.	El Sol de Tampico Tampico, Tamaulipas
El Sol de Cuernavaca Cuernavaca, Morelos	La Prensa del Centro San Luis Potosí, S.L.P.	El Sol de la Tarde (Tampico) Tampico, Tamaulipas
El Sol de Puebla Puebla, Puebla	El Sol de Mazatlán Mazatlán, Sinaloa	El Sol de Tlaxcala Tlaxcala, Tlaxcala
El Sol de Tehuacán Puebla, Puebla	El Sol de Sinaloa Culiacán, Sinaloa	Diario de Xalapa Xalapa, Veracruz
La Voz de Puebla Puebla, Puebla	El Sol de Culiacán Culiacán, Sinaloa	El Sol de Córdoba Córdoba, Veracruz
ESTO de Puebla Puebla, Puebla	La Prensa de Sinaloa Mazatlán, Sinaloa	El Sol de Orizaba Córdoba, Veracruz
Diario de Querétaro Querétaro, Querétaro	Tribuna de San Luis San Luis Río Colorado, Sonora	ESTO de Veracruz Xalapa, Veracruz
El Sol de San Juan del Río Querétaro, Querétaro	El Heraldo de Tabasco Villahermosa, Tabasco	El Sol de Zacatecas Zacatecas, Zacatecas
El Sol de San Luis San Luis Potosí, S.L.P.		

Fuente: Tabla construida a partir de información del sitio web de la Organización Editorial Mexicana (OEM) obtenida el 14 de marzo de 2006 de http://www.oem.com.mx/quienessomos/directorio.htm

Para Gutiérrez Espíndola (1989, p. 11), en la industria de la radio mexicana "prevalecen intereses particulares y orientaciones comerciales" dada su estructura monopólica:

> A este respecto se ha escrito que "nadie puede ocultar que (tal monopolización) existe por la vía de los hechos mediante la incorporación de las emisoras a los grandes grupos y consorcios nacionales y regionales, de los que apenas 15 firmas controlan –afilian, dicen ellos– más del 80% del total de radiodifusoras comerciales; pero tampoco nadie puede demostrarlo por el camino del derecho". Y esto último por la sencilla razón de que las concesiones están formalmente otorgadas a diferentes personas o grupos.

En el caso de la televisión, ya es un ejemplo trillado el de Televisa, grupo que posee cadenas y estaciones de televisión, radiodifusoras, editoras y distribuidoras de revistas, equipos de fútbol y sistemas de cablevisión. La figura 4.4 ofrece información más detallada sobre este gigantesco consorcio.

FIGURA 4.4

Grupo Televisa (2004)

División	% de propiedad	Descripción
Televisión	100	Cuatro cadenas de televisión en México (canales 2, 4, 5 y 9). Líder mundial en producción de TV en español.
Cadenas de TV de paga	100	Producción y distribución de 21 canales de TV en español y en inglés para sistemas de TV de paga.
Edición de revistas	100	Más grande editor de revistas en español en el mundo. Edita 60 títulos con una circulación anual de cerca de 127 millones de ejemplares.
Distribución de revistas	100	Más grande distribuidora de revistas en español en el mundo.
SKY México	60	Más de un millón 200 mil suscriptores en México.
Cable Televisión	51	Transmite su señal en el Valle de México a cerca de 500 mil suscriptores.
Radio	50	Operación de una cadena de 81 radiodifusoras en México.
Otras empresas	100	Portal de Internet Esmas.com Equipos de fútbol: América, Necaxa y Real San Luis. Estadio Azteca. Videocine.
Empresas no consolidadas	9.9 50 50 40	– Cadena en español Univisión (Estados Unidos). – TuTV, distribución de 5 canales para TV de paga estadounidense. – Vívelo, compañía de entretenimiento en vivo para hispanos en Estados Unidos. – OCESA, entretenimiento en vivo en México.

Fuente: Televisa (2004). *Annual Report 2004.* Obtenido el 28 de enero de 2006, de: http://www.esmas.com/televisahome/ingles/inversionistas/anual/2004/

La figura 4.5, por otro lado, muestra los principales medios en los que tiene propiedad o participación el Grupo Clarín, de Argentina, mejor conocido por el diario que edita con ese nombre. Como se observa, además de sus intereses en prensa, incursiona en cine, radio, Internet, televisión abierta y televisión de paga.

FIGURA 4.5

Grupo Clarín, Argentina (2005)

División	Descripción
Cadenas de TV nacional	Agencia de noticias DYN.
Canales de TV	Canal 13 (Buenos Aires). Canal 12 (Córdoba). Pol-ka Producciones.
Televisión de paga	Multicanal (Argentina, Paraguay y Uruguay). DirecTV (en asociación con *Galaxy Latin America*). Canales (TN 24 Horas, Volver, TyC Sports).
Revistas	Elle (en sociedad con *Hachette Filipacchi de Francia*). *Mística.*
Prensa	*Clarín* *Ole* *Los Andes de Mendoza* *La Voz del Interior* (Córdoba)
Radio	Radio Mitre La 100
Entretenimiento en el hogar	Audiotel
Cine	Patagonik Film Group (*en sociedad con Buena Vista/ Disney y Telefónica*).
Internet	Flash Ciudad Internet Clarín.com

FUENTE: http://www.grupoclarin.com.ar/content/index.htm

El subsidio publicitario

Los grandes costos de operación, así como sus objetivos centrales de rentabilidad, han propiciado que los medios de comunicación busquen la mayor cantidad de anunciantes posible. De hecho, las ganancias de los periódicos y las revistas en

América Latina no residen en la venta de sus ejemplares, ni las de la televisión o la radio en posibles licencias (caso europeo), sino en la publicidad que logren incorporar en sus ediciones o programación. Los anunciantes, por su parte, desean que sus mensajes publicitarios lleguen a la mayor cantidad posible de consumidores potenciales, por lo que seleccionan los medios con audiencias más grandes.

Lo anterior, desde la perspectiva de la economía política crítica, provoca que los medios comerciales no busquen la producción de mensajes con contenidos sociales o culturales –función que en muchas legislaciones se señala como prioritaria–, sino que se concentren en aquellos que resultan más atractivos para el público, aun cuando sean sensacionalistas, superfluos o incluso nocivos.

De hecho, para algunos autores de esta corriente, los medios en la práctica no venden anuncios sino audiencias (Smythe, 1983). Para Arredondo y Sánchez Ruiz (1987, p. 16) "la fuente real de ingresos de la radio y televisión comerciales es la venta de audiencias a los anunciantes: los programas televisivos atraen a una teleaudiencia, la preparan para recibir los mensajes persuasivos de los anunciantes y, entonces, las televisoras venden tales teleaudiencias reales y potenciales a los anunciantes mediante el llamado *costo por millar*".

Para Fernández Christlieb (1982, pp. 202-204) la vinculación de los medios de comunicación con la élite económica se da mediante la venta de publicidad. La prensa, la radio, la televisión y los demás medios "acortan el ciclo de circulación del capital" vía la inserción de anuncios. Dadas las altas tarifas publicitarias en la televisión nacional, ¿quién puede pagarlas? Contesta Fernández Christlieb: "Por supuesto que no es el pequeño comercio o la mediana industria, los que al pagarlas determinan el contenido de la programación televisiva. Es el capital monopólico, nacional y extranjero, el que sigue marcando las pautas de una de las principales fuentes de la actual cultura nacional."

Debido a la dependencia que tienen los medios de comunicación respecto de la publicidad, no es el consumidor el que decide cuáles medios sobreviven y cuáles no, sino los anunciantes. Aunque estos últimos están interesados en los medios con mayor penetración, también están interesados en no apoyar aquellos medios que sean críticos hacia su funcionamiento o hacia el sistema económico, político e ideológico que les permite operar. Sin el *subsidio* publicitario, los medios que critican el *establishment* o aquellos que no tienen una finalidad comercial, terminan por hacer producciones menos llamativas y costosas que su competencia, lo cual redunda en una pérdida de audiencia. Herman y Chomsky (1988, pp. 14-17) refieren el caso de la televisión pública en Estados Unidos, la cual ha recibido el patrocinio de grandes consorcios petroleros, bancarios e industriales para programas que favorecen al sistema capitalista, y que se ha visto sin apoyos publicitarios para programas de denuncia social o ecológica.

La publicidad también condiciona el contenido de los medios desde otra perspectiva. Algunos anunciantes están interesados exclusivamente en llegar a los segmentos del público con mayor poder adquisitivo. Por ello, tienden a patrocinar mensajes de los medios que respondan a los gustos y las necesidades de dichos sectores (*cfr.* Herman y Chomsky, 1988, p. 16). La consecuencia es terrible para aquellos sectores del público más desprotegidos económicamente, aquellos que, irónicamente, son los que requieren más urgentemente la atención de los medios para satisfacer sus necesidades (educativas, sociales, de entrenamiento u orientación) y para denunciar sus problemas (discriminación, pobreza, desempleo, desatención gubernamental, etcétera).

Muchas secciones nuevas de los medios (autos, cocina, salud, moda, finanzas, tecnología) se abren no para satisfacer las necesidades de los lectores o televidentes, sino para atraer anunciantes especializados.

Por todo lo anterior, según el enfoque económico político, la publicidad constituye en la actualidad uno de los condicionantes más importantes del contenido de los medios.

Condicionantes en la relación medios-gobierno

Los condicionantes políticos, presentes en la producción de los mensajes, también son destacados por este enfoque teórico. A diferencia de los económicos, ya analizados, los condicionantes políticos se refieren principalmente a los marcos jurídicos, y al papel de los gobiernos en la regulación, el control y el manejo de los sistemas de comunicación.

En el enfoque marxista clásico, el Estado juega un papel subordinado a la clase económica dominante. Así, las regulaciones, leyes y demás mecanismos de control de los medios favorecerían clara y reiteradamente a dicho grupo social. En los nuevos enfoques críticos, basados en Gramsci y otros teóricos más recientes, el control político, económico y social de una sociedad se le adjudica a una clase hegemónica, en la que coexisten, en ocasiones con fuertes pugnas internas, diversos grupos económicos y sociales. Estos grupos negocian y se enfrentan constantemente para favorecer sus objetivos, pero mantienen cierta cohesión y consenso para seguir detentando el control de la sociedad.

Esta última visión es la que prevalece actualmente entre muchos de los economistas políticos críticos. La clase hegemónica está compuesta por la élite económica –integrada a la vez por muy diversas facciones–, la élite política –compuesta también por muy diversos grupos–, e incluso por ciertas agrupaciones sindicales, intelectuales y sociales. El gobierno, aunque tiende a defender los intereses de la élite económica, por ser la más fuerte, responde también a las presiones y los intereses de los demás grupos, por lo que en ocasiones se enfrenta a los de la primera. La figura 4.7, por ejemplo, muestra las enormes sumas de dinero que otorgaban legalmente diversos conglomerados mediáticos a congresistas y candidatos estadounidenses (de ambos partidos) con el afán de influir favorablemente en ellos y tener su simpatía cuando estén en el poder.

Así, los economistas políticos estudian en primer término las leyes, regulaciones y políticas que rigen el establecimiento y la operación de los sistemas de comunicación masiva. Al hacerlo, cuestionan el grado en que estas regulaciones favorecen a las clases hegemónicas, o si buscan verdaderamente el bien común. En este renglón se analizan desde las leyes relativas a la libertad de expresión, difamación, libelo, contenido social y cultural, etcétera, hasta la asignación de concesiones de radio y televisión, pasando por el uso de los tiempos oficiales y las políticas gubernamentales sobre el funcionamiento de los medios de comunicación.

FIGURA 4.6

Organizaciones cívicas como FAIR (Fairness & Accuracy in Reporting) han demostrado que muchos programas noticiosos y de debate en Estados Unidos favorecen sistemáticamente a fuentes gubernamentales, convirtiéndose en sus voceros de facto

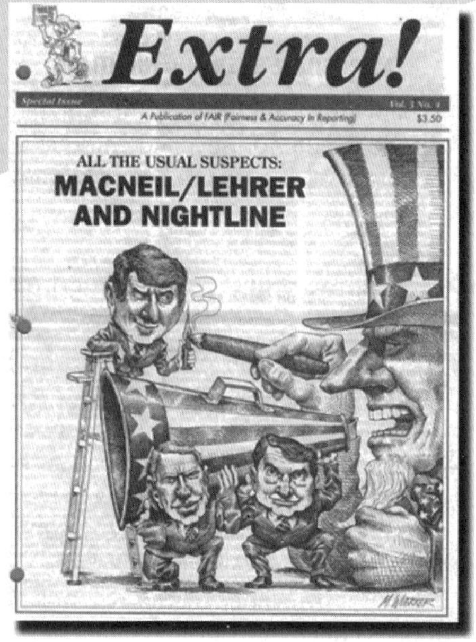

Fuente: Portada del Boletín de FAIR, vol. 3, núm. 4.

FIGURA 4.7

Gastos de cabildeo de empresas de medios en Estados Unidos

Organización	Gastos de cabildeo 1998	Contribución a campañas	Porcentaje para los demócratas	Porcentaje para republicanos
Asociación Nacional de TV cable	$4,800,000	$752,518	43	57
Time Warner	3,000,000	1,465,396	65	34
Walt Disney Co.	2,446,800	1,224,651	59	41
CBS Corp.	1,940,000	113,725	26	73
TCI	1,200,000	769,560	44	56
BMI	1,040,000	82,225	37	63
Viacom	1,000,000	473,142	59	41
Motion Picture Assn. Of America	980,000	161,343	58	42
Recording Industry Assn. of America	820,000	224,260	50	50

Fuente: Croteau, D. y Hoynes, W. (2001). The business of media. Thousand Oaks: Pine Forge.

FIGURA 4.8

En todos los países existen dependencias gubernamentales encargadas de revisar, evaluar y aprobar la programación televisiva

RTC
SECRETARÍA DE GOBERNACIÓN

DIRECCIÓN GENERAL DE RADIO, TELEVISIÓN Y CINEMATOGRAFÍA
DIRECCIÓN DE CONTENIDOS Y DISTRIBUCIÓN DE SEÑALES DE RADIO Y TELEVISIÓN
SERIES AUTORIZADAS, OCTUBRE 2005

FECHA DE AUTORIZACIÓN	CLAS	SERIES, DOCUMENTALES	TITULO	No. CAP.	DIRECTOR	ACTORES PRINCIPALES	REALIZACION	CONCESIONARIA
03-Oct-05	C	DESCONTROL	NO SE REGISTRA	EPIS. 35	NO SE REGISTRA	DIBUJOS ANIMADOS	MÉXICO	TV AZTECA
04-Oct-05	A	GALACTICA: ASTRONAVE DE COMBATE	DE CARNE Y HUESO	1808	VARIOS	EDWARD JAMES OLMOS, MARY McDONNELL, KATEE SACKHOFF	ESTADOS UNIDOS	TELEVISA
04-Oct-05	A	GALACTICA: ASTRONAVE DE COMBATE	DIA DE VOTACIONES	1811	VARIOS	EDWARD JAMES OLMOS, MARY McDONNELL, KATEE SACKHOFF	ESTADOS UNIDOS	TELEVISA
04-Oct-05	A	GALACTICA: ASTRONAVE DE COMBATE	UNA SORPRESA PARA TIGH	1809	VARIOS	EDWARD JAMES OLMOS, MARY McDONNELL, KATEE SACKHOFF	ESTADOS UNIDOS	TELEVISA
04-Oct-05	A	GALACTICA: ASTRONAVE DE COMBATE	LA MANO DE DIOS	1810	VARIOS	EDWARD JAMES OLMOS, MARY McDONNELL, KATEE SACKHOFF	ESTADOS UNIDOS	TELEVISA
04-Oct-05	A	GALACTICA: ASTRONAVE DE COMBATE	LOS ULTIMOS DESTELLOS DE COBOL PARTE 1	1812	VARIOS	EDWARD JAMES OLMOS, MARY McDONNELL, KATEE SACKHOFF	ESTADOS UNIDOS	TELEVISA
04-Oct-05	A	GALACTICA: ASTRONAVE DE COMBATE	LOS ULTIMOS DESTELLOS DE COBOL PARTE 2	1813	VARIOS	EDWARD JAMES OLMOS, MARY McDONNELL, KATEE SACKHOFF	ESTADOS UNIDOS	TELEVISA
04-Oct-05	A	CORTO Y QUEDA	RISAS GRABADAS-DOCE GALLETAS, EL REGRESO DEL SOMBIE CACHETON HAPPY AND HAPPY, EL DIVERTIMIENTO EN SI	S/N	JOSE ANTONIO CORDERO	MONICA DIONNE, PEDRO GONZALEZ "EL ZULU", MAURO ALTSCHULER	MÉXICO	CANAL 22
04-Oct-05	C	ABRELATAS	NO SE REGISTRA	EPIS. 15	VARIOS	VARIOS	MÉXICO	CANAL 11
04-Oct-05	B	SOY GITANO	NO SE REGISTRA	EPIS. 1	SEBASTIAN PIVATTO	OSWALDO LAPORT, ARNOLDO ANDRE	ARGENTINA	MULTIVISION
04-Oct-05	B	SOY GITANO	NO SE REGISTRA	EPIS. 2	SEBASTIAN PIVATTO	OSWALDO LAPORT, ARNOLDO ANDRE	ARGENTINA	MULTIVISION
04-Oct-05	B	SOY GITANO	NO SE REGISTRA	EPIS. 3	SEBASTIAN PIVATTO	OSWALDO LAPORT, ARNOLDO ANDRE	ARGENTINA	MULTIVISION
04-Oct-05	B	SOY GITANO	NO SE REGISTRA	EPIS. 4	SEBASTIAN PIVATTO	OSWALDO LAPORT, ARNOLDO ANDRE	ARGENTINA	MULTIVISION
04-Oct-05	B	SOY GITANO	NO SE REGISTRA	EPIS. 5	SEBASTIAN PIVATTO	OSWALDO LAPORT, ARNOLDO ANDRE	ARGENTINA	MULTIVISION
04-Oct-05	B	SOY GITANO	NO SE REGISTRA	EPIS. 6	SEBASTIAN PIVATTO	OSWALDO LAPORT, ARNOLDO ANDRE	ARGENTINA	MULTIVISION
04-Oct-05	A	DOCUMENTAL	18 DIAS: LA MISION FINAL DEL COLUMBIA	S/N	CHRISTINA BAVETTA	MELISA LEEBAERT, DR. ANGEL ABBUD-MADRID, BETH VANN, ROBERT HANLEY, JOHN CHARLES	INGLATERRA	CANAL 22
04-Oct-05	A	DOCUMENTAL	EN BUSCA DE OSAMA BIN LADEN	S/N	NO SE REGISTRA	DENIS MURPHY	ESTADOS UNIDOS	CANAL 22
04-Oct-05	B	EL SHOW DEL INSOMNIO	EMPLEOS NOCTURNOS	S/N	GABRIEL SANTANDER, LUIS ADAN ZAYAS	DANEL MARTINEZ, JORGE CAMACHO, JOEL CAMACHO, CHEPE, JUTTSI TOVAR, MARIA VICTORIA	MÉXICO	CANAL 22
04-Oct-05	A	DOCUMENTAL	MISIONES PELIGROSAS: EL VUELO ESPACIAL	S/N	MARK EVEREST	GENE KRANZ, JIM OBERG, JERRY LINENGER, GEORGE NELSON, JOHN HORACK, ERIK MEYERS	INGLATERRA	CANAL 22
04-Oct-05	B	EL SHOW DEL INSOMNIO	TACON DORADO	S/N	GABRIEL SANTANDER, LUIS ADAN ZAYAS	DANIEL MARTINEZ, DORIAN, CASANDRA, MARGO GALANTZ, SUSANA ZAVALETA	MÉXICO	CANAL 22
04-Oct-05	B	EL SHOW DEL INSOMNIO	NARCOLEPSIA	S/N	GABRIEL SANTANDER, LUIS ADAN ZAYAS	DANIEL MARTINEZ, PEDRO ARMENDARIZ, MORRIS GILBERT, GUILLERMO ARRIAGA	MÉXICO	CANAL 22
04-Oct-05	B	EL SHOW DEL INSOMNIO	ONDAS NOCTURNAS DE LA RADIO	S/N	GABRIEL SANTANDER, LUIS ADAN ZAYAS	DANIEL MARTINEZ, JUAN RAMON SAENZ, DAVID DOMELLERA, MIGUEL ALEMAN VELASCO	MÉXICO	CANAL 22
06-Oct-05	A	DOCUMENTAL	LAS ROCAS DE MARTE, LA MISION CONTINUA	S/N	ALBERT FISHER, JAMES MOTTEM	DR. STEVE SQUYRES, WAYNE LEE, SEAN KEEFE, DR. CHARLES ELACHIO, DR. JUM BELL, DRA. JOY CRISP	INGLATERRA	CANAL 22
10-Oct-05	B	SOY GITANO	NO SE REGISTRA	EPIS. 13	SEBASTIAN PIVATTO	OSWALDO LAPORT, ARNOLDO ANDRE	ARGENTINA	MULTIVISION
10-Oct-05	B	SOY GITANO	NO SE REGISTRA	EPIS. 14	SEBASTIAN PIVATTO	OSWALDO LAPORT, ARNOLDO ANDRE	ARGENTINA	MULTIVISION
10-Oct-05	B	SOY GITANO	NO SE REGISTRA	EPIS. 15	SEBASTIAN PIVATTO	OSWALDO LAPORT, ARNOLDO ANDRE	ARGENTINA	MULTIVISION
10-Oct-05	B	SOY GITANO	NO SE REGISTRA	EPIS. 16	SEBASTIAN PIVATTO	OSWALDO LAPORT, ARNOLDO ANDRE	ARGENTINA	MULTIVISION
10-Oct-05	B	SOY GITANO	NO SE REGISTRA	EPIS. 17	SEBASTIAN PIVATTO	OSWALDO LAPORT, ARNOLDO ANDRE	ARGENTINA	MULTIVISION
10-Oct-05	B	SOY GITANO	NO SE REGISTRA	EPIS. 18	SEBASTIAN PIVATTO	OSWALDO LAPORT, ARNOLDO ANDRE	ARGENTINA	MULTIVISION
10-Oct-05	A	CHIQUITITAS	NO SE REGISTRA	EPIS. 101	MARTIN MARIANI	GRECIA COLMENARES, LIDIA CATALANO	ARGENTINA	MULTIVISION
10-Oct-05	A	CHIQUITITAS	NO SE REGISTRA	EPIS. 102	MARTIN MARIANI	GRECIA COLMENARES, LIDIA CATALANO	ARGENTINA	MULTIVISION

Fuente: Sitio Web de la Dirección General de Radio, Televisión y Cinematografía de México, encargada de autorizar la transmisión de programas televisivos.

Según varios estudios de economía política en América Latina, muchos de los gobiernos de esta región han adoptado, desde la década de 1980 hasta la fecha, numerosas políticas y regulaciones que promueven la liberalización, la privatización y la desregulación en la mayoría de los sectores económicos, incluyendo los medios de comunicación y las empresas de telecomunicaciones (Crovi, 2000; Gómez Mont, 2000; Lozano, 2003 y Sánchez Ruiz, 2000). De esta forma, las leyes y las políticas públicas adoptadas por los gobiernos han beneficiado, principalmente, a las grandes empresas de medios y de tecnologías de la información y la comunicación, más que a los usuarios y consumidores ya que han antepuesto los intereses comerciales de dichas empresas a la prestación de servicios públicos para las audiencias.

En segundo término, estos teóricos estudian las relaciones formales e informales que se dan entre la clase política y los comunicadores profesionales. El objetivo es determinar hasta qué punto los políticos mantienen relaciones de respeto y distancia con los medios, o el grado en que utilizan mecanismos cuestionables como subsidios, convenios de propaganda oficial, favores, regalos, sobornos, etcétera, para influir el contenido de los mensajes.

En el caso de muchos países latinoamericanos, ambos niveles parecen tener una importancia mayúscula en el establecimiento y funcionamiento de los medios de comunicación. En el caso de la prensa, no se considera que se manifieste un estricto control y censura por parte del gobierno, sino *una especie de censura ambiental* (Granados Chapa, 1981) o *autocensura* (Riva Palacio, 1992, p. 12). La conclusión, para Arredondo y Sánchez Ruiz (1987, pp. 56-57), es que "aunque no se ejerce un control directo por parte del Estado, la prensa tiende a responder, por diversas razones, a los intereses y proyectos del aparato gubernamental". Para ambos autores, el caso de la radio y la televisión es todavía peor, ya que más que predominar los intereses sociales en general, se ha dado una apropiación, control y explotación por unos cuantos: "La televisión es [...] un recurso de poder importante, altamente concentrado, que puede eventualmente dotar a los grupos privados que la controlan de la capacidad de obtener una mayor hegemonía que la del propio Estado."

FIGURA 4.9

Daniel Santoro (Clarín, Argentina), opina sobre la autocensura en América Latina

Considerando la autocensura como la decisión de un medio de suprimir informaciones de conveniencia pública o por presiones o intereses de otra índole, ¿cree usted que este fenómeno está extendido en la prensa latinoamericana?

Creo que el fenómeno de la censura interna o autocensura en los medios masivos de América Latina se ha extendido en los últimos años, fundamentalmente por tres motivos: por la crisis económica que ha debilitado a los medios frente al Estado; porque no hay parámetros en cuanto a cómo debe ser la relación entre los periodistas y los dueños de los medios (entonces hay algunos dueños de los medios que se abusan de esa situación); y un tercer fenómeno es que si la prensa es el perro guardián que tiene que controlar a los gobiernos, quién controla al perro guardián. Hay una ausencia o un vacío en cuanto a Observatorios, como el que existe por ejemplo en la Universidad de Columbia (Estados Unidos), que es prestigioso y está integrado por gente independiente, donde puede haber una referencia de qué es lo que publican o no los medios o cómo publican los temas complicados los medios de comunicación de Estados Unidos.

Limitaciones del enfoque económico-político

Aunque la economía política crítica ha tendido a enfocar su atención en los condicionantes macro de la producción y distribución de mensajes, algunos autores de esta corriente, como Golding y Murdock (1993, p. 19), insisten en que se tomen en cuenta las contradicciones al interior de los procesos de producción, así como la relativa autonomía de los diferentes actores que intervienen en el proceso de producción. Aunque los factores macroeconómicos, como la propiedad y el control, y los políticos, como la relación de la clase hegemónica con el gobierno, explican mucho del contenido final de los medios, no dicen toda la historia. Así, debemos pensar en el determinismo económico de una manera más flexible, dicen Golding y Murdock:

> En vez de quedarnos con la noción de Marx de la determinación [económica] en última instancia, con sus implicaciones de que todo puede relacionarse directamente con las fuerzas económicas, podemos seguir a Stuart Hall y considerar la determinación operando en una primera instancia [...] Es decir, podemos pensar que las dinámicas económicas definen los principales aspectos del ambiente general en que se desarrolla la actividad comunicacional, pero no considerarlas como una explicación completa de la naturaleza de dicha actividad.

Arredondo y Sánchez (1987, p. 17) coinciden con lo anterior y señalan que el proceso de producción y distribución de mensajes comunicacionales es un objeto de estudio múltiple y complejo, caracterizado por múltiples determinaciones históricas y sociales: "a la vez, el funcionamiento social de los medios no ocurre en un vacío social, sino que son individuos, grupos y clases sociales concretas quienes deciden, actúan, operan, controlan los medios de difusión históricamente determinados, pero con variables grados de libertad".

De esta manera, aunque la perspectiva de la economía política ha hecho contribuciones esenciales para entender los condicionantes externos y macros que influyen en el contenido de los mensajes de los medios, no puede explicarlo todo desde ese nivel. Los grandes intereses económico-políticos de Televisa, Grupo Cisneros, Globo o Grupo Clarín, por ejemplo, impactan necesariamente en las políticas generales de ese consorcio, pero no explican por qué hay diferencias sustantivas entre diferentes conductores, editorialistas y reporteros. ¿Aceptan incondicionalmente los comunicadores (reporteros, productores, guionistas, directores, jefes de sección, etcétera) las políticas y los intereses económicos, políticos e ideológicos de sus jefes y de los propietarios de los medios en los que trabajan? ¿Hasta qué punto tienen los comunicadores ciertos grados de autonomía para realizar sus actividades? ¿Ayudan las rutinas de trabajo a satisfacer esos intereses económico-políticos e ideológicos de los dueños? ¿Cómo? ¿Coinciden los valores profesionales de los comunicadores con los valores ideológicos de los dueños de los medios?

Los condicionantes económicos y políticos no explican, por sí solos, los procedimientos concretos mediante los cuales las políticas generales de los dueños se llevan a la práctica en la recopilación y producción de mensajes, y cómo se internalizan en los valores profesionales de los comunicadores que trabajan ahí. Como proponen los teóricos de este enfoque (Golding y Murdock, 1993), la economía política debe tomar en cuenta estos aspectos y la sociología de la producción de mensajes puede ser muy útil en este respecto.

ACTIVIDADES

1. Consigue información en Internet sobre una cadena nacional de prensa, radio o televisión. Investiga quiénes son los propietarios y qué otros medios o negocios tienen. ¿Qué tan amplia es su propiedad en distintos medios? ¿Qué relación tienen con otras empresas no relacionadas con la comunicación de masas? ¿Cotizan en la Bolsa de Valores?
2. Para esa misma cadena nacional, analiza quiénes son sus anunciantes principales. ¿Se reflejan en el contenido de sus mensajes alabanzas o críticas a dichos anunciantes, o a las disposiciones económicas y legales que les permiten su funcionamiento?
3. Para esa misma cadena nacional, analiza sus noticieros principales e identifica el tipo de notas que transmiten o publican sobre el gobierno. ¿Prevalecen las notas favorables?

Resumen

Muy cercano al enfoque de la sociología de la producción de mensajes, pero con énfasis en los condicionantes más amplios, es éste de la economía política. Tal perspectiva, de gran tradición en la corriente crítica, enfoca su atención en aspectos relativos a la propiedad y al control de los medios, a la influencia de los anunciantes en el contenido de los mensajes y a la relación de las organizaciones de medios con el gobierno.

En muchos países, los medios de comunicación son propiedad de grandes grupos empresariales con intereses en otras áreas de la comunicación o incluso con actividades totalmente diferentes. Según la economía política, el funcionamiento de estos medios en un esquema de accionistas y grupos comerciales que buscan la maximización de las ganancias, les hace considerar secundarios y subordinados los objetivos que deberían ser prioritarios: la transmisión de educación, cultura e información plural y diversificada.

Según este enfoque, los anunciantes ejercen una decisiva influencia en los contenidos de los mensajes comunicacionales. Los altos costos de operación de los medios, la competencia y los intereses ideológicos de las empresas que contratan espacios publicitarios se conjugan para dejar fuera de la programación todos aquellos mensajes que denuncien, critiquen o vayan en contra del sistema económico que favorece a dichas instituciones.

Por último, el enfoque económico político señala que la élite política tiene una gran variedad de recursos para mantener una relación favorable y positiva con los medios. Los medios electrónicos, por ejemplo, dependen para su funcionamiento de concesiones periódicas otorgadas por el gobierno. Muchos medios impresos de escasa circulación sobreviven en América Latina gracias a los subsidios y la publicidad oficial. Además de los recursos anteriores, hay canales informales (corrupción, compadrazgo, regalos, puestos políticos, etcétera) que también se presentan en la relación del gobierno con los comunicadores, y que impiden el desarrollo de políticas editoriales independientes y críticas.

De esta manera, para la mayoría de los autores con este enfoque, los medios tienden a favorecer los intereses y la ideología de la élite económica y política, incumpliendo su misión democrática.

CAPÍTULO 5

El imperialismo cultural en la comunicación internacional

Objetivos específicos

- Conocer las características generales del enfoque del imperialismo cultural, relacionándolo con el de la economía política crítica.
- Analizar los procesos que han llevado a una transnacionalización de la propiedad y de los flujos de la comunicación internacional.
- Identificar las formas mediante las cuales los medios locales y sus mensajes imitan las estructuras y patrones de la comunicación transnacional.
- Discutir la relación de este enfoque con el movimiento por un Nuevo Orden Mundial de la Información y la Comunicación.
- Advertir la importancia de esta corriente teórica en América Latina y su revitalización a partir de la firma de acuerdos de libre comercio con Estados Unidos.

Características generales del enfoque

Un enfoque crítico sumamente cercano al de la economía política, es el del imperialismo cultural. Con una tradición muy vasta en la literatura sobre comunicación de masas, esta perspectiva toma en cuenta básicamente los mismos aspectos que la economía política, pero los utiliza para analizar los desequilibrios y las desigualdades en los flujos internacionales de mensajes.

El imperialismo cultural, llamado también teoría de la dependencia (aunque algunos autores encuentran diferencias entre ambos términos), se aboca a estudiar los desequilibrios de los flujos internacionales de comunicación, así como los patrones de propiedad y de concentración de las empresas transnacionales relacionadas con ellos. De acuerdo a Moragas (1981, p. 85) si el objetivo de la comunicación de masas en las sociedades capitalistas contemporáneas es persuadir a los receptores de que viven en un sistema justo y adecuado a sus necesidades, la misma función debe cumplir a nivel internacional:

> La dominación, en la era actual, ya es imposible con el único recurso de la dominación militar, es necesaria la dominación semántica de los *mass media*[...]
>
> El cine, la televisión o la creación de los grandes mitos mundiales de la sociedad de consumo, aparecen en la conciencia colectiva de los pueblos no tanto como imposiciones o sistemas exportados, sino como sistemas asimilados a la red cultural autóctona[...]
>
> El control de la infraestructura de los medios de comunicación se encuentra en relación proporcional con los intereses internacionales de las multinacionales y de los afanes imperialistas del ejército norteamericano, último reducto de penetración y última garantía de aquellos intereses económicos.

El imperialismo cultural, según Beltrán y Fox (1981, p. 29), se da cuando "la cultura de un país central y dominante se impone unilateralmente sobre los países periféricos que éste domina a expensas de su integridad cultural". Normalmente, explican los autores, lo anterior es resultado de las influencias económicas y políticas que ejercen esos países desarrollados en los planos más generales de las relaciones entre ellos. La figura 5.1 muestra los mecanismos de influencia cultural que, según Beltrán y Fox, usa Estados Unidos en América Latina.

FIGURA 5.1

Mecanismos de influencia cultural de Estados Unidos en América Latina, según Beltrán y Fox

a) Las agencias internacionales de noticias.
b) Las agencias internacionales de publicidad.
c) Las firmas internacionales de opinión pública, mercadeo y relaciones públicas.
d) Las corporaciones comerciales transnacionales que actúan como anunciantes.
e) Los exportadores de materiales de programación impresos, auditivos y audiovisuales.

f) Los exportadores de equipo y tecnologías de comunicación.
g) Las compañías internacionales de telecomunicación.
h) El organismo oficial de propaganda.
i) El organismo oficial y central de seguridad.

FUENTE: Luis Ramiro Beltrán y Elizabeth Fox. *Comunicación dominada*, ILET —Nueva Imagen. México. 1981, p. 32.

Los teóricos del imperialismo cultural tienden a ubicar el estudio de la comunicación de masas dentro del contexto del orden económico internacional prevaleciente, y de las relaciones económicas y políticas entre los países industrializados y los que se encuentran en desarrollo. "El contexto económico de la comunicación internacional es un factor esencial en la conformación de un flujo de comunicación desbalanceado, y es parte de un esquema mundial de dependencia económica" (Hamelink, 1981, p. 22).

Para Reyes Matta (en Beltrán y Fox, 1981, p. 14), la penetración económica transnacional se apoya en la acción de los sistemas de comunicación masiva: Éstos crean el medio ambiente cultural presionador de un sistema de vida, de un estilo de ser y relacionarse con los demás. Impulsan el consumo como meta principal y articulan la idea de un ciudadano tipo para la civilización del consumo que se expande por encima de fronteras [sic]...

Esteinou (1991, p. 75) coincide con lo anterior al señalar que los medios de comunicación en México han sido fieles aliados de los modelos neoliberales, sustituyendo la identidad nacional por valores ideológicos adecuados para el "fortalecimiento del sistema productivo y la distribución desregulada de mercancías que exige el moderno programa de crecimiento neoliberal [...]".

La transnacionalización de la comunicación internacional

Los teóricos del imperialismo cultural estudian los procesos mediante los cuales los modernos medios y tecnologías de comunicación funcionan para crear, mantener y expandir sistemas de dominación y de dependencia en el mundo entero. Estos procesos permiten a una poderosa minoría de naciones imponer sus creencias, valores, normas y modos de vida sobre países menos poderosos.

Así como dentro de cada país se dan fenómenos de concentración de poder y de control sobre los medios de comunicación, señala este enfoque, lo mismo ocurre a nivel internacional. Los países desarrollados, y en especial Estados Unidos, mantienen una hegemonía económica, tecnológica y militar sobre los demás países que les permite a su vez exportar numerosos mensajes comunicacionales (noticias, historietas, canciones, películas, videocasetes, discos compactos, programas televisivos, etc.) e incluso sus propios sistemas de comunicación (agencias de publicidad, estaciones radiofónicas y televisivas, periódicos y revistas). La asimetría es tan grande que los países dominantes logran tener la propiedad o por lo menos el control de muchos de los medios masivos de comunicación en los países en desarrollo.

Al centrar su atención en la propiedad, el control y el origen de los mensajes comunicacionales y de su tecnología, los teóricos de esta corriente van más allá de los factores nacionales y sociopsicológicos, hasta el nivel de estructura global, "donde es precisamente el sistema sociopolítico internacional el que determina en forma decisiva el curso del desarrollo dentro de la esfera de cada nación" (Nordenstreng y Schiller, citados en Fejes, 1981, p. 281). Hamelink (1981, p. 22), en este sentido, señala que más que una interdependencia global, como pregonan los defensores del sistema actual, se da una dependencia comunicacional de los países en desarrollo frente a las naciones ricas e industrializadas:

> El acceso público está en verdad sólo garantizado a quienes posean los recursos económicos para permitirse la infraestructura de la comunicación. La mejor comprensión entre los pueblos consiste de hecho en la imposición de los valores socioculturales de las naciones poderosas sobre el resto del mundo. Todo esto sugiere que el contexto económico de la comunicación internacional es un elemento esencial en la configuración de un flujo desigual de la comunicación, como parte de un esquema mundial de la dependencia económica.
>
> [...] Este flujo desigual de los bienes y servicios de la comunicación refleja exactamente el flujo desigual de los bienes y servicios económicos.

> Para Bagdikian (1992), el oligopolio de los medios electrónicos globalizados es invisible al ojo del consumidor. Los puestos de periódicos exhiben todavía hileras de periódicos y revistas con una deslumbrante variedad de colores y temas. Las librerías y bibliotecas ofrecen aún miles de estantes llenos de volúmenes distintos. En todo el mundo continúan multiplicándose compañías productoras y canales de televisión por cable, así como videocasetes y grabaciones musicales en docenas de lenguajes. Pero si este brillante calidoscopio desapareciera repentinamente y fuera reemplazado por las firmas corporativas de sus dueños, el *collage* se tornaría gris con los nombres de unas pocas empresas multinacionales que ahora dominan este campo (Bagdikian, 1992, p. 16).

¿Y esto qué puede tener de malo? Para Bagdikian y los demás teóricos del imperialismo cultural, la respuesta es: *mucho*. Las grandes corporaciones internacionales tienen su propia agenda política, rechazan sistemas económicos que no vayan a tono con sus necesidades expansionistas, reproducen y privilegian la ideología y los valores de sus países centrales imponiéndolos sobre el resto del mundo, controlan la información que utilizan diariamente millones de personas en el mundo para tomar decisiones sobre múltiples cosas, desde por quién votar hasta qué comer (*cfr.*, Bagdikian, 1992, p. 16). En este caso, el problema no reside simplemente en que la propiedad esté concentrada, sino en su resultante: que la diversidad de opciones sea cada vez menor y que el acceso a los medios, el paso de receptor a emisor, sea cada vez más difícil para la gran mayoría de los ciudadanos de un país. Como dice Bagdikian, los grandes gigantes están abiertos a todo lo que incremente sus utilidades:

> ... en busca de ese objetivo están tan dispuestos como cualquier dictadura a suprimir o aligerar noticias o espectáculos que pudieran cuestionar seriamente

> su poder. Y lejos de abrir sus sistemas a periodistas, autores, dramaturgos, músicos y grupos de ciudadanos, las grandes corporaciones están trabajando para cerrarlos ante ideas e idiosincrasias ajenas. Su estrategia es obtener un control total [...].

Ante la clara tendencia a una mayor globalización e integración de los mercados mundiales en los años venideros, las implicaciones de estos aspectos, lejos de desaparecer, se volverán aún más importantes, como lo muestra el caso de la combinación de intereses económicos y los contenidos de los medios (véase la figura 5.2).

FIGURA 5.2

La industria juguetera japonesa y las caricaturas televisivas en México

¿Quién decide qué series animadas transmitir a la teleaudiencia infantil? ¿Los canales de televisión, de acuerdo a decisiones tomadas por sus programadores? No siempre.

El exitoso lanzamiento de los Caballeros del Zodiaco en Televisión Azteca, en 1993, no se debió a una decisión interna de ese medio por obtener los derechos de transmisión de dicha serie. Por el contrario, fue la filial mexicana de la compañía juguetera japonesa Bandai, la que compró tiempo en esa cadena televisiva para lanzar simultáneamente la línea de juguetes Caballeros del Zodiaco y las caricaturas televisivas.

Como en ese tiempo Televisión Azteca todavía no contaba con mediciones de audiencia, Bandai pidió a la televisora que organizara un concurso donde se pidiera a los niños enviar dibujos de los caballeros. De esa manera, la compañía juguetera tendría una mejor idea de la penetración y respuesta del auditorio. Por esa razón, y no por decisiones creativas del personal de Televisión Azteca, surgió la barra infantil de esta cadena.

Esto demuestra que, aunque la vinculación de los programas y películas animadas (caricaturas) televisivas o cinematográficas con la industria del juguete siempre ha existido, en los últimos años se ha vuelto más sofisticada. Así, la imaginación infantil se nutre de las estrategias mercantilistas y se desvía hacia los personajes que cuenten con un mejor aparato mercado-técnico y comercializador.

El advenimiento de programas creados por los anunciantes, según explican Shoemaker y Reese (1994, p. 201), se dio en la década de los ochenta en los Estados Unidos:

En lugar de ser pensado y vendido a las cadenas televisivas sobre la base de su valor de entretenimiento, un comercial que dura un programa "se concibe originalmente como un vehículo para proporcionar la presentación del producto a la audiencia infantil, con la esperanza de estimular las ventas del producto que a su vez pueda ayudar a sostener la popularidad del programa [...]

Además, el control creativo del contenido del programa se cede [...] al fabricante del producto sobre el cual se basa el programa. Los fabricantes del juguete especifican cómo se deben ver los personajes, qué pueden o no pueden decir o hacer y en qué ambientes viven" (Kunkel, citado por Shoemaker y Reese, 1994, p. 201).

FUENTE: ADCEBRA, *"juguetes japoneses" año 3*, núm. 12, diciembre, 1994, pp. I y 14.

La influencia en las estructuras, géneros y contenidos de las producciones locales

La influencia ideológica de la comunicación masiva norteamericana en lo particular, y de la occidental en lo general, no sólo se da directamente a través de la importación de películas, programas televisivos, música y demás mensajes. También se manifiesta en la adopción de sus fórmulas de producción, en la imitación de sus géneros, de sus prácticas y valores profesionales por parte de los medios de comunicación de los países importadores (*cfr.*, Kivikuru, 1988; Schiller, 1976, p. 91). Como señala Golding (1981, p. 330), "los medios de comunicación social de África, América Latina y Asia han surgido casi invariablemente como derivados de los existentes en los países industrializados avanzados. No aparecen espontáneamente en un momento oportuno de la evolución social, sino que han sido transplantados desde centros metropolitanos".

Golding basa la afirmación anterior en dos contextos teóricos. El primero se refiere a los procesos de transferencia de tecnologías *(hardware)* de comunicación, de equipos electrónicos y técnicos de los países industrializados hacia los que están en vías de desarrollo. El segundo se refiere propiamente al fenómeno de imperialismo cultural, es decir, al impacto de los sistemas internacionales de medios de comunicación, educativos y culturales en la identidad de los pueblos del mundo.

Fernández Christlieb (1987, pp. 34-35) coincide con Golding, al señalar que al surgir la televisión en 1950 en América Latina (en especial en México, Brasil y Cuba), se adoptó el modelo comercial norteamericano para su funcionamiento, debido a los patrones de dependencia económica y tecnológica de estos países hacia los Estados Unidos. Esto a pesar de que en el mundo predominaba, en ese momento, el modelo de explotación televisiva estatal europeo y no el comercial norteamericano, explica Fernández Christlieb, Estados Unidos logró imponer su esquema en América Latina gracias a que en el ámbito económico internacional había desplazado a Europa y a que la región se había convertido en área de influencia para la expansión del capitalismo monopólico de ese país.

Lo anterior explica el por qué la mayoría de los medios comunicacionales en el mundo han imitado las estructuras, géneros y contenidos de los norteamericanos. Como explica Schiller (1991, p. 22) nos encontramos ante el surgimiento de un mundo en el que coexisten producciones norteamericanas junto con imitaciones de éstas realizadas por competidores nacionales y transnacionales.

En el mismo sentido, se da un cambio de estrategias en las corporaciones comunicacionales norteamericanas, especialmente las relacionadas con cine y televisión. Enfrentadas a políticas proteccionistas que no dejan entrar sus películas y programas televisivos en algunos países, principalmente en los industrializados (como los europeos), han optado por propiciar alianzas y coproducciones con las compañías locales en esas naciones (*cfr.*, Jensen, 1994, p. 27a). La fórmula para muchos medios estadounidenses ha sido comprar participaciones minoritarias en productoras de televisión extranjeras, para posteriormente ayudarlas con la comercialización, promoción y programación (*ibid.*). Los teóricos del imperialismo cultural señalan que éste es otro mecanismo adicional para la homogenización y la adopción de un sólo tipo de producciones comunicacionales a nivel internacional.

En el contexto latinoamericano, donde no se presentan patrones de propiedad transnacional de los medios de comunicación locales (Portales, 1981, p. 64), esta función de modelaje, junto con una relativa dependencia en la importación de mensajes, permite hablar de la presencia de un imperialismo cultural.

En el contexto latinoamericano, donde no se presentan patrones de propiedad transnacional de los medios de comunicación locales (Portales, 1981, p. 64), esta función de modelaje, junto con una relativa.

Críticas a la comunicación para el desarrollo

Una de las posiciones más firmes del imperialismo cultural ha sido su posición escéptica y crítica hacia los esfuerzos de las naciones industrializadas por impulsar la modernización y el crecimiento de los países en desarrollo a través de los medios de comunicación.

Después de la Segunda Guerra Mundial y hasta principios de la década de los sesenta, muchos académicos y políticos occidentales consideraron que los problemas de los países subdesarrollados podían ser resueltos a través de la implantación en ellos de los sistemas políticos y económicos característicos de los países desarrollados (Servaes, 1987, p. 48). Como señala Servaes, el aspecto fundamental de esta propuesta era:

> la metáfora del crecimiento y la identificación del crecimiento con progreso. El desarrollo en consecuencia era orgánico, inminente, dirigible, acumulativo, querido e irreversible.
>
> Este paradigma consideraba el desarrollo dentro de una perspectiva unilineal y evolutiva. Definía el subdesarrollo valiéndose de diferencias cuantitativas y observables entre países ricos y pobres y entre sectores tradicionales y modernos dentro de las naciones pobres. Este puente consistía en un proceso imitativo de secuencias graduales.

En el paradigma anterior, se recomendaba utilizar el potencial de los medios de comunicación para el necesario cambio de actitudes y conductas de los habitantes de los países subdesarrollados a favor de la modernización, o por lo menos para transmitir información técnica y científica a los líderes de opinión de las comunidades, información que éstos a la vez diseminarían entre sus seguidores. Se pensaba que la comunicación, por sí misma, contribuiría a solucionar el atraso en que se encontraban estas naciones, independientemente de qué condiciones socioeconómicas y políticas imperaran en ellos (Beltrán, 1985, p. 79). Para Schramm, uno de los teóricos más importantes en esta corriente difusionista, se requerían seis condiciones previas apoyadas en la comunicación para lograr el desarrollo nacional:

a) La comunicación debe emplearse para contribuir al sentimiento de nacionalidad.
b) La comunicación debe emplearse como la voz del planeamiento nacional.
c) La comunicación debe emplearse para ayudar a enseñar las destrezas necesarias.
d) La comunicación debe usarse para ayudar a emplear el mercado efectivo.
e) Conforme el plan se desarrolla, la comunicación debe usarse en ayudar a la gente a representar sus nuevos papeles.
f) La comunicación debe usarse para preparar a la gente a representar su papel como nación entre naciones (en Fuentes, 1992, p. 80).

Entre 1955 y 1976, este enfoque de la modernización y el uso de la comunicación para el desarrollo había producido en América Latina cerca de 500 investigaciones empíricas, la mayoría de ellas basadas en la vertiente de este enfoque denominado difusión de innovaciones (Fuentes, 1992, p. 90). Muchos de estos estudios fueron patrocinados y realizados por organismos e investigadores norteamericanos.

El enfoque del imperialismo cultural –en su modalidad de teoría de la dependencia– reaccionó a estas estrategias principalmente a partir de la década de 1960, acusándolas de no respetar los valores ni las culturas autóctonas de los países en desarrollo, así como de tratar de imponerles modelos ideológicos procapitalistas que sólo redundarían en una mayor dependencia económica hacia las grandes metrópolis. De acuerdo a Díaz Bordenave (en Fuentes, 1992, p. 98), el paradigma de la modernización y el desarrollo había fracasado debido a que se formuló en "condiciones socioeconómicas significativamente diferentes y de acuerdo con una posición ideológica incompatible con la realidad latinoamericana". Las preguntas de investigación, según el mismo autor, no tocaban los puntos básicos que afectan el desarrollo rural.

Para Beltrán (1985, pp. 88-89), sin cambios generales en las estructuras sociales de los países en desarrollo, poco podía hacer la comunicación para propiciar un desarrollo auténticamente humano y democrático: "la comunicación, tal como existe en la región [latinoamericana], no sólo es incapaz por naturaleza de generar desarrollo nacional, sino que a menudo actúa en su contra, de nuevo, en favor de las minorías gobernantes".

El movimiento por un Nuevo Orden Mundial de la Información y la Comunicación (NOMIC)

Este enfoque propone, como una solución parcial a todos los problemas ya mencionados, el establecimiento de un flujo comunicacional balanceado y horizontal, tanto en el plano internacional como dentro de cada país. Las naciones en desarrollo deben ser autosuficientes, aclaran, y deben ser capaces de desarrollar políticas nacionales de comunicación encaminadas a solucionar problemas específicos y a reforzar la identidad nacional (*cfr.* Reyes Matta, 1977, p. 13).

El movimiento por un Nuevo Orden Mundial de la Información y la Comunicación (NOMIC) surgió en la década de 1970 como iniciativa de los Países No Alineados, es decir, por los países en desarrollo que buscaban ser independientes, tanto del bloque occidental industrializado (Estados Unidos y sus aliados), como del bloque socialista (Unión Soviética, Europa del Este y China). Para estos países, el prevaleciente orden mundial de la información, basado en la doctrina del libre flujo de la comunicación (adoptada desde la formación de la ONU a instancias de Estados Unidos), se caracterizaba por grandes disparidades cuantitativas y cualitativas en los flujos:

1. Los países industrializados, en especial Estados Unidos, controlaban el flujo de la comunicación internacional, a través de sus agencias de noticias (AP, UPI, AFP, Reuter), de las agencias transnacionales de publicidad, de la hegemonía de Hollywood en el mercado cinematográfico mundial, del predominio de las exportaciones televisivas y discográficas estadounidenses, del control de los satélites y de los nuevos adelantos tecnológicos, etcétera.
2. Se presentaba un flujo radicalmente desequilibrado de mensajes entre los países anteriores y los subdesarrollados.
3. Cuantitativamente, eran mucho más numerosos los mensajes desde y sobre los países industrializados hacia las naciones en desarrollo, que los de éstas hacia los primeros.
4. Cualitativamente, los mensajes sobre los países en desarrollo tendían a presentar imágenes negativas y conflictivas, mientras que los mensajes sobre Estados Unidos y demás países occidentales desarrollados eran más balanceados en su contenido.

En 1973, en una reunión sostenida en Argelia, el Movimiento de Países No Alineados (MPNA) exigió la reorganización de los canales de comunicación existentes, "legado del pasado colonial que ha obstaculizado la comunicación libre, directa y rápida" entre los países en desarrollo.

En 1974, el MPNA logró que la ONU pasara la Declaración para el Establecimiento de un Nuevo Orden Económico Internacional, es decir, un orden que se requería para rediseñar posteriormente el orden comunicacional.

En la Conferencia General de la UNESCO, reunida en Nairobi en 1976, se decidió que se realizara un diagnóstico general de los problemas relativos a la comunicación en la sociedad contemporánea. La dirección de ese organismo creó un grupo de trabajo presidido por Sean MacBride, con un grupo plural de personalidades representantes de los distintos países y bloques. Después de grandes controversias y complicados obstáculos por los enfrentamientos entre los países miembros de UNESCO en torno al NOMIC, la comisión MacBride presentó su informe final, titulado *Un solo mundo, voces múltiples* (MacBride, 1980). Para ella, los objetivos a alcanzar eran: "mayor justicia, mayor igualdad, mayor reciprocidad en el intercambio de información, menor dependencia en relación con las corrientes de comunicación, menor difusión de mensajes en sentido descendente, mayor autosuficiencia e identidad cultural y mayor número de ventajas para toda la humanidad" (en Marques de Melo, 1991, p. 13). Los principios básicos derivados de ese informe se observan en la siguiente figura.

FIGURA 5.3

Principios para el establecimiento de un Nuevo Orden Mundial de la Información y la Comunicación (NOMIC)

1. Eliminación de los desequilibrios y desigualdades que caracterizan la situación vigente.
2. Eliminación de los efectos negativos de determinados monopolios, públicos o privados, y de las excesivas concentraciones.
3. Remoción de los obstáculos internos y externos para un libre flujo y una más amplia y equilibrada diseminación de informaciones e ideas.
4. Pluralidad de fuentes y canales de información.
5. Libertad de prensa y de información.
6. Libertad para los periodistas y para todos los profesionales de los medios de comunicación; una libertad inseparable de la responsabilidad.
7. Habilitación de los países en desarrollo para mejorar sus propias situaciones, sobre todo en lo que respecta a la adquisición de equipo propio, entrenamiento de personal, recuperación de infraestructura, además de capacitación de sus medios informativos y de comunicación, para sintonizarse con sus propias necesidades y aspiraciones.
8. Compromiso sincero de los países desarrollados para ayudarlos a lograr tales objetivos.
9. Respeto a la identidad cultural de cada pueblo y al derecho de cada nación para informar al público internacional sobre sus intereses, aspiraciones y respectivos valores sociales y culturales.
10. Respeto al derecho de todos los pueblos para participar en el intercambio internacional de información, con base en la igualdad, la justicia y el beneficio mutuo.
11. Respeto al "derecho de la colectividad, de los grupos étnicos y sociales, así como de los individuos para tener acceso a las fuentes de información y participar activamente en los flujos de comunicación".

FUENTE: José Marques de Melo, *"UNESCO, NOMIC y América Latina. De la Guerra Fría al espíritu de buena voluntad de MacBride"*, en Comunicación y Sociedad, núm. 12, mayo-agosto, 1991.

A pesar del consenso de un gran número de países y del apoyo vigoroso de los académicos pertenecientes a las corrientes de la dependencia y del imperialismo cultural, las propuestas del NOMIC quedan sin concretarse debido al rechazo de los países desarrollados, los cuales acusaban a la UNESCO y a los partidarios del NOMIC de impedir el libre flujo de la comunicación a nivel mundial y de buscar un control antidemocrático de los medios y los mensajes. De hecho, Estados Unidos (con el apoyo de Japón e Inglaterra) rompió con la UNESCO, eliminando así la posibilidad de que ese organismo adoptara medidas concretas para implementar el NOMIC. (Marques de Melo, 1991, p. 14.)

En la actualidad, los teóricos del imperialismo cultural –artífices de muchas de las propuestas del NOMIC– y otros académicos críticos insisten en la pertinencia del NOMIC para contrarrestar tanto los patrones de concentración de la comunicación internacional en gigantescos consorcios transnacionales con sede en los países industrializados, como los flujos de comunicación entre los países que siguen tan desequilibrados o más que en la década de 1970.

El enfoque del imperialismo cultural en América Latina

En América Latina, este enfoque fue adoptado y desarrollado fuertemente por un gran número de investigadores a partir de la mitad de la década de 1960, pero en especial durante la siguiente década (Fuentes, 1992, pp. 103-110). Son clásicos en esta línea los trabajos de Beltrán (1978), Beltrán y Fox (1981), Bernal Sahagún (1982), Dorfman (1980), Mattelart (1976 y 1977), Portales (1981) y Reyes Matta (1977). Más recientemente, autores como Esteinou (1990) y Fox (1989) continuaron con el estudio del imperialismo cultural en América Latina.

En México, la firma de un acuerdo de libre comercio con Estados Unidos y Canadá, que entró en vigor en enero de 1994, renovó los análisis compatibles con la tradición del imperialismo cultural. Los ensayos e investigaciones de Alva de la Selva (1993), Barrera (1993), Casas (1994) y Sánchez Ruiz (1992c), entre muchos otros, reflejaron la vitalidad del enfoque del imperialismo cultural en los tiempos de la integración económica y la apertura de fronteras, aunque en algunos de esos autores se observaban matices y distancias respecto de los postulados clásicos de esta perspectiva.

Para Alva de la Selva (1993, pp. 160-162), por ejemplo, el acuerdo comercial propiciaría seis transformaciones en el sector radiofónico mexicano: 1. una mayor competitividad internacional que ocasionaría fuertes luchas de control y predominio, en las cuales sobrevivirían sólo los grupos más fuertes; 2. una intensificación del carácter oligopólico que caracteriza a esta industria gracias a la inversión estadounidense y canadiense en ella; 3. un reforzamiento de los objetivos comerciales y lucrativos de la radio, en perjuicio de las funciones sociales, educativas y culturales que debería tener; 4. la modernización tecnológica de la industria radiofónica nacional, a consecuencia de la inversión y la simplificada transferencia de tecnología; 5. una mayor diversificación programática resultante de la segmentación más acelerada de la audiencia, aunque sin que lo anterior signifique una atención a las necesidades del público, debido a la finalidad lucrativa de estos cambios; y 6. la modificación de la estructura jurídica para facilitar la liberalización del sector.

FIGURA 5.4

Firma del Tratado de Libre Comercio entre México, Estados Unidos y Canadá

El acuerdo de libre comercio entre los tres países de América del Norte ha propiciado según algunos investigadores una intensificación del carácter oligopólico de los medios de comunicación, un reforzamiento de los objetivos comerciales y lucrativos, la modernización tecnológica de la industria y la modificación de la estructura jurídica para facilitar la liberalización del sector.

Fotografía: North American Forum on Integration, http://www.fina-nafi.org/index.html

Barrera (1993, pp. 10-17), por su parte, advertía que la mercantilización de las telecomunicaciones en México traería como consecuencia "la privatización y transnacionalización de la infraestructura, lo cual afectaría negativamente a los pequeños usuarios y a los demandantes de servicios básicos". Para este autor, el caso de México constituía un ejemplo de cómo las telecomunicaciones, en la actualidad, forman parte esencial del "nuevo paradigma tecnológico de producción flexible, que dota al capital transnacional de una flexibilidad geográfica que le permite manipular los distintos mercados laborales nacionales".

Muchas de las afirmaciones de Alva de la Selva y Barrera se han cumplido a más de diez años del inicio del TLC.

Del imperialismo cultural a la interdependencia asimétrica

A finales de la década de 1980 y durante la siguiente, distintos investigadores en el mundo empezaron a matizar las afirmaciones anteriores y a acumular evidencias empíricas sobre la conformación de mercados locales y regionales, y sobre las preferencias de las audiencias por las producciones locales y regionales sobre las norteamericanas. Antola y Rogers, en 1984, reportaron como conclusión principal que el 52% de importaciones televisivas mayormente estadounidenses en los sistemas televisivos de América Latina, detectados por Nordenstreng y Varis (1974) en su estudio de 1973, habían disminuido un 29% diez años después en los seis países latinoamericanos incluidos en su estudio. Los autores argumentaban que las importaciones norteamericanas disminuyeron en esos países (México, Brasil, Venezuela, Perú, Chile y Argentina)[1] y que en horas-audiencia, las producciones lo-

[1] Antola y Rogers reconocen en ese mismo artículo que se concentraron en los países latinoamericanos con mayor capacidad de producción televisiva, aclarando que el resto de los países eran todavía importadores netos de programación televisiva, proveniente principalmente de Estados Unidos y en menor medida de México y Brasil.

cales o regionales eran favorecidas por mucho sobre las estadounidenses. También señalaban que la dependencia previa de los sistemas televisivos de dichos países en las corporaciones audiovisuales norteamericanas, lejos de evitar su desarrollo interno y regional, les había permitido consolidarse y crecer hasta romper sus vínculos iniciales, así como su dependencia económica y tecnológica. En la mayoría de los casos, producciones estadounidenses como *Dallas* eran derrotadas ampliamente en los *ratings* por producciones locales o de otros países latinoamericanos. Una actualización de Varis (1984) a su estudio original de 1973, diez años después, tomando en cuenta una mayor cantidad de países latinoamericanos que Antola y Rogers, encontró, sin embargo, que no se detectaron cambios significativos en la proporción de programas importados, pues se mantuvieron en el 77%.

En 1989, un artículo de Hoskins, Mirus y Rozeboom, proporcionaría mayores elementos para matizar las afirmaciones originales realizadas desde el imperialismo cultural. De acuerdo con dichos autores, la popularidad de las exportaciones estadounidenses en América Latina (como en el resto del mundo) se debe principalmente a su bajo precio, al resolver su costo y obtener sus ganancias iniciales en su mercado doméstico, el más grande y próspero del mundo. Pero si de por sí el costo de exportación al resto del mundo es muy bajo (en promedio 100 veces menor que su costo original), resulta todavía inferior para los países no anglosajones por una circunstancia que parecería irónica: el fenómeno de "descuento cultural", que significa que los exportadores norteamericanos deben bajar aún más sus precios en mercados con escasa afinidad lingüística y cultural con Estados Unidos, ya que ahí sus productos audiovisuales resultan menos atractivos.[2] Así, mientras que a mediados de la década de 1980 en Canadá los importadores pagaban entre 15,000 y 20,000 dólares por cada media hora de programas estadounidenses importados, en México erogaban solamente entre 1,400 y 2,000 dólares (p. 56). También era importante el tamaño de las audiencias, si había o no varios compradores interesados dentro del propio país y el producto per cápita de cada nación, para explicar los precios; sin embargo, una vez controladas estadísticamente estas últimas variables, la "proximidad" cultural explicaba por sí misma buena parte del precio final de las importaciones, demostrando que era precisamente la menor aceptación de los productos audiovisuales estadounidenses en culturas distintas lo que propiciaba el "descuento" que terminaba impactando en los costos.

Por la misma época, Straubhaar *et al.* (1994) utilizaron el término "proximidad cultural" para referirse al proceso mediante el cual, en igualdad de circunstancias, los auditorios preferirán la programación más cercana o más próxima a su propia cultura: la programación regional en los géneros que los países pequeños puedan financiar. Estados Unidos continúa con ventaja en los géneros que ni los países grandes del Tercer Mundo producen por falta de recursos económicos, como películas, dibujos animados, y series de acción y aventura (p. 120).

---

[2] Para Hoskins y Mirus (en Straubhaar *et al.*, 1994), el concepto de descuento cultural se refiere a que "un programa específico arraigado en una cultura y, por lo tanto, atractivo para ese ambiente será menos interesante y atractivo en otras partes, ya que los televidentes encontrarán difícil identificarse con el estilo, valores, creencias, instituciones y patrones de conducta del material en cuestión. Dicho descuento es menor para los géneros de entretenimiento (en especial el drama), y mayor para géneros más específicos a la cultura local, como los informativos y de sucesos públicos".

En el trabajo también se mencionaba el término de "interdependencia asimétrica" para matizar adecuadamente el término "dependencia", que anteriormente utilizaban los teóricos en la línea del imperialismo cultural. En ese mismo artículo, los autores reportaron los resultados de un análisis de contenido longitudinal sobre la procedencia de los programas televisivos transmitidos en 1962, 1972, 1982 y 1991 en varios países de Asia, América Latina, Norteamérica y el Caribe. Las conclusiones brindaron un apoyo limitado a la propuesta de proximidad cultural, ya que si bien en la mayoría de los países detectaron un aumento de la producción local y la ubicación de ésta en los horarios estelares, en las naciones pequeñas en desarrollo las importaciones estadounidenses continuaban predominando sobre las locales y las regionales. Asimismo, la preferencia por producciones de la región cultural a la que pertenecía el país en cuestión era también apoyada parcialmente, y con mayor claridad en América Latina, donde países pequeños como República Dominicana importaban más programas de países latinoamericanos como México y Brasil que de Estados Unidos (p. 143).

En un trabajo posterior, Straubhaar *et al.* (2003) actualizaron el estudio a 2001, incluyendo a México, Colombia y Venezuela, así como a Canadá. En esta ocasión las conclusiones fueron un tanto más contundentes:

FIGURA 5.5

Incremento en la producción de programas nacionales

De acuerdo con la hipótesis de la interdependencia asimétrica, los países en desarrollo han ido produciendo cada vez más programación propia, desplazando las importaciones estadounidenses.

Fuente: Página Web de Venevisión (Grupo Cisneros, Venezuela), http://www.venevision.net/

> Teóricamente parece darse una clara evidencia a favor del concepto de proximidad cultural [...] la producción nacional se ha incrementado a lo largo del tiempo y se ha reflejado particularmente en el horario estelar [...] Tanto la capacidad de producción nacional como la demanda por programación nacional se incrementó [...] La colocación de programación nacional en horario estelar es una evidencia incluso más clara de la tendencia hacia la proximidad cultural... (p. 23)

Asimismo, los autores destacaban la utilidad del marco general relativo a la "interdependencia asimétrica", al identificar un amplio espectro de posibilidades y desarrollos en cuanto a la producción nacional y regional en los distintos países en desarrollo: "Los países más afluentes de Asia oriental, así como el más pobre pero más grande Brasil parecen ser capaces de producir mucho más que las naciones latinoamericanas más pequeñas" (p. 24).

No cabe duda de que el principio de proximidad cultural funciona en gran medida en América Latina, y que la situación actual de producción y consumo dista mucho de mostrar un predominio de las importaciones estadounidenses. Sin embargo, hay diversas cuestiones que deben plantearse:

1. Los sistemas televisivos latinoamericanos quizá sean propiedad de grupos locales, aunque históricamente surgieron con asesoría de Estados Unidos, han seguido el modelo de televisión comercial de ese país y se mueven en funciones de intereses estrictamente económicos y de rentabilidad. En ese sentido, buena parte de las visiones del mundo y de la vida transmitidas en sus contenidos tal vez no sea muy diferente de la de sus contrapartes estadounidenses.
2. Los grupos regionales de medios tienen como socios, cada vez en mayor medida, a conglomerados mediáticos norteamericanos o españoles, los cuales en algún grado imponen ciertas estructuras y procesos similares y compatibles con los de sus países de origen (Biltereyst y Meers, 2000, p. 396).

FIGURA 5.6

El modelaje de las producciones locales

Muchas de las producciones propias de los canales televisivos latinoamericanos son adaptaciones de programas extranjeros.

Fuente: Páginas Web de cada programa.

3. Muchos países pequeños en América Latina siguen contando con altos porcentajes de importaciones estadounidenses. Ecuador, por ejemplo, cuenta con un 38% de importaciones de Estados Unidos en el horario estelar de sus canales nacionales (Davis, 2003). Incluso México, con todo y el poderío de producciones locales representado por Televisa y TV Azteca, contaba con un porcentaje de entre el 34 y el 42% de importaciones norteamericanas en el horario estelar de sus canales nacionales, durante los años de 1990 a 1996 (Lozano, 2000).
4. En ciertos géneros televisivos (películas, series, comedias de situación y dibujos animados), el dominio norteamericano sigue siendo claro, pese a no cumplir con el requisito de proximidad cultural y de sufrir un determinado descuento cultural. Aunque las razones son claramente económicas (el alto costo de producción de estos géneros), la realidad es que las audiencias latinoamericanas están consumiendo altos volúmenes de este tipo de contenidos, sin contar con alternativas amplias y consistentes a nivel local o regional.

FIGURA 5.7

Las series norteamericanas continúan transmitiéndose en América Latina

Los teóricos de la economía política insisten en que todavía existe un predominio de las importaciones estadounidenses en las series de ficción.

Fuente: Páginas Web de cada programa.

Lo anterior plantea la necesidad de tomar una postura más crítica frente a los desarrollos del mercado audiovisual geolingüístico latinoamericano, y a evaluar con atención y rigor los planteamientos que desde la economía política realizan algunos académicos europeos y latinoamericanos. No se trata de regresar al pesimismo y la simplificación del debate que caracterizaba al imperialismo cultural de la década de 1970. No obstante, es indudable que, así como en el campo general de los estudios culturales en la última década se ha generado un debate sobre la necesidad de revalorar las posturas críticas frente al excesivo optimismo de los nuevos culturalistas (*cfr.* Curran, 1990; Morley, 1993), sería saludable que ocurriera lo mismo en un campo donde visiones celebratorias y poco críticas empiezan a cundir. De hecho Biltereyst y Meers (2000), ya han empezado a calificar estas últimas posturas con el mismo término usado por Curran para los estudios culturales, llamando "revisionistas" a los autores que tienden a destacar aspectos como la proximidad cultural, el desarrollo de grupos locales o regionales mediáticos y la aparente disminución de importaciones estadounidenses en los horarios estelares de las televisoras de los países en desarrollo. Ambos autores presentan argumentos y datos muy convincentes sobre el caso concreto de la transmisión de telenovelas latinoamericanas en Europa, concluyendo que su aparente éxito (lo que algunos académicos llamaron "imperialismo cultural en reversa") fue más bien coyuntural, limitado y en franca disminución, debido a la creciente competencia que mueve a los concesionarios a recurrir a importaciones norteamericanas. Éste no es el caso, sin embargo, de los flujos regionales de televisión en América Latina, que muestran, como ya se vio antes, vitalidad e importancia decisiva en las parrillas programáticas de muchos países de la región. Lo que se requiere para nuestro espacio audiovisual latinoamericano, por lo tanto, es una visión más reflexiva y crítica que, sin descartar lo que la corriente de la proximidad cultural puso en evidencia en cuanto a crecimiento de grupos y flujos regionales, incorpore las preocupaciones de los economistas políticos de la comunicación y matice sus conclusiones, al evaluar la persistencia de intereses económicos transnacionales y de importaciones estadounidenses significativas. El debate debe ser abierto y permanente entre estas dos corrientes y tiene que recurrir a trabajo empírico confiable y válido, que posibilite el avance seguro del conocimiento en esta línea de investigación.

A medida de que la globalización económica y los desarrollos de las tecnologías comunicacionales integren de manera más plena a los demás países latinoamericanos en los grandes bloques comerciales, las reflexiones críticas del imperialismo cultural y sus nuevas versiones sin duda seguirán advirtiendo en esta región del planeta sobre las desigualdades en la propiedad y los flujos de la comunicación de masas que se da a nivel internacional.

ACTIVIDADES

1. Consulta revistas de mercadotecnia y publicidad como *ADCEBRA, Origina, Expansión,* etcétera, e investiga cuáles son las principales agencias publicitarias que funcionan en el país. ¿Cuántas de ellas pertenecen a firmas transnacionales? ¿Cuáles son sus ingresos anuales? ¿Qué tipo de anunciantes utilizan sus servicios, nacionales o extranjeros, de bienes básicos o superfluos?
2. En las mismas revistas, investiga qué tipo de alianzas estratégicas han establecido las cadenas televisivas nacionales con consorcios extranjeros. ¿Cuáles son los términos de las alianzas? ¿Qué posibilidades tienen estos consorcios de imponer sus fórmulas, estructuras, géneros y contenidos a través de dichos acuerdos?

3. Analiza las coproducciones cinematográficas realizadas por México con Estados Unidos, Canadá u otros países. ¿Cuáles han sido los términos en que se han realizado? ¿Qué tipo de lineamientos han impuesto los socios extranjeros en términos de actores, escenarios, temas y estrategias de producción?
4. Investiga cuáles son las compañías disqueras más importantes en el país. Determina si son nacionales o extranjeras, y los montos de producciones y de ingresos con los que funcionan.

Resumen

El enfoque del imperialismo cultural se preocupa por la existencia de desequilibrios y desigualdades en los flujos de medios y mensajes entre los países altamente industrializados, y los que se encuentran en vías de desarrollo.

Para los teóricos de este enfoque, la transnacionalización de las organizaciones comunicacionales y las tendencias hacia la concentración de la propiedad y al control de los mensajes internacionales, constituyen riesgos muy severos para la soberanía nacional y la identidad cultural.

Para ellos, la asimetría económica y tecnológica que se da entre las naciones del mundo propicia una asimetría similar en el plano de los intercambios culturales. Las naciones más poderosas controlan las estructuras y las tecnologías comunicacionales a nivel mundial, y bombardean al resto del planeta con sus programas televisivos, películas, canciones, noticias, videocasetes y discos compactos.

Por si la recepción de esos mensajes extranjeros fuera poco, la dependencia tecnológica y económica de los medios locales los hace, muy frecuentemente, imitar los géneros y contenidos de los mensajes foráneos, reforzando la influencia ideológica y cultural de los países centrales.

Los autores que defienden este enfoque critican el estado actual de los flujos de comunicación a nivel mundial, por considerar que favorecen plenamente a los países más poderosos, especialmente a Estados Unidos. Como una de las posibles soluciones, proponen el establecimiento de un Nuevo Orden Mundial de la Información y la Comunicación (NOMIC) que establezca regulaciones y acuerdos para que los países en desarrollo tengan más posibilidades de convertirse en emisores de comunicación internacional, y de contar con representaciones menos negativas de sus culturas y sus sistemas.

CAPÍTULO 6

Influencia de los condicionantes productivos en el contenido de los mensajes

Objetivos específicos

- Conocer los antecedentes de la investigación sobre los mensajes de los medios.
- Identificar la utilidad del análisis de contenido para el enfoque de la sociología de la producción de mensajes.
- Revisar las afirmaciones teóricas y los hallazgos de investigación del enfoque del imperialismo cultural sobre el contenido de los mensajes extranjeros.
- Discutir los estudios sobre las imágenes de los países latinoamericanos en las noticias internacionales.

El estudio de los mensajes comunicacionales

El estudio científico del contenido de los medios tiene una larga tradición, tanto en la perspectiva positivista como en la crítica. Para los diversos enfoques conceptuales, los mensajes constituyen o incorporan rasgos y evidencias de los procesos de producción (sociología de la producción de mensajes, economía política, imperialismo cultural), y brindan inferencias para determinar su posible impacto o apropiación por parte de las audiencias (análisis del cultivo, establecimiento de agenda y estudios culturales, entre otros).

Shoemaker y Reese (1994, pp. 26-27) explican que el contenido de los medios despierta la atención de los investigadores porque les ayuda a "inferir aspectos propios de fenómenos que son menos abiertos y visibles: las personas y las organizaciones que producen el contenido". Por otro lado, el contenido de los mensajes también se vuelve relevante para aquellos estudiosos del impacto de los medios en las audiencias. Para saber qué efectos pueden tener los medios, es necesario conocer primeramente qué contenidos están disponibles: "Si asumimos que los medios proporcionan la mayor parte de la *realidad* que las personas conocen desde fuera de su propia experiencia personal, entonces estudiar el contenido de los medios seguramente nos ayuda a evaluar qué es en realidad lo que ellos consumen."

En esta unidad, revisaremos diferentes afirmaciones y hallazgos de investigación surgidos en el campo de las teorías de la comunicación de masas, a través del análisis del contenido de los medios.

Inferencias sobre los emisores y los procesos de producción desde el contenido de los mensajes

Aunque los enfoques teóricos discutidos en la unidad anterior (sociología de la producción de mensajes, economía política e imperialismo cultural) tienden a realizar sus investigaciones mediante la observación de los emisores y de los procesos de producción, en ocasiones recurren al análisis de contenido, ya sea para corroborar sus conclusiones o para realizar inferencias sobre procesos que de otra manera no estarían accesibles para el investigador.

La premisa fundamental de estas teorías es que los mensajes reflejan ya sea la "visión social, la posición de clase o la ideología de los emisores de comunicaciones de masas, o bien [...] cómo hacen la selección, el procesamiento y la distribución las organizaciones de medios de comunicación" (McQuail, 1983, pp. 151).

A continuación, analizaremos las aportaciones de cada uno de ellos.

Estudios del contenido de los medios desde la sociología de la producción de mensajes

Los investigadores con este enfoque buscan evidencias, en el contenido de los mensajes, de los posibles condicionantes presentes en el momento de su producción, desde los individuales hasta los organizacionales, pasando por las rutinas de trabajo y los valores profesionales.

Uno de los primeros análisis de contenido que se realizó en esta tradición fue el de Sigal (1978) sobre las noticias publicadas en primera plana por *The New York Times* y *The Washington Post.* Clasificando las notas de acuerdo con el procedimiento con el que se habían recolectado, Sigal determinó que el 58% de ellas los reporteros las obtuvieron a través de procedimientos rutinarios (boletines y ruedas de prensa de funcionarios, eventos no espontáneos diseñados para que acudiera la prensa, etcétera); mientras que tan sólo el 25.8% había sido el resultado de investigación del reportero, entrevistas y eventos espontáneos (véase la figura 6.1). Este estudio demostró, desde los inicios del enfoque, el potencial del análisis de los mensajes para confirmar las aseveraciones de la teoría en relación con los condicionantes organizacionales presentes en la producción de noticias.

FIGURA 6.1

Canales de información de las noticias de *The New York Times* y *The Washington Post*

Rutinarios	58.2%	Procedimientos oficiales	12.0%
		Comunicados de prensa	17.5%
		Conferencias de prensa	24.2%
		Eventos no espontáneos	4.5%
Informales	15.7%	Sesiones de trasforo	7.9%
		Filtraciones	2.3%
		Procedimientos no gubernamentales	1.5%
		Informes de noticias, editoriales, etcétera	4.0%
Individuales	25.8%	Entrevistas	23.7%
		Eventos espontáneos	1.2%
		Libros, investigaciones, etcétera	
		Análisis de reportero	0.9%
No determinados	0.3%		

Fuente: León Sigal, *Reporteros y funcionarios*, Gernika, México, 1978.

Casi simultáneamente, otro de los teóricos más importantes en este enfoque, Herbert Gans (1980, pp. 9-13), realizó un análisis de contenido (tanto cualitativo como cuantitativo) de los noticieros de la CBS y de la revista *Newsweek*, para distintos años entre 1967 y 1975. A través de su estudio, Gans concluyó que dichos medios privilegiaban como fuentes informativas a los personajes políticos, económicos y culturales más renombrados (*knowns*). Cuatro quintas partes de las noticias totales se dedicaban a esas fuentes. Cuando el semanario o el noticiero llegaban a permitir el acceso a fuentes que no pertenecían a la élite, lo hacían para grupos no organizados, como víctimas, testigos de accidentes o crímenes, manifestantes, delincuentes y votantes anónimos.

En 1989, un grupo de analistas críticos de la prensa estadounidense (*Fairness & Accuracy in Reporting:* FAIR), presentó los resultados de un laborioso análisis de 40 meses de transmisión del programa televisivo de entrevistas políticas y de asuntos públicos *Nightline*, de la cadena ABC (véase la figura 4.6 del capítulo 4). Con la reputación de ser uno de los mejores programas noticiosos de la televisión norteamericana por el profesionalismo y la agresividad de su conductor, el periodista Ted Koppel, *Nightline* se caracteriza por contar con invitados de opiniones muy diversas, por lo general encontradas, sobre temas de actualidad, y por animarlos a debatir libremente frente a las cámaras. Los resultados de FAIR fueron contundentes. La lista completa de los 2,498 invitados a los 865 programas dejaba mucho que desear en términos de verdadera representatividad. Más que provenir de todos los grupos políticos, sociales, étnicos y culturales que conforman la compleja sociedad estadounidense, el 80% de sus participantes eran funcionarios gubernamentales o representantes de las grandes corporaciones privadas. Sólo el 5% hablaba a favor de grupos de interés público (organizaciones pacifistas, ecologistas, de consumidores, etcétera) y menos del 2% eran representantes de los trabajadores o de minorías étnicas (Lee y Solomon, 1990, pp. 26-27).

Recientemente en Estados Unidos ha proliferado un gran número de análisis de contenido que responde a las preocupaciones de este enfoque. La mayoría de los cuales se sigue centrando en el análisis del acceso concedido a las fuentes gubernamentales y corporativas de la información (Smith, 1993; Berkowitz y Beach, 1993; Reese, Gant y Danielan, 1992).

En América Latina esta clase de análisis de contenido no es muy frecuente. México es uno de los pocos países donde se han realizado algunos estudios, aunque éstos siguen siendo insuficientes. Algunos de los trabajos al respecto analizan las rutinas de trabajo de los reporteros, al cubrir acontecimientos extraordinarios que evidencian sesgos y omisiones. Fregoso (1992/1993), por ejemplo, detectó la ausencia de ingredientes explicativos y contextuales en la cobertura periodística local de las explosiones de hidrocarburos en un colector de la ciudad de Guadalajara que dejó un saldo de 200 muertos y 13 kilómetros de calles destruidas. Lozano (1993), por su parte, estudió la cobertura periodística de una manifestación cívica en la ciudad fronteriza de Nuevo Laredo que terminó en actos vandálicos contra las oficinas de la aduana federal, junto al puente internacional que permite el paso a Laredo, Texas, Estados Unidos. Al encontrar que el periódico regiomontano *El Norte*, el más importante del noreste de México, había favorecido claramente las versiones oficiales que condenaban los actos vandálicos, sin balancearlas con las de los manifestantes y líderes implicados (como lo exigía su propio manual de estilo en casos de controversia), Lozano infirió que los procesos rutinizados de recopilación de datos e internalización de valores profesionales, en los reporteros y jefes de sección o de información favorables a las fuentes gubernamentales, eran los principales causantes de una cobertura sesgada hacia la versión oficial.

Otros de los trabajos basados en los enfoques de sociología de la producción noticiosa, a diferencia de los anteriores, se han centrado en estudiar el flujo rutinario de noticias sensacionalistas (Cervantes, 1996a; Orellana, 1997) o de noticias nacionales en la prensa mexicana (Arellano *et al.*, 1995, Agudelo, 1996, Cervantes, 1996b; Lozano, 1994). En el caso de los primeros, se trata de análisis de contenido de la transmisión de noticias policiacas en noticieros televisivos (Cervantes, 1996a) o de diarios vespertinos (Orellana, 1997), lo que constituye una línea novedosa de investigación en el ámbito mexicano. Cervantes, después de analizar el noticiero regional *Al Tanto*, de Guadalajara, discute los valores noticiosos que aparecen en el plano de los mensajes y que, según concluye, se relacionan principalmente con el "macrovalor" relacionado con la "satisfacción de las necesidades de la organización" (p. 134). Orellana, por otro lado, se concentra en el análisis de las características sociodemográficas de los protagonistas de la información policiaca, y concluye que las rutinas de trabajo y los valores profesionales de los periodistas propician que éstos ignoren el contexto social e histórico que produce y condiciona la existencia de los delitos, para enfocarse en el delincuente, el individuo trasgresor que se desvía de la norma social.

Otras investigaciones en México han analizado el flujo rutinario de noticias nacionales en periódicos diarios, demostrando el centralismo en el origen y la procedencia de las noticias nacionales (el Distrito Federal); en la dependencia de los medios informativos medianos y pequeños respecto de agencias informativas y no en corresponsales o enviados propios; y en la reducida agenda de temas propuestos por los diarios a las audiencias mexicanas, donde sobresalen la política, la administración pública y la economía, y se omiten otros asuntos igualmente relevantes como el medio ambiente, la educación, la salud y la seguridad pública (Arellano *et al.*, 1995, Agudelo, 1996, Cervantes, 1996b; Lozano, 1994).

FIGURA 6.2

Acceso a las diferentes fuentes informativas
El Norte, El Porvenir y *La Jornada*

Fuentes	*El Norte*	*El Porvenir*	*La Jornada*
Gobierno federal	16.4	16.6	28.4
Gobierno estatal	19.8	19.5	11.4
Gobierno municipal	7.2	15.0	2.3

Partidos políticos	16.2	13.9	17.2
Sector privado	10.9	7.9	6.0
Sindicatos oficiales	4.3	6.7	9.1
Sindicatos no oficiales	1.2	1.1	0.5
Sindicatos no identificados	0.2	0.3	—
Organizaciones de derechos humanos	0.4	0.4	1.2
Grupos ecologistas	1.7	0.4	1.0
Minorías (AA, homosexuales, minusválidos, etcétera)	—	0.5	0.2
Organismos cívicos de vigilancia electoral	0.2	—	—
Organismos asistenciales (Cruz Roja, Cruz Verde, Loterías, etcétera)	0.8	1.1	0.5
Testigos, vecinos, manifestantes, usuarios	9.2	8.6	2.7
Otras fuentes de la sociedad civil	1.4	1.4	3.0
Organismos religiosos	0.6	0.4	1.5
Universidades y centros de investigación	3.6	1.8	6.0
Medios de comunicación	2.3	1.0	3.5

Analistas y expertos	—	—	—
Fuentes extranjeras	3.2	3.0	5.3
	100%	100%	100%
	($n = 469$)	($n = 699$)	($n = 395$)

Fuente: José Carlos Lozano (1994) "Temas y fuentes en la información nacional de *La Jornada, El Norte y El Porvenir:* un análisis desde la sociología de las organizaciones de los medios", ponencia presentada en el II Congreso Latinoamericano de Investigación de la Comunicación, la Investigación Iberoamericana en Comunicación ante el Nuevo Milenio, Guadalajara, Jalisco, 27 al 30 de junio de 1994.

En un artículo que discute a fondo posibles aproximaciones metodológicas al estudio de la producción de noticias, Cervantes (1994, p. 86) propone:

> vincular dos instancias del proceso de comunicación: emisor (productores de comunicación) y mensaje (producto) a partir de dos preguntas:
>
> 1. ¿Qué imagen de la realidad nos brindan las noticias? (Implica el análisis de los mensajes, en este caso, de las noticias. Se utiliza el análisis de contenido.)
> 2. ¿De qué manera intervienen las exigencias propias del proceso de producción de noticias en la definición de la forma y el contenido de las mismas y, por lo tanto, en el tipo de imagen de la realidad que transmiten? (Remite al análisis de los procesos de producción de las noticias. Se emplean la etnografía y el análisis de contenido vinculados.)

Aunque los métodos de investigación más adecuados para el estudio de la producción de los mensajes siguen siendo los que permiten observar desde dentro de las organizaciones dichos procesos, los ejemplos mencionados permiten afirmar que el análisis de contenido constituye una herramienta muy útil para los investigadores de este enfoque.

Análisis de los mensajes extranjeros desde el imperialismo cultural

Durante mucho tiempo, los investigadores críticos se despreocuparon por realizar análisis de contenido o de recepción. Para ellos, bastaba identificar los condicionantes económicos, políticos e ideológicos presentes en el momento de la producción, para inferir que los mensajes reflejarían necesariamente la ideología de la clase dominante, y que los receptores asimilarían incondicionalmente tales visiones del mundo y de la vida.

La mayoría de los investigadores relacionados con la corriente del imperialismo cultural cayeron en la posición anterior. Como se vio en el capítulo 5, para este enfoque, la propiedad y el control capitalista de los medios de comunicación transnacionales determina que éstos propaguen por el mundo entero los valores ideológicos de los países industrializados, como Estados Unidos y las principales naciones europeas. Así como entre las grandes potencias y los países en desarrollo se dan relaciones económicas y políticas claramente asimétricas (de dependencia y en ocasiones de colonialismo directo), también ocurre en el ámbito cultural. La ideología capitalista de dichos países se traslada hacia los subdesarrollados a través de los medios de comunicación, propiciando un colonialismo cultural y una pérdida de las identidades nacionales.

Sin embargo, algunos defensores de este enfoque decidieron corroborar, a partir de la década de 1970, si efectivamente se advertía, en los mensajes de los medios, la ideología de las clases dominantes de las metrópolis. El estudio más célebre en este renglón fue sin duda el de Dorfman y Mattelart (1979) sobre las historietas de Walt Disney. Concluyeron que a través de dichos vehículos se adoctrinaba a los niños de los países en desarrollo, inculcándoles los valores y las concepciones del mundo de Estados Unidos y otros países capitalistas. Además, las historietas presentaban a los países del Tercer Mundo como lugares pintorescos, muy atrasados, sin avances tecnológicos, sin urbanización, ni escuelas, ni hospitales. Los escenarios eran pirámides, selvas, desiertos y, en el mejor de los casos, poblados minúsculos. Eso sí, estos países (*Aztecaland, Inca Blinca,* etcétera) estaban repletos de tesoros que los personajes de *Patolandia,* con mucha frecuencia, se apropiaban para sí a cambio de baratijas o favores. *Patolandia* y los demás países industrializados, por el contrario, se describen como modernos, progresistas y civilizados. Ediciones recientes de las historietas de Walt Disney parecen seguir confirmando las aseveraciones de Dorfman y Mattelart, como se advierte en las figuras 6.3 y 6.4.

Beltrán y Fox (1981), en su libro *Comunicación dominada,* consignan diversos análisis de contenido realizados hasta 1977 sobre las series animadas *Los Picapiedra, Plaza Sésamo,* las series de acción e incluso las telenovelas. Después de revisar los estudios realizados por distintos investigadores latinoamericanos, concluyeron que las vastas cantidades de programación importada en la televisión de esta región crearon un compuesto de imágenes hechas de, entre otros, los siguientes elementos: individualismo, elitismo, racismo, materialismo, conservadurismo, agresión y autoritarismo (Beltrán y Fox, 1981, pp. 104-105). Tales imágenes, añadieron, caracterizaban los mensajes de comunicación norteamericanos, en contraposición a las aspiraciones por un desarrollo democrático autónomo, humanístico y real en la región.

Los análisis de contenido realizados por investigadores en este enfoque, posteriores a 1981, tendieron a confirmar las conclusiones de Beltrán y Fox. Ariel Dorfman (1980) llevó a cabo, ya sin la colaboración de Mattelart, un análisis de *El Llanero Solitario, Reader's Digest* y diversos cuentos infantiles. Otros autores, como Adriana Santa Cruz y Viviana Erazo (1981), analizaron las imágenes de la mujer en las revistas femeninas transnacionales como *Cosmopolitan,* y detectaron estereotipos relacionados con el conformismo de la mujer hacia roles sociales tradicionales como ama de casa, objeto sexual y madre (véase la figura 6.5).

Imágenes de países en desarrollo en historietas de Walt Disney

FIGURA 6.3

Ejemplares de principios de la década de 1990 de Walt Disney, publicados en México, continúan reproduciendo los estereotipos sobre el atraso de los países en desarrollo como México, Perú, Egipto y otros de África.

FIGURA 6.4

Imágenes de Estados Unidos y Gran Bretaña en historietas de Walt Disney

Los episodios en Estados Unidos (*Patolandia*) o en Gran Bretaña muestran paisajes y personajes modernos y sofisticados.

FIGURA 6.5

Roles femeninos promovidos en los anuncios de productos transnacionales

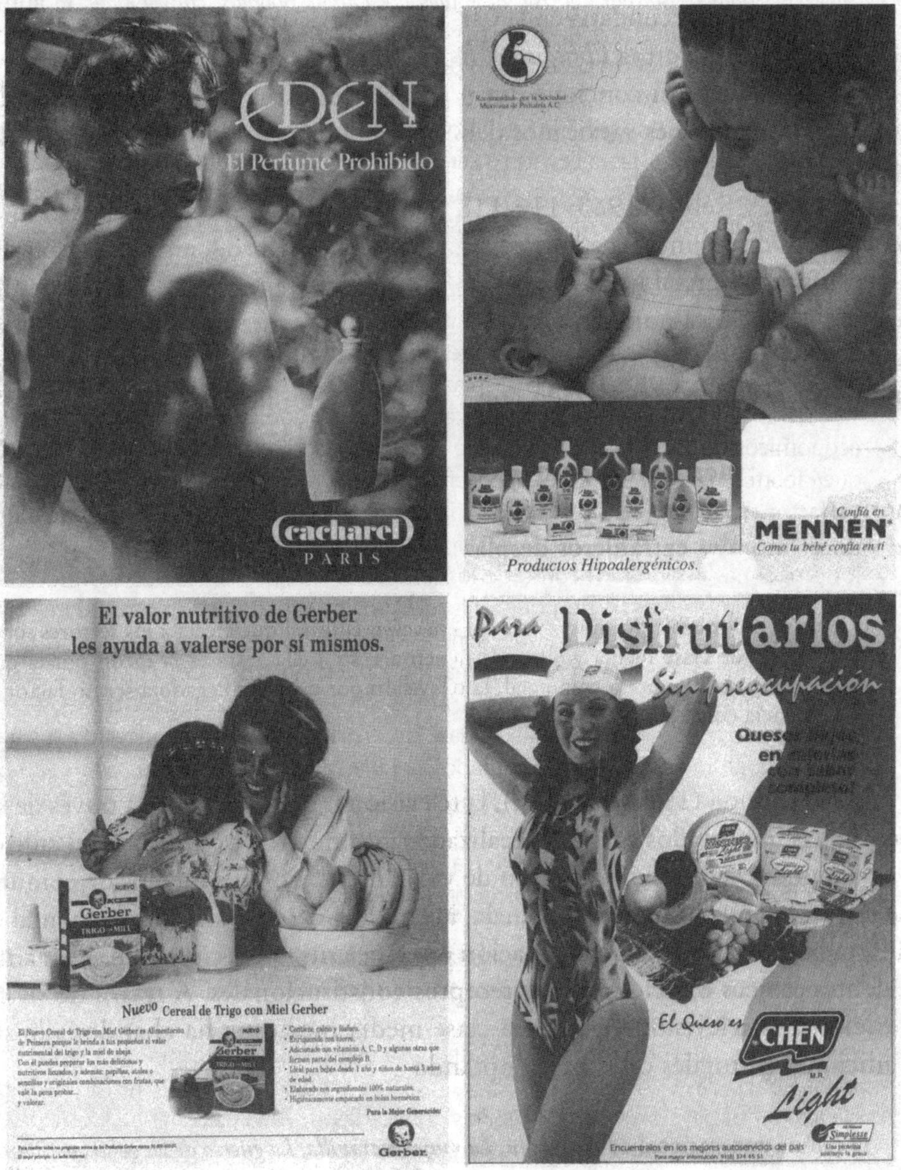

Las revistas femeninas suelen reforzar los estereotipos de la mujer como objeto sexual, ama de casa y madre de familia. El imperialismo cultural denuncia que, a través de estas imágenes, los medios de comunicación consolidan la marginación y discriminación de la mujer contemporánea.

En México, desde la década de 1970, algunos investigadores expresaron su preocupación sobre la penetración cultural estadounidense. Cremoux (1968, pp. 59) encontró que el 80% de los programas televisivos preferidos por los alumnos de secundaria en la Ciudad de México eran originarios de Estados Unidos (entre otros, *El Fugitivo, Batman, La Isla de Guilligan, Daniel Boone* y *Patty Duke*). El autor concluyó que la mayoría de tales programas iban en detrimento de los jóvenes mexicanos a causa de su descripción de personajes y escenas estereotipadas.

Montoya y Rebeil (1983, pp. 116-118), al observar de nuevo la exposición de los alumnos de secundaria a la televisión mexicana, en 1982, argumentaron que la televisión comercial había llegado a ser en México un vehículo para la transmisión de la cultura norteamericana, erosionando constantemente la identidad nacional y las culturas locales. La pérdida de los valores nacionales y de la cultura, explicaron, se ha acelerado con la introducción de la televisión (p. 155).

En lo concerniente al sistema de televisión por cable, García Calderón (1987, pp. 56-57) señala que, al incluir este medio un gran número de programas estadounidenses, en la práctica constituye un vehículo por el cual un modelo lleno de valores morales extranjeros desplaza a la cultura nacional mexicana: "la televisión por cable promueve una colonización cultural que afecta a los sectores socioeconómicos de clase media y alta que tienen acceso a ella. Ésta es la razón por la que, aparte de ser una empresa comercial, la televisión por cable ha llegado a ser un factor de dependencia cultural".

Para Esteinou (1990, pp. 106-116), la televisión mexicana –tanto a través de los programas importados como de los realizados localmente– fomenta una cultura de consumo y veneración del estilo de vida americano. Los medios de comunicación electrónicos mexicanos, señala, alientan la desnacionalización mental de la República, construyendo una nación opuesta a sus raíces culturales, a sus antecedentes étnicos e incluso a los preceptos constitucionales. A través de su exposición a la televisión, agrega, la clase media mexicana ha abandonado sus tradiciones culturales católicas adoptando "la cultura transnacional de *Superman, La Mujer Maravilla, La Guerra de las Galaxias, Batman y Robin, Walt Disney, El Agente 007,* etcétera. Así, en menos de una generación, se han sembrado masivamente en nuestras conciencias las raíces de lo transnacional norteamericano, al grado de que hoy podemos decir que en el territorio mexicano ya nació la primera generación de norteamericanos".

La metodología de los análisis de contenido realizados por investigadores del imperialismo cultural por lo general ha sido poco ortodoxa. Comparten con el análisis de contenido tradicional el hecho de seleccionar muestras amplias de los mensajes de interés (Dorfman y Mattelart analizaron 100 ediciones de las historietas publicadas en Chile en 1971; Santa Cruz y Erazo analizaron 1,315 anuncios de alrededor de 26 revistas femeninas publicadas en América Latina). Comparten con la semiótica el análisis de los significados latentes y de las dimensiones ideológicas presentes en los mensajes, aunque desde los marcos interpretativos del imperialismo cultural.

Otros trabajos, apoyados en marcos conceptuales diferentes pero compatibles con el enfoque del imperialismo cultural, han aportado datos empíricos más actualizados que permiten advertir la pertinencia de mantener actualmente los mismos cuestionamientos al contenido de los medios. Lozano, De la Fuente, Garza y Treviño (1999) realizaron un análisis de contenido de 33 películas de estreno en los videoclubes de Monterrey. El objetivo era determinar los patrones y las características más recurrentes en el universo de personajes que se incluían en dichas cintas, de acuerdo con variables como sexo, nivel socioeconómico, nacionalidad, raza, actividad, educación y rol. Tomando en cuenta que la gran mayoría de los filmes eran de procedencia estadounidense, se buscaba identificar el imaginario propuesto por ellos, así como los sesgos posibles en la representación de los diferentes grupos sociales y étnicos. El 70% del total de personajes analizados era de sexo masculino, mostrando una distorsión demográfica que también se ha documentado permanentemente en los estudios realizados en Estados Unidos. La clase baja representaba menos del 20% y los personajes anglosajones predominaban abrumadoramente, con el 87% del total, un porcentaje superior al que le correspondía por su peso demográfico real. Como conclusión, los autores señalaban:

> En el universo simbólico de las películas de Hollywood al que están expuestos millones de personas en América Latina, y en los propios Estados Unidos, los latinos casi no existen. Los romances, las acciones, los misterios y las situaciones cómicas son realizados por anglosajones de sexo masculino, de nivel educativo alto, que ejercen alguna actividad legal y que tienen una posición económica media o alta. Una y otra vez, en un cultivo cíclico y repetitivo, los latinos se emocionan, se identifican y se reflejan en las historias y los sucesos que enfrentan personajes de una raza diferente, de un país distinto que, aunque también habitado por grupos étnicos no caucásicos y, por supuesto, por mujeres, tiende a omitirlos sistemáticamente [p. 71].

En contraste con la oferta de películas en América Latina, dominada por las producciones de Hollywood, la oferta de televisión en países como Brasil, Argentina, Venezuela y México es mayoritariamente nacional, lo cual evita, por lo menos en el plano teórico, que ocurra lo mencionado anteriormente. Como muestra una investigación realizada por Martínez Garza y Lozano (2005), el 66% del tiempo total de transmisión en canales nacionales abiertos en México lo ocupaban programas producidos localmente por Televisa o TV Azteca, las dos grandes cadenas de televisión. Sin embargo, como aclaran los mismos autores, en algunos géneros concretos el predominio estadounidense era muy evidente. La oferta de ficción (películas, series y comedias) y de dibujos animados provenía casi exclusivamente de Estados Unidos, con las implicaciones ideológicas que ya se examinaron en este capítulo y en el anterior. Toussaint (2003), en una investigación paralela del contenido de los nueve canales abiertos de televisión en el Valle de México, encontró las mismas proporciones en cuanto a la oferta de ficción.

Flores Palacios y García León (2005) realizaron un estudio del contenido de la programación televisiva mexicana nacional, clasificando los contenidos según su origen: México, Estados Unidos u otros países. Sus hallazgos coincidieron con el análisis de las películas de estreno en los videoclubes: en los programas estadounidenses de televisión, había un fuerte predominio de los personajes masculinos (70%) sobre los femeninos (30%). Sin embargo, en la adjudicación de roles, los programas norteamericanos eran más equilibrados, ya que repartían los roles protagónicos de manera equitativa entre uno y otro sexo (p. 52). ¿Eran diferentes los programas de televisión producidos en México? Flores Palacios y García León encontraron dos diferencias fundamentales: la primera, que los contenidos nacionales eran mucho más equilibrados que los estadounidenses en el número de personajes masculinos (51%) y femeninos (49%). La segunda, sin embargo, era menos positiva: mientras que el 45% de los hombres aparecían en roles protagónicos, tan sólo el 27% de las mujeres ocupaban papeles equivalentes.

FIGURA 6.6

Pocas mujeres en las pantallas televisivas

En la televisión estadounidense hay tres personajes masculinos por cada mujer, aunque se da un equilibrio en el porcentaje de roles protagónicos entre ambos sexos.

Fuente: Patricia Arquette interpreta a Allison Dubois, una mujer medium que ayuda a un departamento de policía a resolver casos.

Apoyados en estos análisis de contenido, los teóricos latinoamericanos del imperialismo cultural concluyen que los mensajes de los medios de comunicación están saturados de los valores ideológicos de las clases dominantes. Su contenido, arguyen, refleja los condicionantes presentes en su producción y busca, directa o indirectamente, la reproducción de la ideología hegemónica de las naciones industrializadas en los habitantes del mundo en desarrollo.

El consumo de los medios y contenidos extranjeros, especialmente de los estadounidenses, lleva inexorablemente –afirman estos críticos– al debilitamiento de los valores, costumbres y tradiciones de los países receptores. Mediante su exposición a dichos medios, las audiencias asimilan los valores ideológicos y culturales estadounidenses en detrimento de su propio bagaje cultural.

Imágenes de América Latina en la prensa estadounidense

Otra de las áreas del análisis de contenido en la cual incursionaron los teóricos del imperialismo cultural es la relacionada con los flujos de noticias internacionales y la necesidad de establecer un Nuevo Orden Mundial de la Información y la Comunicación (NOMIC).

En la bibliografía hay incontables análisis de contenido que documentan el desequilibrio en los flujos informativos entre los países en desarrollo y los industrializados (Semmel, 1976; Larson, McAnany y Storey, 1986; Gerbner y Marvanyi, 1981). Uno de los más representativos fue, sin duda, el realizado conjuntamente por la UNESCO y la Asociación Internacional para la Investigación de la Comunicación de Masas (IAMCR), en 1979 (Sreberny-Mohammadi, 1990, pp. 15). El estudio incluyó los periódicos más importantes de 29 países (entre ellos Argentina, Brasil y México). Los resultados confirmaron las hipótesis de los partidarios del NOMIC: la mayoría de las noticias internacionales de los diarios analizados se referían a Estados Unidos y a Europa Occidental. Los países europeos socialistas y las naciones en desarrollo eran casi *invisibles* en la cobertura.

Otro estudio, enfocado exclusivamente a las noticias televisivas en Estados Unidos sobre América Latina, concluyó que desde 1972 hasta 1981 prevalecieron reportes que mostraban a los países latinoamericanos en términos sumamente estrechos y conflictivos (Larson *et al.,* 1986). Los autores puntualizaron que esa tendencia era preocupante, "especialmente si partimos de dos supuestos: primero, que Latinoamérica es una área de interés significativo para las políticas internacionales de Estados Unidos y, en segundo lugar, que un público informado es un elemento importante en el proceso de elaboración de la política exterior hacia dicha región".

Otros estudios acerca de la información sobre México en la prensa norteamericana han confirmado también las acusaciones de los teóricos del imperialismo cultural. Las conclusiones de estos análisis destacan la importancia que ha adquirido la cobertura sobre México en la prensa de Estados Unidos en la última década, y en especial el enfoque negativo y sensacionalista que caracteriza dicha información.

Clement y Sonntag (1989, p. 98), por ejemplo, señalan que en el periodo de 1981 a 1985 se dio un crecimiento dramático en el número de noticias sobre México publicadas por los principales semanarios norteamericanos, debido a que, por primera vez, se percibió que la crisis en México amenazaba intereses vitales estadounidenses.

Bailey (1989, p. 100) coincide con lo anterior, expresando que la atención de los medios informativos estadounidenses (*The New York Times, The Washington Post* y las cadenas ABC y CBS) hacia México "aumentó en 1979, se elevó en 1982 y resurgió en 1985-1986" y que la mayoría de la cobertura fue negativa, así como poco equilibrada y superficial.

Lozano (1988), por su parte, encontró que en siete años de cobertura sobre México (1980-1986) las revistas *Time* y *Newsweek* destacaron temas de crisis y conflictos como indocumentados, tráfico de drogas y crisis económica.

En un estudio posterior sobre la cobertura de los primeros seis meses del gobierno de Carlos Salinas de Gortari en *The New York Times,* la revista *Time* y los noticieros televisivos de las cadenas ABC, NBC y CBS, Lozano (1990) concluyó que la información sobre México seguía siendo esporádica y continuaba centrándose en acontecimientos sensacionalistas y dramáticos, "desde matanzas ocasionadas por ritos satánicos, hasta espectaculares acciones contra líderes sindicales o narcotraficantes".

Continuando en esta misma línea, pero ahora realizando un análisis de las imágenes de México en los noticieros televisivos nacionales de Estados Unidos, desde la firma del Tratado de Libre Comercio hasta el 2004, Lozano (2005) detectó que México seguía estando, en buena medida, ausente en la cobertura cotidiana del mundo en esos informativos y que las pocas notas que se presentaban seguían siendo de carácter negativo (véase la figura 6.7), principalmente en los años correspondientes al sexenio de Zedillo (1994-2000) y en menor medida en el de Vicente Fox (2000-2006). A pesar de que las notas hablaban de México, las fuentes informativas entrevistadas por los reporteros estadounidenses eran las de su propio país, lo cual generaba una versión de los acontecimientos matizada por los intereses estratégicos norteamericanos.

FIGURA 6.7

Cobertura de México en la prensa estadounidense

Los medios informativos de Estados Unidos cubren muy esporádicamente lo que ocurre en México y, cuando lo hacen, se centran en temas polémicos e incluso negativos.

Fuente: Portada de la revista *Newsweek*, julio 19, 2004.

En la actualidad, en el marco de una mayor integración económica de los países latinoamericanos entre sí, y con Estados Unidos, este tipo de análisis de contenido sigue siendo relevante. Después de todo, una opinión pública norteamericana con imágenes negativas y conflictivas de los países latinoamericanos, favorecerá medidas represivas y contrarias al bienestar de nuestros pueblos.

ACTIVIDADES

1. Sociología de la producción de mensajes.
   1.1. Haz un análisis de contenido de la primera sección de un periódico local (la nacional/internacional). Revisa cada noticia (excluyendo editoriales, columnas políticas, cartones, artículos de fondo) y contabiliza el número de fuentes que proporcionan información al reportero (no confundir con las agencias informativas; interesa analizar las personas e instituciones a las que los reporteros de las agencias o del propio periódico acudieron para solicitar información). Divide a dichas fuentes de la siguiente manera:

Tipo de fuentes	Número total	Porcentaje
Fuentes gubernamentales	____________	____________
Partidos de oposición	____________	____________
Organismos de la IP	____________	____________
Organismos sindicales	____________	____________
Otros organismos, ciudadanos comunes	____________	____________

   1.2. Analiza los resultados y determina si resulta válido lo que afirma el enfoque de la sociología de la producción de mensajes: que existe una sobreabundancia de fuentes gubernamentales, y muy poco acceso a organismos de la sociedad civil que no sean de la iniciativa privada o de las centrales obreras.
2. Imperialismo cultural.
   2.1. Consigue por lo menos tres diferentes revistas femeninas que circulen en el país y contesta el siguiente cuestionario para cada una de ellas.

   Revista______________________________ núm.__________

   a) Número de anuncios totales de la revista no menores de 1/4 de página.

   Total______________

b) Número y porcentaje de anuncios sobre la mujer como objeto sexual.

Número ____________ Porcentaje ____________

c) Número y porcentaje de anuncios sobre la mujer como ama de casa.

Número ____________ Porcentaje ____________

d) Número y porcentaje de anuncios sobre la mujer como madre de familia.

Número ____________ Porcentaje ____________

e) Número y porcentaje de anuncios sobre la mujer como profesionista, obrera, artista, escritora, empresaria, etcétera.

Número ____________ Porcentaje ____________

f) Número y porcentaje de anuncios no relacionados con lo anterior.

Número ____________ Porcentaje ____________

Ordena de mayor a menor los tipos de anuncios más frecuentes y escribe solamente el porcentaje que obtuvieron.

1o. ________________________________ ________%
2o. ________________________________ ________%
3o. ________________________________ ________%
4o. ________________________________ ________%
5o. ________________________________ ________%
6o. ________________________________ ________%

g) Señala el número total de mujeres que aparecen en la revista, tanto en fotografías de reportajes y artículos como en los propios anuncios.

Número ____________ Porcentaje ____________

h) Señala el número y porcentaje de mujeres rubias o de apariencia anglosajona o europea.

Número ____________ Porcentaje ____________

i) Señala el número y porcentaje de mujeres morenas de apariencia mestiza.

Número ____________ Porcentaje ____________

NOTA: En cualquiera de las dos preguntas anteriores, deja fuera del análisis aquellas mujeres que no puedas ubicar con seguridad.

2.2 Discute hasta qué punto la publicidad de las revistas femeninas actuales sigue reforzando el papel tradicional de la mujer como madre, ama de casa u objeto sexual, como afirman Santa Cruz y Erazo (1981). Analiza también el grado en que se fomenta el estereotipo de la belleza femenina anglosajona en vez del mestizo que nos corresponde.

Resumen

La mayoría de los enfoques teóricos sobre la comunicación de masas toman en cuenta, de una manera u otra, el contenido de los mensajes de los medios. Para los teóricos de todas las corrientes, los mensajes ofrecen pistas, ya sea sobre los procesos de producción y los condicionantes que se presentaron en él, o sobre los posibles impactos o usos que se pueden suscitar en los procesos de recepción.

En este capítulo se revisan los planteamientos y algunos hallazgos de investigación sobre el contenido de los medios, de los enfoques teóricos que estudian los condicionantes productivos: la sociología de la producción de mensajes y el imperialismo cultural.

El primero de ellos ha utilizado el análisis de los mensajes para corroborar sus hipótesis sobre el efecto de los diferentes condicionantes productivos en el contenido final de los medios. En especial, las investigaciones se han centrado en dos aspectos: *a*) detectar si la mayoría de las noticias se recopilan mediante canales rutinarios como boletines y ruedas de prensa, en vez de que provengan de la creatividad y las pesquisas de los reporteros; y *b*) analizar las fuentes informativas que aparecen citadas en las noticias, para determinar si efectivamente prevalecen en ellas los funcionarios oficiales del gobierno y de las grandes corporaciones.

Los teóricos del imperialismo cultural, por su parte, han estudiado el contenido de los mensajes extranjeros para detectar en ellos la presencia de valores ideológicos y culturales ajenos a la idiosincrasia y a las necesidades de los países en desarrollo, o para documentar las imágenes negativas y conflictivas que sobre estos últimos diseminan las noticias internacionales.

En ambos casos, los enfoques parten del supuesto de que el contenido de los mensajes refleja y reproduce los complejos condicionamientos presentes en las organizaciones de medios que los producen, ya sean las rutinas de trabajo y los valores profesionales, o los intereses económico-políticos de las transnacionales de la comunicación y sus aliados estratégicos.

CAPÍTULO 7

La reconsideración de los efectos de los medios

Objetivos específicos

- Conocer los antecedentes históricos y los desarrollos conceptuales que llevaron a la reconsideración de los efectos de los medios.
- Identificar las características generales de los cuatro principales enfoques sobre efectos en la tradición positivista.

La reconsideración de los efectos de los medios

Como vimos en la primera parte de este libro, la tradición positivista llegó, a principios de la década de 1960 –con los enfoques de la influencia personal y del funcionalismo– a conclusiones muy optimistas sobre la capacidad de las audiencias para resistir las posibles manipulaciones de los medios de comunicación.

Gracias a la pertenencia del público a grupos sociales y a la existencia de líderes de opinión en dichos grupos, era muy difícil que los medios de comunicación ejercieran una manipulación de la conducta. Los líderes y sus seguidores, de acuerdo con esta corriente positivista, seleccionaban del material de los medios aquello que estaba a favor de sus predisposiciones existentes, tanto en el terreno político como en otras áreas (modas, alimentos, cine, religión, etcétera).

A partir de la década de 1960, un nuevo enfoque teórico asimilaría tanto las premisas y conclusiones del flujo de la comunicación en dos pasos, como las aportaciones del funcionalismo: la corriente denominada usos y gratificaciones.

Apoyándose en los hallazgos de las teorías previas, usos y gratificaciones propuso replantear la vieja pregunta sobre el poderío y los efectos de los medios. En vez de preguntar *¿qué hacen los medios con la gente?*, los partidarios de este nuevo enfoque propusieron cuestionar *¿qué hace la gente con los medios?* Para ellos, la audiencia era activa y sus miembros consideraban los medios como alternativas –entre muchas otras– para la satisfacción de sus necesidades (informativas, de entretenimiento, de relación social, de evasión, etcétera).

Si el análisis funcionalista señalaba que los medios de comunicación existían para satisfacer ciertas necesidades de la sociedad para su buen desempeño armónico (información, interpretación, transmisión de la herencia cultural y entretenimiento), los teóricos de usos y gratificaciones aterrizaron lo anterior al nivel del individuo. Los seres humanos tienen ciertas necesidades relacionadas con la comunicación y los medios de masas constituyen alternativas funcionales para satisfacerlas. Como cada persona tiene muy diversas opciones para resolver sus necesidades, los medios de comunicación no se imponen sobre ellos ni los manipulan.

Hasta fines de la década de 1960, usos y gratificaciones fue el paradigma teórico más extendido en Estados Unidos. Los investigadores con este enfoque se dedicaron a documentar los diferentes usos que las personas daban a distintos tipos de comunicación y a realizar inventarios de las diferentes gratificaciones obtenidas por las audiencias. Para ellos, los medios de comunicación no tenían efectos en la audiencia, excepto aquellos buscados y definidos por ésta.

Pese a lo anterior, la cuestión de la influencia de los medios nunca quedó zanjada del todo. Tanto los exponentes de la influencia personal, como los de usos y gratificaciones, coincidieron en afirmar que la comunicación de masas no influía al modificar la conducta de los individuos a corto plazo; pero dejaron abierta la posibilidad de que lo hiciera en otros niveles.

Katz y Lazarsfeld (1979, p. 21), de hecho, concluyeron que los medios eran importantes en el reforzamiento de actitudes preexistentes, algo que los críticos (como los pertenecientes al imperialismo cultural) interpretan como sumamente importante, ya que representa la reproducción de la ideología dominante. En una oscura nota de su reporte principal que desarrollaba la teoría de la influencia personal, aclaraban:

> Hemos de advertir que existen varias consecuencias producidas por los medios de información que no podemos tratar aquí.
>
> El estudio de las respuestas *inmediatas* o *a corto plazo* obtenidas en las campañas realizadas por los medios de difusión son, tan sólo, una de las distintas dimensiones del efecto. Existen, además, varios efectos que han sido estimados en el sentido de que no entran fácilmente dentro de la clasificación de Lazarsfeld [...]. Es importante observar que algunos de estos efectos de largo alcance parecen llevar implícita la promesa de revelar la potencia de los *mass media*, con mayor eficacia que lo hacen los efectos de una *campaña*.

El énfasis por detectar efectos en la conducta y a corto plazo –muy llamativos y espectaculares– impidió a Lazarsfeld, y a muchos otros investigadores positivistas posteriores, preguntarse por influencias de los medios mucho más sutiles y a largo plazo.

A partir de finales de la década de 1960 y a principios de la siguiente, diferentes teóricos y enfoques surgieron o retomaron importancia en relación con la reconsideración de los efectos de los medios. La preocupación por la influencia de los contenidos mediáticos en las audiencias resurgió y abarcó tanto los efectos intencionales como los no intencionales (véase la figura 7.1).

FIGURA 7.1

Tipos de efectos de la comunicación de masas

Intencionales	**No intencionales**
Efectos de la publicidad en el consumo	Efectos de la violencia mediática en la conducta agresiva
Efectos de las campañas políticas en el voto	Impacto de las imágenes mediáticas en la construcción social de la realidad
Efectos de los anuncios de interés social en la conducta personal	Efectos de los sesgos de los medios en los estereotipos
Efectos de la propaganda en la ideología	Efectos de materiales sexuales y eróticos en conductas inaceptables
Efectos del ritual mediático en el control social	Efectos de las formas de los medios en la actividad y estilo cognitivos

Fuente: Elizabeth Perse (2001), *Media Effects and Society*, Mahwah, Nueva Jersey: Lawrence Erlbaum Associates, p. 2.

De acuerdo con la investigadora estadounidense Elizabeth Perse (2001), las teorías contemporáneas de los efectos de los medios se dividen en cuatro diferentes modelos: *a)* efectos directos, *b)* efectos condicionales, *c)* efectos acumulativos y *d)* efectos cognitivo-transaccionales (véase la figura 7.2.).

FIGURA 7.2

Los cuatro modelos de los efectos de los medios según Perse

	Naturaleza de los efectos	**Contenido de los medios (variables)**	**Audiencias (variables)**
Directos	• Inmediatos, uniformes, observables • Corto plazo • Énfasis en el cambio	• Prominencia, activación y realismo	• No relevante
Condicionales	• Individualizados • Refuerzo y cambio • Cognitivo, afectivo, conductual • Largo o corto plazo	• No relevante	• Categorías sociales • Relaciones sociales • Diferencias individuales
Acumulativos	• Basados en exposición acumulada • Cognitivos o afectivos • Rara vez conductuales • Efectos permanentes	• Consonantes a través de múltiples canales • Repetición	• No relevante
Cognitivo transaccionales	• Inmediatos y de corto plazo • Basados en una sola exposición • Cognitivos y afectivos • Posibles efectos conductuales	• Prominencia de señales visuales	• Elaboración de esquemas • Estado de ánimo • Metas

Fuente: Elizabeth Perse (2001), *Media Effects and Society*, Mahwah, Nueva Jersey: Lawrence Erlbaum Associates, p. 51.

Efectos directos

Este modelo es apoyado por enfoques teóricos que insisten en que los medios sí son capaces de ejercer una influencia directa, a corto plazo, de manera uniforme en las audiencias. Los efectos pueden ser cognitivos, afectivos o conductuales; pero llevan a realizar acciones perceptibles. Este modelo ignora el rol de la audiencia en el proceso de los efectos, ya que asume que será influenciada de manera uniforme debido a su incapacidad de enfrentar y rechazar la influencia (p. 29).

Efectos condicionales

Este modelo se basa en las teorías de la influencia personal y los efectos limitados. Pone énfasis en la audiencia y toma en cuenta nociones de selectividad (exposición selectiva, atención, percepción y recordación) y de influencia social. Este modelo reconoce que no toda la exposición a los medios resulta en efectos y acepta que la audiencia tiene el poder de evitar la exposición o rechazar la influencia. Agrega que cuando llegan a darse efectos, éstos no son uniformes, ya que diferentes individuos estarían afectados de diferentes formas por el mismo contenido (p. 33).

Efectos acumulativos

Esta perspectiva se vincula al retorno de los "efectos poderosos" de los medios. Para finales de la década de 1960, algunos teóricos empezaron a reconsiderar la influencia de la comunicación de masas; esta vez no en la conducta, sino en las *cogniciones* de las personas. Según estos autores, los seres humanos desarrollan su conducta con base en las actitudes que ya tienen formadas (una actitud favorable hacia un partido político desencadenaría la conducta de ir a votar por dicho partido). Pero las actitudes no se adquieren por herencia biológica, sino que se van formando lentamente con base en múltiples *bits* de información que le llegan al individuo del entorno, llamados *cogniciones.* Una actitud racista de un hombre blanco hacia un individuo de color, por ejemplo, se forma y se consolida después de un proceso relativamente largo, en el cual se inculca en el blanco, de diversas maneras, la inferioridad del negro. La actitud, entonces, está condicionada por la acumulación de cogniciones o mensajes, no por que se haya recibido una sola vez información al respecto. Según los nuevos enfoques teóricos resultantes, es en este terreno donde hay que buscar la influencia de los medios de comunicación masiva: estudiar efectos a largo plazo y no en la conducta, sino en las cogniciones y en la formación de las actitudes (véase la figura 7.3).

Este modelo acumulativo se basa en la postura de que lo repetitivo y frecuente de ciertos contenidos mediáticos provoca que la audiencia sea incapaz de realizar exposiciones selectivas y diversas. Las variables principales a tomar en cuenta, así, son la cantidad de ciertos tipos de contenidos (violencia, estereotipos, valores) en diferentes mensajes comunicacionales, y la cantidad de exposición por parte de las audiencias. En este caso, lo que importa no es la exposición a un cierto programa o mensaje, sino la exposición acumulada a ese tipo de contenido a lo largo de la programación y del tiempo. Luego de exponerse repetidamente a un mismo contenido en diferentes canales y momentos, la gente empieza a adoptar el encuadramiento mediático como su propia representación de la realidad. Los efectos, sin embargo, no son conductuales, sino cognitivos y afectivos (p. 43).

FIGURA 7.3

Influencias a largo plazo

Mensajes de los medios y de las demás instituciones sociales

↓ ↓ ↓ ↓ ↓ ↓ ↓ ↓

Asimilación en el nivel cognoscitivo

↓ ↓ ↓ ↓

Formación paulatina de actitudes

↓ ↓ ↓

Ejecución de conductas

Modelo cognitivo-transaccional

Derivado de la psicología cognitiva, este enfoque aplica la noción de "procesamiento esquemático" al contexto mediático. El cómo los seres humanos procesan mentalmente los estímulos ambientales influye en la manera en que aquellos interpretan y aprenden nueva información. La clave del modelo se encuentra en los esquemas. El conocimiento no existe de manera aislada en el cerebro, sino que está organizado en esquemas. Éstos son estructuras mentales que representan conocimiento acerca de un concepto: "los esquemas contienen los atributos de un concepto y las conexiones entre dichos atributos".

"Los esquemas tienen una estructura jerárquica, de forma que algunos elementos son más centrales que otros" (p. 45). De acuerdo con Perse, los esquemas se presentan en todo tipo de dominios: *a*) esquemas de rol (cómo es un profesor), *b*) esquemas de otras personas (nuestra comprensión de otros a quienes conocemos), *c*) autoesquemas (cómo pensamos sobre nosotros mismos), *d*) esquemas de grupo (por ejemplo, hombres *vs.* mujeres), y *e*) esquemas de eventos (guiones o *scripts*). "Todas éstas son representaciones mentales de nuestro conocimiento sobre diferentes personas, eventos y temas" (p. 46). Las personas usan este tipo de esquemas para interpretar el contenido de los medios y se apoyan en ellos para exponerse selectivamente a ciertos mensajes y no a otros, así como para percibirlos, prestarles atención y recordarlos.

Aunque en el desarrollo teórico positivista actual se presentan avances y argumentaciones en cada una de las cuatro perspectivas mencionadas arriba, el impacto real de cada una de ellas, excepto de la acumulativa, ha sido poco significativo fuera de Estados Unidos. A continuación, revisamos tres de los enfoques que más han influido en la discusión internacional sobre los efectos de los medios: la teoría del aprendizaje social, el análisis del cultivo y el enfoque del establecimiento de la agenda.

La teoría del aprendizaje social

Desarrollada principalmente por Albert Bandura, esta teoría cognitiva, aplicada al tema de los efectos de los medios de comunicación, argumenta que los individuos modelan las acciones que observan en los contenidos mediáticos. Como los seres humanos tienen la capacidad de conceptualizar, pueden aprender mediante la imitación o modelación de las conductas de otros a quienes observan. El individuo advierte algo externo, y gracias a la repetición de lo visto empieza a incorporarlo y a imitarlo. Si el individuo recibe una recompensa externa por su conducta, el aprendizaje será internalizado (Holtzman, 2000, p. 18). De acuerdo con Bandura (1994), el aprendizaje social es un proceso complejo marcado por cuatro subprocesos: atención, retención, producción y motivación.

Lo primero que se requiere para que se presente el aprendizaje social, es, por supuesto, que el sujeto preste atención a la conducta representada en los medios de comunicación. Esta atención depende básicamente del individuo; es selectiva y voluntaria de acuerdo con sus metas e intereses. El siguiente paso tiene que ver con la retención, es decir, el aprendizaje mental de la conducta observada, incorporándola al conocimiento previo: "la retención incluye la recreación cognitiva, la reconstrucción, la comparación entre la acción y los esquemas conductuales existentes, archivando la conducta en la memoria de largo plazo" (Perse, 2001, pp. 190-191).

El tercer subproceso se refiere a la producción de la conducta observada, es decir, a replicar la acción aprendida, muchas veces adecuándola a las circunstancias. Para que se dé esta réplica de la acción, sin embargo, se requiere el cuarto subproceso: los incentivos motivacionales que mediante recompensas convenzan al sujeto de reproducirla (Bandura, 1994).

Por desgracia, el contenido de los medios ofrece múltiples oportunidades para aprender e imitar conductas inapropiadas o dañinas para la salud. En los mensajes estas conductas se presentan como deseables y frecuentemente se muestran recompensas por llevarlas a cabo, lo cual, según esta teoría, genera mayores posibilidades de que el individuo las internalice. Cuerpos exageradamente delgados en las mujeres, el alcohol, el tabaco y el sexo premarital se presentan continuamente por los medios sin mostrar ninguna de las consecuencias negativas que se les asocian.

Siguiendo la lógica de que los individuos aprenden al observar a otros, modelando lo visto, la teoría del aprendizaje social advierte sobre el posible desarrollo, por parte de niños y adultos, de actitudes, respuestas emocionales y nuevos estilos de conducta a través del modelaje de lo visto en cine y televisión, incluyendo la percepción de un mundo violento donde ciertas conductas agresivas, por ser legitimadas y atribuidas a los personajes heroicos, podrían ser adoptadas por miembros de las audiencias (Griffin, 1991). Como señala el propio Bandura (1994):

> Las representaciones televisivas de las realidades sociales reflejan sesgos ideológicos en sus imágenes de la naturaleza humana, las relaciones sociales, y las normas y estructura de la sociedad [....] Una exposición amplia a este mundo simbólico podría eventualmente hacer que las imágenes televisivas parezcan representar el auténtico estado de los asuntos humanos [...]. La medición particular de la exposición a contenidos televisivos demuestra que un amplio consumo televisivo moldea las creencias y concepciones de la realidad de los miembros del público [p. 76].

FIGURA 7.4

El aprendizaje social del rol de la mujer en la sociedad

La teoría del aprendizaje social sugiere que las adolescentes pueden modelar las conductas representadas en los medios de comunicación si reciben algún tipo de recompensa personal o social.

Fuente: Fotografía de videoclip de Pink "Stupid girls" obtenida del sitio de MTV en Internet.

La perspectiva del análisis del cultivo

Entre otros, el enfoque del análisis del cultivo es uno de los que más ha contribuido a la reconsideración de la influencia de los medios. El punto de partida de esta perspectiva es un rechazo a los enfoques previos que trataban de detectar efectos inmediatos y parciales en los públicos. Para el análisis del cultivo, actualmente la característica más importante de los medios (en especial de la televisión) es "la exposición masiva, común y a largo plazo, de grandes y heterogéneos públicos a un conjunto de mensajes repetitivos, producidos centralmente y distribuidos en masa" (Gerbner *et al.,* 1986, p. 18).

Para esta corriente, la exposición al patrón total de programación, más que a géneros o programas específicos, es lo que realmente produce el efecto de la televisión: el *cultivo* de concepciones compartidas sobre la realidad entre públicos muy diversos: "La televisión ofrece un ritual diario, una repetición continua de patrones (mitos, ideologías, hechos, relaciones, etcétera) que sirven para definir el mundo y legitimar el orden social."

Así, estos autores centran sus análisis en las implicaciones de la exposición acumulada al sistema más general de mensajes, imágenes y valores que subyacen y se repiten en una amplia variedad de programas. No hay que investigar la recepción de un programa de televisión en particular. Los televidentes se exponen diariamente a muchos mensajes: ven diversas series de acción o telenovelas, noticieros, programas cómicos y de concursos, variedades musicales, etcétera. Lo que cuenta, en realidad, es el efecto general al exponerse a toda esa multiplicidad de opciones una y otra vez.

Esa multiplicidad de opciones, sin embargo, no significa la existencia de una auténtica pluralidad de alternativas contradictorias y diferentes en esencia. Los análisis de contenido realizados por investigadores de esta corriente (Gerbner y Gross,1983, pp. 153-157) muestran que hay ciertas imágenes y valores que se repiten constantemente en los diferentes géneros y programas.

Los efectos de la TV no deberían medirse sólo en términos de cambios inmediatos en el comportamiento, sino también por el grado en que cultivan ciertas perspectivas de la vida. La naturaleza altamente repetitiva y predecible de la mayoría de los dramas televisivos ayuda a reforzar dichas ideas.

A lo largo de los meses y los años, los televidentes van absorbiendo, poco a poco, *cogniciones* que, a fuerza de repetirse, se transforman lentamente en actitudes y, muy a largo plazo, propician ciertas conductas. De hecho, lo anterior puede equipararse a un *currículo universal* que rompe las fronteras de la alfabetización y el acceso: "Nunca antes un auditorio tan enorme y heterogéneo –de la sala de maternidad al asilo de ancianos, desde el *ghetto* al *penthouse*– había compartido tanto el mismo sistema cultural de mensajes e imágenes, y las connotaciones involucradas en él. La TV ofrece un *currículo universal* que todos pueden aprender (p. 153)."

El planteamiento anterior ha obligado a los autores del análisis del cultivo a desarrollar una complicada metodología diseñada para detectar efectos a largo plazo. Desde finales de la década de 1960, Gerbner y/o su equipo empezaron a grabar una muestra de una semana completa, por año, de programas televisivos de ficción. Paralelamente, realizan una encuesta a televidentes, dividiéndolos en tres grupos: los que ven mucha televisión (*heavy viewers*), los que ven una cantidad regular (*medium viewers*) y los que ven poca televisión (*light viewers*).

El análisis de los programas indica las imágenes y los valores más repetidos en los mensajes televisivos. Para 1984, los participantes en el proyecto de Indicadores Culturales de Gerbner (1986, p. 24) ya habían analizado 1,204 programas de horario estelar, más 901 transmitidos durante el día. Habían analizado, asimismo, 6,055 personajes principales y 19,116 personajes secundarios:

> Usamos el análisis sistemático de los mensajes no para determinar lo que cada televidente (o grupo de televidentes) puede ver, sino para detectar los patrones más representativos, estables y recurrentes en los mensajes a los que se exponen comunidades completas durante amplios periodos de tiempo. El análisis se basa en la premisa de que aunque los hallazgos sobre el contenido de los medios no se pueden tomar directamente como evidencias de su impacto [...] constituyen prerrequisitos críticos para una consideración válida de la influencia de los medios.

Mediante el análisis de contenido, se ha detectado la existencia de unos cuantos tipos dominantes y recurrentes de contenido, mismos que proporcionan la base para que amplios y heterogéneos públicos interactúen y compartan significados, imágenes y valores.

Aunque las imágenes y los valores promovidos por la televisión son en principio ilimitados, el análisis del cultivo ha detectado tres como los más recurrentes e importantes: *la violencia social, los estereotipos sobre los grupos demográficos* y *la homogenización (mainstreaming) de la ideología política.*

Violencia televisiva y violencia social

Según el análisis de contenido de los programas televisivos de horario estelar (triple A) en Estados Unidos, realizados por autores con este enfoque (Gerbner y Gross, 1983, p. 152), los crímenes son 10 veces más comunes en ese medio que en la vida real (véase la figura 7.5). Asimismo, se presentan un promedio de cinco a seis actos de violencia física explícita por hora: "la televisión demuestra dramáticamente el poder de la autoridad en nuestra sociedad, así como el riesgo que involucra el violar las leyes sociales. Los programas violentos muestran quién afronta qué y contra quién. Enseñan el papel de la víctima, y la aceptación de la violencia como una realidad social con la que tenemos que vivir o de la que tenemos que escapar".

FIGURA 7.5

Frecuencia de actos antisociales en programas televisivos norteamericanos de acción

Tipos de crímenes	*N*	Núm. de actos por hora
Asesinatos	39	1.0
Violaciones	2	0.1
Raptos	15	1.4
Asaltos con arma	142	3.6
Asaltos sin arma	155	4.0
Robo armado	54	1.4
Daños a propiedades	85	2.2

FUENTE: James Potter y William Ware, "An Analysis of the Contexts of Antisocial Acts on Prime-Time TV", en *Communication Research*, vol. 14, núm. 6, 1987.

Los programas televisivos tienden a sobrerrepresentar ciertos tipos de crímenes y a ignorar otros, rompiendo totalmente con las estadísticas de la vida real. La figura 7.6 muestra que mientras para el índice de criminalidad del FBI en Estados Unidos los asesinatos, las violaciones y los asaltos son poco frecuentes en comparación con robos en propiedades privadas, en los programas televisivos de casos policiacos (*America's most wanted, Cops, Top Cops, FBI, The Untold Story* y *American Detective*) ocurre todo lo contrario.

FIGURA 7.6

Frecuencia de crímenes en Estados Unidos según el FBI y las series televisivas de casos policiacos: 1991-1992

Tipos de crímenes	FBI %	Televisión %
Asesinatos	0.2	49.7
Violaciones	1.0	3.0
Asaltos	5.0	19.5
Asaltos con agravantes	7.0	14.8
Robos a propiedades	87.0	13.0
		$n = 169$

Fuente: Mary Beth Oliver, "Portrayals of Crime, Race and Aggression in *Reality-Based* Police Shows: A Content Analysis", en Journal *of Broadcasting and Electronic Media*, vol. 38, núm. 2, 1994, p. 184.

Según los análisis de contenido de la programación televisiva, los hombres anglosajones de 30 a 40 años de edad son los que ejercen la violencia con mayor frecuencia. Las mujeres ancianas, las jóvenes o las pertenecientes a minorías étnicas son las víctimas de conflictos violentos.

Para los autores del análisis del cultivo, el análisis de la violencia en el contenido global de la televisión, más que en programas o géneros específicos, permite advertir que se le presenta en el contexto de la distribución y el reforzamiento de la estructura de poder en la sociedad (Gerbner *et al.,* 1986, p. 26).

Efectos de la violencia televisiva en los receptores[1]

Muchos investigadores han intentado detectar si la exposición a la violencia televisiva genera conductas violentas en quienes se exponen a ella.

El análisis del cultivo, como muchos otros enfoques sociológicos contemporáneos, considera remota la posibilidad de que al terminar de ver un programa violento en particular, el receptor se vea afectado en su conducta y realice acciones agresivas. El contexto social tiene que ser propicio (pobreza, desempleo, carencia de educación, familia desintegrada, etcétera) en un individuo para que la violencia televisiva funcione como detonador de conductas violentas.

[1] Aunque este capítulo aborda básicamente el análisis de los mensajes de los medios, se incluye aquí la postura del análisis del cultivo sobre la recepción, debido a la estrecha relación entre ambos niveles de análisis para los autores con este enfoque.

Sin embargo, lo anterior no significa que las constantes imágenes de asesinatos, pleitos, destrucción, accidentes, balaceras y agresiones verbales que desbordan la televisión comercial sean inofensivas para los televidentes.

Para el análisis del cultivo, la exposición recurrente a estas imágenes tiene consecuencias a largo plazo en los receptores. No los convierte en personas violentas; pero sí los hace creer que viven en un mundo más violento y agresivo de lo que realmente es. Además, los hace creer que ciertos tipos de delitos (por ejemplo, los asesinatos) son los más comunes en la sociedad donde viven, a pesar de que las estadísticas de la vida real indiquen otra cosa (Gerbner y Gross, 1983, pp. 156-157): "La violencia presentada por la TV conduce a los espectadores a percibir el mundo real como más peligroso de lo que es y esta percepción determina en muchos casos sus patrones de conducta. Cuando se les preguntó que si podían tener confianza en la mayoría de la gente, los teleadictos, en un 35% más que los espectadores eventuales, contestaron que 'no se puede confiar demasiado'."

En el mismo orden, quienes se exponen más a la televisión tienden a sobrestimar las posibilidades de verse involucrados personalmente en algún tipo de violencia, en comparación con aquellos que ven poca televisión.

Otro de los efectos a largo plazo de la exposición a la violencia televisiva, según este enfoque, es la legitimación del uso de la fuerza y de la agresión por parte de las autoridades, para mantener la estabilidad y el orden social. Para los teleadictos, el empleo excesivo de la fuerza por las autoridades puede considerarse más válido y adecuado que lo deseable en una sociedad verdaderamente democrática.

FIGURA 7.7

Exposición a la televisión y percepción sobre la violencia en la vida real

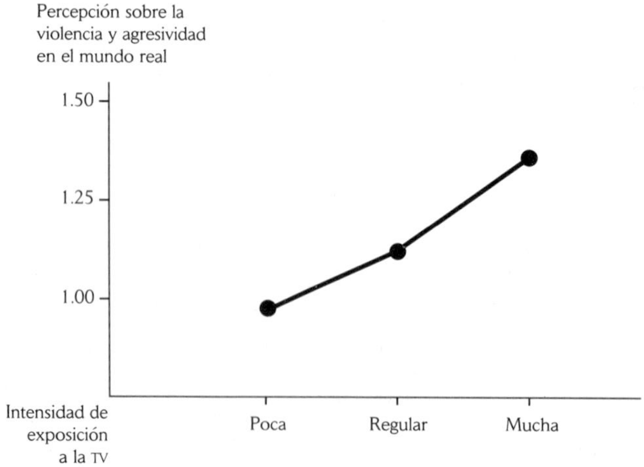

Fuente: George Gerbner, Larry Gross, Michael Morgan y Nancy Signorielli, "Living with Television: The Dynamics of the Cultivation Process", en Jennings Bryant y Dolf Zillmann (Eds.), *Perspectives on Media Effects*, Lawrence Erlbaum Associates, Hillsdale, New Jersey, 1986, p. 3l.

Los resultados de las encuestas aplicadas por los autores de esta corriente en Estados Unidos demuestran, una y otra vez, que los anglosajones que se exponen más a la televisión (*heavy viewers*) obtienen puntajes más altos en la escala que mide su percepción sobre el grado de violencia y agresividad que existe en la vida real. Como se observa en la figura 7.7 cuanto más televisión se vea, más alto será el puntaje en la escala.

Por otro lado, quienes más se exponen a la televisión suelen considerar que los crímenes y asesinatos son mucho más frecuentes en la vida real de lo que realmente son. Ellos suponen, por ejemplo, que el asesinato es el delito más frecuente en Estados Unidos, cuando las estadísticas de las autoridades señalan que en realidad es el robo. Los que ven poca televisión coinciden con mayor frecuencia con las estadísticas reales.

Los efectos discutidos arriba son válidos para aquellos que ven mucha televisión y que no están en contacto directo con la violencia en el mundo real. Para aquellos grupos étnicos o sociales que por su situación socioeconómica tienen un contacto cotidiano con la violencia y el crimen, la televisión podría tener el efecto contrario. La figura 7.8 muestra que los afroamericanos, cuanto más se exponen a la televisión, menos puntaje alcanzan en la escala de percepción sobre el grado de violencia y agresividad existente en la sociedad.

FIGURA 7.8

Exposición a la televisión y percepción sobre la violencia en la vida real por raza étnica

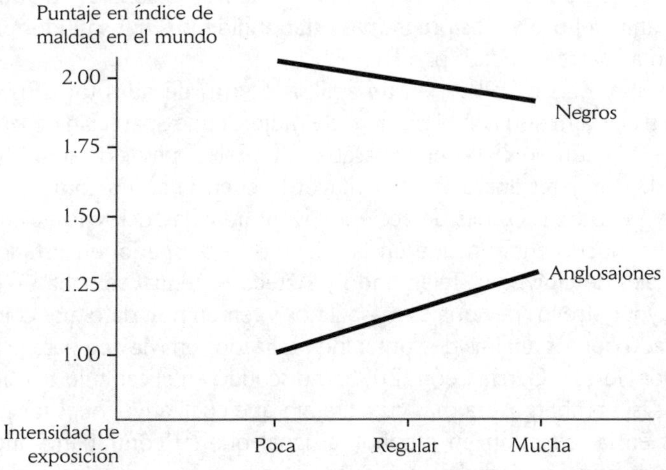

Fuente: George Gerbner, Lany Gross, Michael Morgan y Nancy Signorielli, "Living with Television: The Dynamics of the Cultivation Process", en Jennings Bryant y Dolf Zillmann (eds.), *Perspectives on Media Effects*, Lawrence Erlbaum Associates, Hillsdale, New Jersey, 1986, p. 31.

Los teóricos de este enfoque explican estos resultados, aparentemente contradictorios, mediante el concepto de *homogenización*. Para ellos, la televisión homogeniza –es decir, hace más parecida– la percepción de la violencia social entre aquellos grupos que tienen menos contacto con ella y los que la sufren más. En ambos casos, las imágenes televisivas falsifican la realidad e influyen con ellas en quienes se exponen más al medio.

Estereotipos demográficos y ocupacionales

Otras de las dimensiones estudiadas por el análisis del cultivo son los estereotipos demográficos y ocupacionales que se reflejan en la programación televisiva.

Los múltiples análisis de contenido que se han realizado en este enfoque, señalan que los personajes de los programas televisivos de horario *estelar* tienden a ser adultos jóvenes, de sexo masculino y de buena posición económica. Por cada mujer que aparece en dichos programas se presentan tres hombres. Los niños y jóvenes menores de 18 años aparecen en sólo un tercio de su verdadera proporción en la vida real; y las personas mayores de 65 años, en una quinta parte de su proporción en las estadísticas demográficas estadounidenses. A pesar de que el 12.5% de la población estadounidense tenía más de 64 años de edad en la década de 1990, tan sólo el 2.8% de 1,228 personajes televisivos tenía esa edad (Robinson y Skill, citados por Perse, 2001, p. 167). Desafortunadamente, cuando llegan a aparecer, los personajes de edad avanzada tienden a representar papeles cómicos o ridículos, y a ser tratados irrespetuosamente (Bishop y Krause, 1984). En América Latina, esta variable ha sido muy poco estudiada. Una de las pocas investigaciones que aporta información al respecto es la de Flores y García León (2005), en la que encontraron que sólo el 4% de los personajes en la programación mexicana y el 6% en los programas estadounidenses transmitidos en México pertenecían a la tercera edad (p. 53).

Signorielli y Bacue (1999), en un análisis de tres décadas (de 1967 a 1998) encontraron cierta mejoría en el número de mujeres que aparecían en las pantallas televisivas, pero aún en 1998 no rebasaban el 38%, a pesar de ser el 51% de la población. Las mujeres aparecían con mayor frecuencia en las comedias de situación y muy poco en las series de acción y aventura. Glascock y Ruggiero (2004), por su parte, documentaron que en la televisión en español en Estados Unidos (en los canales de Univisión, Telemundo y Azteca América) se daba un equilibrio mucho mayor entre los personajes masculinos y femeninos, dato que coincide con lo encontrado por los análisis de contenido realizados en México para la televisión nacional por Flores y García León (2005) y discutido en el capítulo 6. Este balance entre sexos, sin embargo, era más cuantitativo que cualitativo, pues los personajes femeninos en la televisión en español, al igual que su contraparte anglosajona, tenían más responsabilidades de cuidado de los hijos que los hombres, aparecían vestidas más sensualmente y con trabajos de menor *status* que los de sexo masculino (p. 398).

Al igual que el enfoque del imperialismo cultural (véase capítulo 6), el del análisis del cultivo se preocupa por el refuerzo de estereotipos tradicionales sobre la mujer. Signorielli *et al.* (1994, pp. 91-100), después de revisar diversos análisis

FIGURA 7.9

Edad de la población de Estados Unidos y los personajes televisivos de horario triple A en ese país

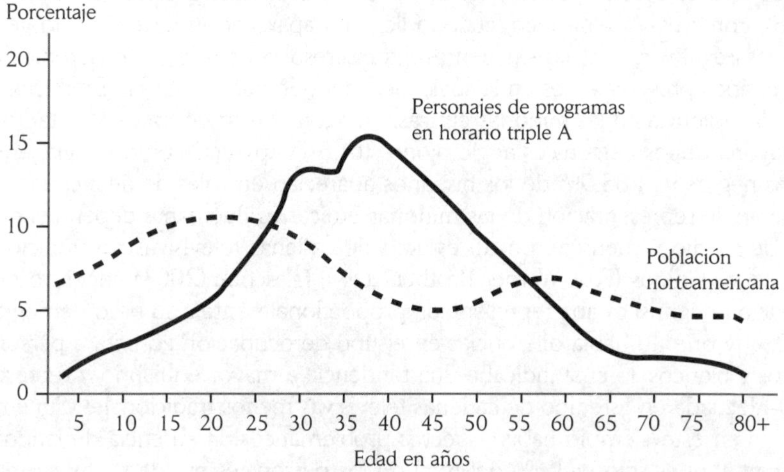

Fuente: George Gerbner, Larry Gross, Michael Morgan y Nancy Signorielli, "Living with Television: The Dynamics of the Cultivation Process", en Jennings Bryant y Dolf Zillmann (eds.), *Perspectves on Media Effects*, Lawrence Erlbaum Associates, Hillsdale, New Jersey, 1986, p. 31.

de contenido realizados desde la década de 1970 hasta la actualidad, concluyen que en los anuncios televisivos estadounidenses las mujeres aparecen estereotipadas y en menor proporción que su peso demográfico.

Analizando comerciales de MTV, transmitidos en noviembre de 1991, Signorielli *et al.*, encontraron que a pesar de la tendencia vanguardista de MTV y de tener un mercado juvenil compuesto tanto por hombres como por mujeres, sus anuncios estereotipaban y subrepresentaban a las mujeres:

> El análisis de los atributos de los personajes [...] revela que los anuncios de MTV estaban repletos de información estereotipada sobre los roles sexuales. Los personajes femeninos en tales anuncios aparecían menos frecuentemente, tenían cuerpos más hermosos, eran más atractivos físicamente, vestían ropa más sexy y escasa, y eran más frecuentemente el objeto de atención de otros que los personajes masculinos [...] Las representaciones de estos comerciales revelan un mensaje perturbador: el principal propósito de los esfuerzos femeninos es *verse bien* y *ser objeto* de atención visual para otros.

Signorielli *et al.*, señalan que si los adolescentes que ven MTV utilizan su programación para aprender sobre los roles sexuales que les corresponden, nada positivo se debe esperar. Los investigadores concluyen que si bien no se puede afirmar que hay una relación causal entre el contenido de los anuncios y problemas sociales como violaciones, trastornos alimenticios y discriminación en los centros de trabajo, "los comerciales de MTV de ninguna manera contribuyen a reducir las concepciones erróneas sobre la mujer y sobre su rol en la sociedad".

Las minorías étnicas (negros e hispanos) también aparecen en la programación televisiva general con menor frecuencia que su proporción en la vida real: los negros en tres cuartas partes y los hispanos en una tercera parte (Gerbner *et al.*, 1986). Por si esto fuera poco, cuando llegan a aparecer, lo hacen por lo general en roles negativos, como delincuentes o transgresores de la ley, lo cual refuerza los estereotipos prevalecientes en la sociedad estadounidense sobre la predisposición hacia la violencia en las minorías étnicas. La figura 7.10 muestra que en tanto que la mayoría de los personajes anglosajones (61.6%) aparecía como policía, el 77% de los negros y el 85.9% de los hispanos aparecían en roles de delincuentes. Sin embargo, la representación de las minorías étnicas es fluctuante dependiendo del tipo de medio y mensaje. En un estudio de cadenas televisivas no tradicionales en Estados Unidos (Fox, Warner Brothers, UPN), Glascock (2003) encontró que la población negra sí estaba representada proporcionalmente a su peso demográfico (15.3%) y que no había diferencias en el tipo de ocupación adscrita a personajes negros y blancos, lo cual indicaba una tendencia a mayor equilibrio y representación adecuada en este tipo de cadenas televisivas menos tradicionales. Sin embargo, aún en este ejemplo había aspectos problemáticos: la ausencia de latinos era alarmante, pues sólo el 1.6% del total de los personajes era de tal origen étnico (p. 94).

FIGURA 7.10

Porcentaje de personajes televisivos policiacos y criminales, por raza: 1991-1992

Raza	Criminales %	Policías %	Total *n*
Anglosajones	38.4	61.6	492
Negros	77.0	23.0	135
Hispanos	85.9	14.1	64

Fuente: Mary Beth Oliver, "Portrayals of Crime, Race and Aggression in *Reality-Based* Police Shows: a Content Analysis", en *Journal of Broadcasting and Electronic Media*, vol. 38. núm. 2, 1994, p. 185.

Lo mismo ocurre en relación con las ocupaciones y la clase social. Los programas televisivos de horario triple A, en Estados Unidos, favorecen las imágenes de la clase media, ignorando a la clase baja. La mayoría de los personajes son profesionistas y gerentes, a pesar de que el 67% de la población económicamente activa en Estados Unidos está compuesta por obreros y trabajadores en el área de servicios. Abundan los policías, los abogados y los jueces; son muy raros los científicos y los obreros (Gerbner *et al.*, 1986, p. 26). Entre los personajes masculinos con ocupaciones definidas e identificables, cerca del 20% es policía, detective, juez, etcétera; mientras que en la vida real (en Estados Unidos) es de menos del 1%.

Holtzman (2000) reporta un estudio de Butsch que abarcó 262 programas de televisión del género "comedias de situación" en Estados Unidos, de 1946 a 1990. El estudio reveló que tan sólo el 11% de los jefes de familia en esos programas era de clase trabajadora; mientras que el 70% pertenecía a la clase media. En 1992 los profesionistas constituían únicamente el 15% de la fuerza laboral estadounidense; pero en dichas comedias de situación, el 44.5% de los jefes de familia eran profesionistas (p. 123). Flores y García León (2005), por su parte encontraron que en los programas producidos en México solamente el 14% de los personajes de ficción analizados provenían de la clase baja; y el porcentaje era aún más bajo en los programas originados en Estados Unidos pero transmitidos en México, donde esta clase social representaba tan sólo el 4% del total (p. 53).

Efectos de los estereotipos demográficos y ocupacionales en los receptores

Para los autores de esta corriente no se trata de que la televisión esté obligada a reflejar los porcentajes de la vida real. El problema es que el sesgo de las omisiones y de las sobrerrepresentaciones fomenta los patrones discriminatorios contra las minorías sociales (mujeres, ancianos) y étnicas (negros, hispanos) que la sociedad pretende combatir. Además, dicho sesgo favorece percepciones distorsionadas de la realidad.

Una de las preguntas en la encuesta aplicada por Gerbner y su equipo es *¿qué porcentaje de los norteamericanos que trabajan son profesionistas u ocupan puestos directivos? Por ejemplo, doctores, abogados, maestros, propietarios u otros ejecutivos.* Según Gerbner y Gross (1983, p. 156), los que se exponen más a la televisión (los *teleadictos*) tienden a sobreestimar ese porcentaje en un 36 por ciento.

Los constantes personajes relacionados con la ley y el orden en la programación televisiva también ocasionan distorsiones en la percepción de los teleadictos. Según las mismas encuestas, éstos presentaron, "en un 18% sobre los televidentes eventuales, la tendencia a sobrestimar el número de personas del sexo masculino que trabajan para las autoridades, independientemente de la edad, el sexo, la educación y los hábitos de lectura" (Gerbner y Gross, 1983, p. 156).

La homogenización de la ideología política

Uno de los efectos más importantes del coherente y repetitivo mundo de imágenes y mensajes que llegan simultáneamente a miles y miles de hogares es la *homogenización* (*mainstreaming*) de valores, creencias y visiones del mundo, en grupos sociales que por sus características demográficas, sociales, económicas y raciales deberían demostrar diferencias significativas.

A mayor exposición a la televisión, según este enfoque, mayor será la posibilidad de que los receptores desarrollen concepciones de la realidad similares y congruentes con las representaciones de la vida y de la sociedad más recurrentes en la televisión (Morgan y Shanahan, 1991, p. 89). Esta homogenización, según Gerbner *et al.* (1987, p. 443) puede concebirse como un conjunto de visiones y valores comunes cultivado por los rasgos y las dinámicas del mundo televisivo.

En el ámbito de la política, los *teleadictos* suelen adoptar, según este enfoque, los valores políticos e ideológicos que están en el *centro,* de acuerdo con las definiciones provistas por la televisión. Mientras que los espectadores ocasionales de programación televisiva tienden a manifestar puntos de vista muy diversos entre sí de acuerdo con sus características socioeconómicas, culturales y demográficas, quienes se exponen ampliamente a ese medio son proclives a compartir los puntos de vista y las posiciones *moderadas* que proponen los medios.

La homogenización de los *teleadictos* hacia un supuesto *centro* del espectro ideológico y político parecería en realidad una convergencia hacia posiciones conservadoras. En Estados Unidos, por ejemplo, ser de *centro* es equivalente a ser de *derecha* en muchos países del mundo, donde existe una escala política real de extrema izquierda a extrema derecha. Los políticos norteamericanos que adoptan una postura de *centro* –según la definición del término en la mayor parte del mundo– en Estados Unidos se califican como *izquierdistas* y *comunistas.* Aunque éste no es un efecto directo de la televisión ni de su representación del mundo, los teóricos del análisis del cultivo afirman que contribuye en un grado muy significativo a desarrollarla (Morgan y Shanahan, 1991, p. 89): "la homogenización hacia el centro [*mainstreaming*] no sólo significa que las diferencias políticas se hacen más estrechas, sino que se da un giro significativo hacia una dirección conservadora, con una notable erosión de la postura tradicionalmente *liberal* entre los que se exponen mucho a la televisión".

Gerbner *et al.* (1987, p. 460) señalan que aunque la televisión propicia una mayor similitud y coincidencia entre *teleadictos* de tendencias conservadoras, moderadas y liberales, esta última tendencia política es la que más se debilita entre los receptores. Ver televisión opaca las diferencias tradicionales, las mezcla en una posición centrista más homogénea y orilla esta posición hacia ángulos derechistas y conservadores, sobre temas relacionados con minorías étnicas y sociales, así como derechos personales y humanos.

Lo anterior es válido para posiciones políticas, mas no para temas económicos. Aquí, la homogenización se da hacia una posición *populista* que, de acuerdo con Gerbner *et al.* (1986, p. 37), establece demandas y expectativas conflictivas y volubles.

El análisis del cultivo fuera de los Estados Unidos

Una de las principales limitantes para la aplicación del análisis del cultivo en América Latina es que son muy escasas las investigaciones desde este enfoque realizadas fuera de Estados Unidos. Desde mediados de la década de 1970, Gerbner (1977, p. 199) sugería usar esta teoría para realizar investigaciones comparativas sobre las políticas, el contenido y los efectos de los medios de comunicación en diferentes sistemas sociales y culturas.

Las dificultades metodológicas de estudiar efectos a largo plazo, así como la carencia de fondos de investigación, ha contribuido a que este enfoque se haya limitado, en gran medida, a estudiar las representaciones del mundo y de la vida presentes en los mensajes televisivos norteamericanos y sus efectos en los valores, las creencias y las visiones ideológicas de los receptores de dicho país.

Entre las escasas investigaciones realizadas fuera de Estados Unidos se encuentran las de Morgan y Shanahan (1991, 1992) sobre el contenido de la televisión de Argentina y Taiwán, y sus efectos en los jóvenes de esos países.

Centrándose en los efectos políticos de homogenización, Morgan y Shanahan (1991, p. 98) encontraron que los adolescentes argentinos que ven más televisión suelen estar más de acuerdo que sus contrapartes en que la gente debe obedecer a la autoridad, en aprobar limitaciones a la libertad de expresión y en pensar que los pobres lo son por culpa de sí mismos. A diferencia de los jóvenes de Taiwán, expuestos a una televisión muy diferente a la de Estados Unidos, los adolescentes argentinos reproducían los patrones de cultivo detectados por la teoría en Estados Unidos (Morgan y Shanahan, 1992, p. 1923): "Los patrones globales de cultivo, y los casos de homogenización son altamente congruentes con lo que se encuentra frecuentemente en los estudios norteamericanos. La televisión argentina, igual que la estadounidense, parece reforzar los roles sexuales tradicionales y el autoritarismo."

De esta manera, la televisión en Argentina parecía cumplir las mismas funciones que en Estados Unidos: la preservación del *status quo* político. Los hallazgos en Argentina, al igual que los estadounidenses, sugieren que la televisión es una fuerza conservadora que por lo general no propicia una atmósfera favorable al cambio del sistema social: "la televisión comercial debe servir (y seguir) la corriente central política y social para cumplir su mandato de sostener e incrementar el consumo" (Morgan y Shanahan, 1991, pp. 101-102).

Para ambos autores, las semejanzas entre los sistemas televisivos latinoamericanos con el estadounidense permiten la aplicación del análisis del cultivo en esta región. La investigación internacional comparativa de los efectos de los medios, explican, puede beneficiarse al usar el análisis del cultivo, "especialmente en aquellos países donde existe o está surgiendo una fuerte dependencia estructural y programática del modelo norteamericano".

Desde una perspectiva teórica y metodológica diferente del análisis del cultivo, pero relevante por su discusión relativa al cultivo de imaginarios sobre determinados grupos, se encuentra un trabajo de Retis y Benavides (2005) sobre la representación discursiva de los inmigrantes latinoamericanos en la prensa española y estadounidense. Basándose en el análisis crítico del discurso, los autores identificaron que la prensa de ambos países representaba a los inmigrantes mexicanos o colombianos como invasores, criminales, narcotraficantes e ilegales. A pesar de esta similitud en el encuadre de los inmigrantes, existían algunas diferencias marcadas entre una cobertura y otra. En tanto que la prensa estadounidense no incluía como fuentes informativas a los propios inmigrantes, la española sí lo hacía. Y mientras que la prensa de Estados Unidos introducía explícita o implícitamente un elemento racial o étnico que terminaba caracterizando a los inmigrantes mexicanos como animales y a los salvadoreños como inherentemente incapaces de criar hijos no criminales, la prensa española evitaba caer en esos terrenos (p. 112). Un trabajo parecido, pero centrado exclusivamente en la cobertura española de la inmigración ilegal en cuatro diarios de distintas tendencias ideológicas, fue el de Igartua, Muñiz y Cheng (2005). Mediante un sofisticado y completo análisis estadístico de 819 noticias publicadas en *El País, El Mundo, ABC* y *La Razón,* los autores concluyeron que los cuatro medios informativos destacaban el mismo tipo de acontecimientos de la inmigración (el velo utilizado en las escuelas, los encierros de inmigrantes en Sevilla, las agresiones a inmigrantes, las razones por las que éstos se embarcan), aunque cada uno con diferentes encuadres y atributos de acuerdo con su tendencia ideológica y su modelo de diario (prensa de prestigio *vs.* prensa popular sensacionalista). Un trabajo posterior corroboró la tendencia de noticieros televisivos y periódicos diarios en asociar la inmigración con aspectos negativos como la delincuencia, privilegiando en tamaño y ubicación este tipo de relaciones, siendo más sensacionalista y negativa la televisión que la prensa (Igartua, Muñiz, Calvo, Otero y Merchán, 2005b). Los autores argumentan que esta cobertura mediática debe tener consecuencias cognitivas negativas en la opinión pública:

> En primer lugar, el emplazamiento privilegiado de noticias negativas añade visibilidad a la inmigración, convirtiendo un proceso social en un problema. En segundo lugar, la presentación de casos particulares descontextualizados puede conducir a pensamientos sobre la inmigración excesivamente simplistas y con un bajo nivel de complejidad cognitiva que refuerce los estereotipos hacia los inmigrantes [p. 245].

FIGURA 7.11

Encuadramiento negativo de la inmigración

MSNBC
Newsweek Home » Business
Newsweek Business
Column / Judgment Calls
Robert J. Samuelson
E-mail the author | Biography | More by the author | Blogs about this author
Charles Ommanney for NEWSWEEK

Newsweek
Subscribe Now
Periscope
My Turn Online
National News
Politics
World News
International Ed.
War in Iraq
Business
Enterprise
Tech & Science
Healthbeat

The Hard Truth of Immigration

No society has a boundless capacity to accept newcomers, especially when many of them are poor or unskilled workers.

By Robert J. Samuelson
Newsweek

June 13 issue - Immigration is crawling its way back onto the national agenda—and not just as a footnote to keeping terrorists out. Earlier this year, Congress enacted a law intended to prevent illegal aliens from getting state drivers' licenses; the volunteer "minutemen" who

EDITOR'S CHOICE
- Hirsh: Natsios Criticizes Iraq Contracts
- The Oval: Is Bush's Iraq Media Blitz Helping?
- Fineman: White House Calls in Script Doctors
- Stone: Can Microsoft Catch Up On Online Ads?
- Humor: Bush Exports Medicare Plan to Iraq

MOST POPULAR

Los medios de los países receptores de migrantes indocumentados tienden a definir la inmigración como un problema grave que amenaza a los nacionales y a los residentes legales.

Fuente: Versión en Internet del semanario estadounidense Newsweek.

Fuera de esos estudios, que además no se basan formalmente en la teoría del análisis del cultivo, es muy poco lo que se ha utilizado este enfoque en América Latina y España. A pesar de ser uno de los tres enfoques más populares entre los investigadores estadounidenses (Bryant y Miron, 2004), no ha logrado difundirse adecuadamente en nuestra región.

El establecimiento de la agenda

En forma paralela al enfoque del cultivo se ha desarrollado la perspectiva del establecimiento de la agenda (*agenda setting*). Apoyada en los mismos desarrollos teóricos que visualizan la influencia de los medios a largo plazo y en las cogniciones, este enfoque se centra en el estudio del impacto de la prensa y la información política en el público.

Aunque este enfoque aborda de manera amplia el análisis concreto de las audiencias, se ubica en esta segunda parte del libro –sobre los mensajes comunicacionales– debido a que los análisis de contenido de estos últimos dan pie y condicionan la agenda de discusión pública que sustentan los receptores.

Antecedentes

La preocupación fundamental de los autores en este enfoque ha sido estudiar la manera en que la agenda que aparece en los medios informativos influye en la opinión pública. Los antecedentes de esta preocupación se remontan, según los autores de esta corriente, a la década de 1920, a las reflexiones de Walter Lippman sobre la naturaleza de la opinión pública y las imágenes que albergamos en nuestra mente. Los medios de comunicación, según Lippman, eran la conexión principal entre los eventos que se desarrollaban en el mundo y las imágenes de dichos eventos en nuestras mentes (Rogers *et al.*, 1993, p. 7172). Una referencia más reciente es Bernard Cohen, quien en 1963 formuló la premisa en la que se apoya el establecimiento de la agenda (citado en Krauss y Davis, 1991, p. 193):

> ...la prensa [...] es más que un proveedor de información y opinión. Es posible que en muchas ocasiones no alcance el fin de decirle a la gente *qué* pensar, pero su éxito es asombroso en cuanto a decirle a sus lectores acerca *de qué* pensar. De esto se desprende que el mundo luce diferente para las distintas personas, dependiendo no sólo de sus intereses personales, sino también del mapa que les trazan los escritores, los editores y las compañías editoriales de los periódicos que leen. Es factible que el editor piense que únicamente está imprimiendo las cosas que la gente quiere leer, pero al solicitar de esa forma su atención, está determinando poderosamente los temas sobre los cuales pensará y hablará la gente.

De acuerdo con McCombs *et al.* (1991, p. 13), esta distinción entre cogniciones (acerca de qué pensamos) y las opiniones y sentimientos (lo que pensamos) constituyó un verdadero hito en el estudio sobre los efectos de los medios. Más que encontrar un impacto inmediato en la conducta o en las actitudes de los receptores, se podía analizar la existencia de efectos más sutiles pero no menos importantes en las cogniciones. Como señala Shaw, uno de los dos creadores de este enfoque (citado por Wolf, 1987, p. 163).

> [...] como consecuencia de la acción de los periódicos, de la televisión y de los demás medios de información, el público es consciente o ignora, presta atención o descuida, enfatiza o pasa por alto, elementos específicos de los escenarios públicos. La gente tiende a incluir o a excluir de sus propios conocimientos lo que los *media* incluyen o excluyen de su propio contenido. El público además tiende a asignar lo que incluye una importancia que refleja el énfasis atribuido por los *mass media* a los acontecimientos, a los problemas, a las personas.

La investigación pionera

El primer estudio empírico enmarcado por este enfoque fue realizado por Maxwell McCombs y Donald Shaw sobre las elecciones presidenciales de 1968 en Estados Unidos. Después de comparar el énfasis otorgado por los medios impresos y electrónicos a los temas de la campaña con los énfasis de los votantes indecisos, ambos autores concluyeron que la cantidad de cobertura y el énfasis otorgado a ciertos temas por los medios habían tenido un significativo efecto en los temas que los votantes consideraron más importantes (McCombs y Shaw, 1991, pp. 17-26).

Para McCombs *et al.* (1991, pp. 14-15), esta investigación vino a ofrecer evidencia empírica que, por primera vez, sugería que los medios tenían importantes efectos. En estudios subsecuentes, estos y otros autores han concluido que el efecto del establecimiento de la agenda se da con mayor intensidad en aquellos temas que menos cercanos están a la experiencia cotidiana de los votantes (política exterior, gastos militares, etcétera). Asimismo, este efecto es mucho más evidente cuando se observan las estadísticas globales de la opinión del público, aunque menos firme cuando se observan opiniones individuales:

> ...cuando la comparación se hace más estrechamente entre un grupo de temas [de los medios] y la agenda individual de los individuos, existe un menor apoyo al establecimiento de la agenda por parte de los medios. En cierta forma, esto no sorprende. Pocos esperarán que el énfasis exacto de los medios en ciertos temas se refleje en los énfasis de esos mismos temas por cada persona en lo individual. Si así fuera, regresaríamos a la teoría de los efectos de los medios de la *aguja hipodérmica* o la *bala mágica*, en las que los mensajes son inyectados directamente a cada persona.

De esta manera, los autores de esta corriente aclaran que los efectos de la agenda de los medios no son automáticos ni mecánicos. Los mismos mensajes comunicacionales afectan de distinta manera a distintas personas, y éstas no son recipientes pasivos de significados, sino que construyen activamente sus imágenes de la realidad (McCombs *et al.*, 1991, p. 12). Lo anterior, sin embargo, no le resta importancia al enfoque del establecimiento de la agenda: por más activa que sea la gente, sus posibilidades se restringen a la información que tengan disponible, tanto de parte de los medios como de otras fuentes. Los lectores de un periódico podrán procesar activamente la información que les llega en él sobre una variedad de temas; pero difícilmente podrán reflexionar, discutir o analizar temas omitidos por los medios y que no se presentan en su ámbito cotidiano de acción.

Método

Uno de los métodos de análisis que más evidencias ofrece a favor del enfoque en Estados Unidos es comparar la agenda de temas cubiertos por los medios informativos con las encuestas de opinión pública (en particular de los temas que más se mencionan como importantes). El énfasis de los temas en los medios se identifica a través de tres mecanismos; entre otros: *a*) el tamaño de la información sobre cada tema; *b*) la frecuencia con que aparece cada aspecto en un periodo determinado; *c*) el lugar donde aparece (primera plana, interiores, parte superior o inferior, derecha o izquierda, etcétera). Una vez identificada la agenda de los medios, se procede a compararla con la jerarquía de temas identificados por las encuestas de opinión pública sobre lo que consideran los ciudadanos de ese país. De esta forma, un estudio de establecimiento de la agenda requiere del uso de dos técnicas de investigación: el análisis de contenido para determinar la agenda de los medios, y la encuesta para identificar las prioridades de la audiencia. Las figuras 7.12 y 7.13 muestran ejemplos concretos de esta metodología.

FIGURA 7.12

Cobertura periodística y rango de importancia de diversos temas en el público de EU (años sesenta)

Tema	Núm. de artículos	Rango en MMC	Rango en público
Guerra de Vietnam	861	1	1
Problemas raciales	687	2	2
Disturbios universitarios	267	3	4
Inflación	234	4	5
TV y medios	218	5	12
Criminalidad	203	6	3
Drogadicción	173	7	9
Medio ambiente	109	8	6

Fuente: G. Ray Funkhouser, "The Issues of the Sixties: An Exploratory Study in the Dynamics of Public Opinion", en David L. Protess y Maxwell McCombs (eds.), *Agenda Setting: Readings on Media, Public Opinion and Policy Making,* LEA, New Jersey, 1991.

Conclusiones generales del enfoque

La conclusión general de McCombs *et al.* (1991, pp. 17-20), al resumir la trayectoria de los estudios de agenda, es que el énfasis constante en ciertos temas por parte de los medios informativos (especialmente en aquellos con los que la gente tiene menos experiencia directa), tiende a propiciar preocupación pública sobre ellos (véase la figura 7.13). "La agenda pública también es establecida por otras instituciones y grupos además de los medios, pero éstos parecen ocupar una mayor importancia como establecedores de agenda en los setenta y los ochenta debido a la declinación de la influencia de los partidos políticos y el incrementado énfasis en las encuestas de opinión a los individuos."

FIGURA 7.13

Correlaciones entre el énfasis de los votantes en temas electorales y su cobertura en los medios de comunicación (Estados Unidos)

Medio informativo	**Temas principales**	**Temas menores**
New York Times	.96	.97
Raleigh Times	.80	.73
Raleigh News	.91	.93
Durham Sun	.82	.96
Durham Herold	.94	.93
NBC News	.89	.91
CBS News	.63	.81

Fuente: Maxwell McCombs y Donald Shaw, "The Agenda-Setting Function of Mass Media", en David L. Protess y Maxwell McCombs (eds.), *Agenda Setting: Readings on Media, Public Opinion and Policy Making*, LEA, New Jersey, 1991.

NOTA: Cuanto más cercano a 1.0 habrá mayor correlación entre la cobertura de los temas por los medios y el énfasis otorgado por los votantes.

FIGURA 7.14

Los medios informativos como establecedores de la agenda pública

Según el enfoque del establecimiento de la agenda, los medios informativos, al seleccionar y jerarquizar la información, influyen de manera indirecta en los receptores. La frecuencia con que se cubren determinados temas, así como su tamaño y su colocación en las páginas de un periódico, o en la estructura de un noticiero televisivo o radiofónico, le indican al público qué tan importante es cada uno de ellos.

Otra de las conclusiones es que el efecto de la agenda se manifiesta con mayor fuerza en términos del conocimiento sobre el tema, que de opinión sobre el mismo. Es decir, a mayor prominencia en la agenda de los medios, habrá mayor conocimiento del tema entre los receptores, sin que necesariamente se dé un cambio en la opinión sobre él.

McCombs *et al.*, señalan también que la mayor cobertura de un tema por los medios no siempre propicia una mejor opinión pública sobre él. Es factible que de una mayor prominencia de un tema resulte un mayor conocimiento público y opiniones públicas más fuertes sobre el mismo, pero es menos predecible la dirección que tomarán esas opiniones. La dirección que finalmente tomen dependerá de las creencias y los valores preexistentes con que cada persona enfrente los mensajes comunicacionales. Asimismo, se basará en la manera en que los temas sean presentados por los medios en términos de los intereses y valores de cada grupo, así como las perspectivas que se desarrollen a través de la discusión interpersonal.

Desarrollos recientes en el establecimiento de la agenda

Durante la década de 1990, el enfoque del establecimiento de la agenda más que disminuir continúa consolidándose y expandiendo sus objetivos. Según McCombs y Shaw (1993, pp. 58-65), el carácter exploratorio de los primeros estudios ha sido sustituido por investigaciones más detalladas y específicas sobre cada aspecto, incluyendo el análisis de variables contingentes que maximizan o minimizan el efecto de agenda. Asimismo, según ambos autores, el trabajo reciente en esta línea se inclina hacia una integración con otras áreas de investigación, como la sociología de la producción de mensajes, la espiral del silencio y los estudios sobre los ángulos (*frames*), el *cómo* y el *desde dónde* se presentan los acontecimientos.

Con la sociología de la producción de mensajes (véase el capítulo 3), la vinculación se da en cuanto ésta explica en buena medida quiénes establecen la agenda de los medios y cómo lo hacen. Los énfasis atribuidos por los medios a ciertos temas provienen desde los aspectos micro como los condicionantes individuales, las rutinas y los valores; hasta los aspectos macro, como los intereses económico-políticos y la ideología del sistema en que se desenvuelven los medios. De hecho, la ausencia de vinculación del enfoque del establecimiento de la agenda con la sociología de la producción de mensajes se ha visto como un *error clave* por parte de algunos autores (Kosicki, 1993, p. 110).

En los últimos años, las investigaciones del establecimiento de la agenda han dejado atrás los diseños de investigación del simple cotejo de rangos de cobertura y los énfasis en las audiencias, haciendo análisis más complejos y sofisticados de la relación entre la agenda de los medios y la del público (Kosicki, 1993, p. 117). Los estudios transversales con base en encuestas se han complementado con técnicas cuantitativas más precisas, como el experimento en laboratorio o las encuestas tipo panel, así como por métodos cualitativos como las entrevistas en profundidad y las sesiones de grupo. En la actualidad, éste es uno de los enfoques de mayor dinamismo en Estados Unidos.

Al igual que en el caso del análisis del cultivo, la aplicación del enfoque del establecimiento de la agenda en América Latina ha sido muy esporádica. Son casi inexistentes las investigaciones publicadas bajo esta perspectiva, a pesar del interés que despiertan los fenómenos de comunicación política entre los investigadores. Éstos siguen siendo analizados desde teorías como la economía política crítica, sin tomar en cuenta los procesos concretos de recepción de mensajes políticos por parte de las audiencias.

Pero, sin duda, el avance más significativo que se ha manifestado en este enfoque es el denominado segundo nivel del establecimiento de la agenda. En la última década del siglo XX y la primera del XXI, numerosos investigadores, incluyendo al propio McCombs, han concluido que adicionalmente al efecto del establecimiento de la agenda se da un segundo nivel de influencia, que consiste en afectar la manera en que los receptores reflexionan sobre cada uno de los temas (McCombs, Llamas, López Escobar y Rey, 1998). En este sentido, ahora se habla de que los medios "no solamente nos dicen en qué temas pensar, sino también cómo pensar sobre ellos". De acuerdo con Ghanem (1997), la manera particular en que un tema es presentado en los medios informativos, los atributos que se destacan sobre él en la información, afecta la manera en que el público piensa sobre dicho tema (p. 4). Cuando los medios reportan las actividades del gobierno y los funcionarios públicos, de los candidatos a puestos de elección popular o de las campañas electorales, ofrecen también una descripción de esas actividades o personalidades. Weaver, McCombs y Shaw (2004) explican que en estas descripciones "algunos atributos son muy prominentes y se mencionan con mucha frecuencia, algunos sólo son mencionados de pasada y otros son omitidos" (p. 259). Las noticias, así, también definen una agenda de atributos que varía considerablemente en la importancia concedida a cada uno de ellos. De la misma forma, cuando la gente habla y piensa sobre esas actividades, temas o personalidades, los atributos asignados a ellas también varían considerablemente en su prominencia. Todo lo anterior hace más relevante lo discutido en el apartado anterior. Si los medios destacan los atributos de personalidad de los políticos o los candidatos, si destacan más lo espectacular y lo dramático, si mezclan la información con el entretenimiento, y minimizan las propuestas, los planes de gobierno y los temas "serios", todo ello bien podría influir en la manera en que los receptores hacen sentido de los acontecimientos políticos, así como de la manera en que los interpretan y los incorporan a su agenda personal.

FIGURA 7.15

El segundo nivel del enfoque del establecimiento de la agenda

Los medios tienen la capacidad de influir en la manera en que las audiencias perciben y definen los acontecimientos.

Fuente: Portada del semanario mexicano Proceso.

Una de las pocas investigaciones realizadas en América Latina relacionada con el segundo nivel del establecimiento de la agenda fue la realizada por Chihu Amparán (2005). Apoyándose en un enfoque parecido aunque distinto, llamado *frame analysis*, el investigador estudió el discurso de los candidatos a jefe de gobierno del Distrito Federal en México en 1997, y analizó sus estrategias de ataque y defensa, de construcción de identidad, de definición de los problemas y planteamiento de soluciones. Chihu Amparán concluyó que los tres candidatos a la jefatura de gobierno habían construido su discurso en torno a la definición de un campo de identidad (definición de la imagen del actor protagonista y del actor antagonista), y de los problemas y soluciones propuestas, diferenciándose de acuerdo tanto con la ideología del partido al que pertenecían, como con su condición de candidatos "oficiales" o "de oposición" (p. 88).

ACTIVIDADES

Análisis del cultivo

1. Selecciona y graba dos episodios de, por lo menos, cuatro series de acción norteamericanas (*Miami Vice, Baywatch, Booker, Hunter, McGyver, Kojak, Magnum,* etcétera) que se transmitan actualmente en los canales de televisión a los que tengas acceso.
2. Contabiliza el número de actos de violencia física y verbal en cada episodio.
3. Identifica el tipo de crímenes que se cometen en ellos. ¿Prevalecen los asesinatos y los asaltos a mano armada como pronostica la teoría?
4. Identifica el número de veces en que se legitima el uso de la fuerza y de la violencia por parte de las autoridades y las fuerzas del orden.
5. Determina si los personajes femeninos reproducen los estereotipos tradicionales sobre la mujer. ¿Con qué frecuencia son relegadas al papel de víctimas y con qué frecuencia son ellas las que ejercen actos de fuerza y violencia? ¿Ocupan un rol secundario o protagónico frente a los personajes masculinos? ¿Cuántas de ellas fungen como *atractivos visuales,* objetos sexuales, amas de casa y madres? ¿Cuántas como profesionistas, policías, trabajadoras, empresarias o líderes?
6. Clasifica a todos los personajes que aparecen en cada episodio de acuerdo con su raza (anglosajones, negros, hispanos, asiáticos). ¿Ocupan porcentajes menores a su peso demográfico en Estados Unidos?
7. Contabiliza el número de personajes que aparecen en roles de héroes, villanos y víctimas según su origen étnico.
8. Analiza las *lecciones políticas* que se derivan de cada episodio. ¿Qué valores políticos y sociales se defienden? ¿Se relacionan éstos con valores *derechistas* como la libre empresa, el individualismo, la no intromisión del gobierno, el rechazo a subsidios o ayudas a grupos minoritarios, o de baja condición socioeconómica? ¿Rechazan el aborto, la homosexualidad, las relaciones interétnicas?
9. Desde tu propio punto de vista discute la aplicabilidad del análisis del cultivo a lo anterior, y las posibles consecuencias en los receptores latinoamericanos de esas series.

Establecimiento de la agenda

1. Realiza un análisis de contenido de las noticias publicadas en la sección internacional-nacional del periódico de mayor circulación en tu ciudad, por espacio de una semana. Clasifica los temas abordados en dicha sección por tipo y tamaño, dándole una mayor ponderación a las notas publicadas en primera plana. Elabora una tabla que ordene los temas abordados en dicha semana, sumando el tamaño de todas las notas aparecidas en los siete días.
2. Aplica una encuesta a un grupo de personas (pueden ser estudiantes de tu misma carrera) que incluya las siguientes variables:

a) Frecuencia con que lee la sección internacional-nacional del periódico.
b) Frecuencia con que ven noticieros televisivos internacionales o nacionales.
c) Señala, por orden de importancia, los cinco problemas más importantes que enfrenta el país en la actualidad.

3. Compara los resultados del análisis de contenido con los de la encuesta y determina si parece darse el efecto de establecimiento de la agenda en aquellos que señalaron leer o ver noticieros televisivos con mayor frecuencia.

Resumen

Desde los hallazgos de Lazarsfeld sobre el flujo de la comunicación en dos pasos y la influencia personal en la década de 1940, y hasta finales de la de 1960, en el enfoque positivista predominó la idea de que los medios de comunicación no ejercían influencia sobre los receptores ni los manipulaban.

A finales de la década de 1960, algunos teóricos empezaron a reconsiderar la influencia de la comunicación de masas, no a corto plazo ni en la conducta, sino a largo plazo, en las cogniciones y las actitudes. Dos de los enfoques surgidos de estos nuevos planteamientos fueron el análisis del cultivo y el establecimiento de la agenda.

Para el primero de estos enfoques, los medios y muy particularmente la televisión, *cultivan* en los receptores concepciones, valores y creencias compartidas sobre la realidad.

El efecto del cultivo se da por la acumulación de muchos y diferentes mensajes televisivos, no por la exposición a uno solo o a un cierto tipo de ellos. Sea cual fuere el programa de televisión, afirman los teóricos de esta corriente, incluye ciertas imágenes y valores que se repiten en todos los demás.

La metodología del análisis del cultivo, incluye, por un lado, el análisis sistemático del contenido de la programación global televisiva para detectar los aspectos representativos y recurrentes; y por otro, el estudio de los receptores y del grado en que absorben dichas imágenes y valores televisivos.

Entre esas imágenes y valores se encuentra una cantidad excesiva de actos violentos y agresivos, el refuerzo de estereotipos sociales y étnicos, así como una tendencia política conservadora y derechista.

A la vez, estos contenidos cultivan en los receptores percepciones distorsionadas de la cantidad y del tipo de crímenes cometidos en la sociedad real, actitudes discriminatorias o negativas hacia las mujeres, los ancianos y las minorías étnicas, así como una tendencia a adoptar posiciones ideológicas de un "centro" (en realidad cargado hacia la derecha) del espectro político y social.

En otra línea de argumentación, el enfoque del establecimiento de la agenda plantea que la influencia de los medios informativos se da de manera indirecta en las cogniciones, al decirnos acerca de qué temas pensar y qué importancia darle a cada uno de ellos.

Para esta perspectiva, los medios de comunicación participan activamente en la estructuración de la agenda de temas de discusión pública que los ciudadanos terminan adoptando en una sociedad dada.

Los teóricos con este enfoque aclaran que el proceso de establecimiento de la agenda es muy complejo, aceptan que lo receptores son activos y que sus agendas en lo individual no concuerdan muchas veces con las de los medios. Señalan también que existe una gran cantidad de variables contingentes que amplifican o disminuyen la adopción de la agenda por parte del público.

Sin embargo, la importancia de los medios en el establecimiento de las agendas políticas electorales parece haber quedado evidenciada con claridad en las numerosas investigaciones analizadas desde este enfoque en Estados Unidos y algunos países europeos.

Aunque no se han utilizado mucho fuera de Estados Unidos, los enfoques del análisis del cultivo y del establecimiento de la agenda tienen un gran potencial de aplicación en los países latinoamericanos, debido, por un lado, a la gran cantidad de programación televisiva importada de Estados Unidos y a las imitaciones locales de los mensajes de ese país; y por otro, al papel cada vez más importante que juegan los medios informativos en los procesos electorales y políticos de los países latinoamericanos.

CAPÍTULO 8

La polisemia de los mensajes

Objetivos específicos

- Conocer las aportaciones de la semiótica y el estructuralismo al estudio de los mensajes comunicacionales.
- Identificar la importancia y las características de la teoría de la hegemonía de Gramsci en relación con los nuevos enfoques críticos culturalistas.
- Señalar los desarrollos conceptuales que dieron surgimiento a los estudios culturales.
- Analizar el concepto de polisemia de los mensajes, así como de significados dominantes y alternativos.

Las aportaciones de la semiótica y el estructuralismo

Dentro del análisis de los mensajes, el enfoque semiótico (ligado estrechamente al estructuralismo) es uno de los que más aportaciones ha hecho al estudio de las implicaciones ideológicas de los contenidos.

Según McQuail (1983, p. 161), esta perspectiva teórica

> ayuda a establecer la *significación cultural* del contenido de los medios [...]. Indudablemente ofrece un sistema para describir el contenido: puede arrojar alguna luz sobre quienes producen y transmiten un conjunto de mensajes; potencialmente es tan útil, y quizá más útil, que el análisis tradicional de contenido para predecir o explicar los efectos; y es especialmente apto para determinadas clases de estudios valorativos, sobre todo para los que pretenden descubrir la ideología y la *tendenciosidad* latentes en el contenido de los medios de comunicación.

Para Seiter (1992, p. 31), la semiótica es el estudio de todo aquello que puede usarse para comunicar, desde las palabras y las imágenes, hasta las señales de tráfico, las flores, la música y los síntomas médicos. La semiótica, según la autora, "estudia la forma en que dichos signos comunican algo y las reglas que gobiernan su uso". Esta disciplina más que preguntarse acerca de cuál es el significado, se pregunta cómo se crea.

El estructuralismo, por su parte, se plantea preguntas más amplias sobre el significado cultural y la ideología, por lo que se utiliza ampliamente en los estudios críticos comunicacionales y literarios (Seiter, 1992, p. 32): "El estructuralismo señala que cada elemento dentro de un sistema cultural deriva su significado de su relación con otro elemento en el mismo sistema: no hay significados independientes, sino muchos significados por sus diferencias con otros elementos en el sistema."

De acuerdo con Curran *et al.* (1982, pp. 23-24), los estudios estructuralistas de los mensajes de los medios han incorporado muy diversas contribuciones: la lingüística de Saussure, la antropología estructural de Lévi-Strauss, la semiótica de Roland Barthes y la reelaboración del psicoanálisis de Lacan. El estructuralismo se considera, de esta manera, "un método de análisis, basado en la teoría lingüística y en el pensamiento antropológico, que se centra en las relaciones que existen entre los elementos de un sistema, en lugar de los elementos mismos" (Berger, 1995, p. 97). El significado de las acciones, los eventos y los objetos –de acuerdo con Berger– se da en función de las relaciones que tienen con la cultura en la que se encuentran. Esto significa que, en realidad, el significado de dichas acciones y eventos es convencional o arbitrario, y no natural. Por lo tanto, cada cultura puede visualizarse como un sistema de signos y convenciones o reglas sobre cómo interpretar dichos signos (Berger, 1995).

El estructuralismo tiene como objetivo central y prioritario el estudio de los sistemas de significación y representación. La clave para introducirse en estos sistemas, según el estructuralismo, se halla en el análisis de los mensajes comunicacionales (películas, fotografías, programas televisivos, textos literarios, etcétera (Curran *et al.*, 1982, p. 24).

Según la semiótica, los mensajes comunicacionales se apoyan en *signos,* todo aquello que, "con base en convenciones sociales previamente establecidas, puede tomarse como algo que representa otra cosa" (Eco, en Seiter, 1992, p. 35). Cada signo, según Saussure, está compuesto por un *significante* (la imagen, objeto o sonido en sí mismo), y un *significado* (el concepto que representa). Para Saussure, la relación entre el significante y el significado en el lenguaje verbal es convencional, arbitraria: "no hay relación necesaria entre el significante y el significado: la relación está determinada por convenciones, reglas o acuerdos entre los usuarios" (Fiske, 1984, pp. 39-45). En la práctica, no hay una razón obligada de que las letras *p, e, r, r, o,* constituyan el significante que nos remite al significado de un animal cuadrúpedo con las características que le asignamos.

Además del significado denotativo en cualquier signo, la semiótica identifica otros de índole connotativa: "En las imágenes [televisivas], la denotación es el primer orden de significación: el significante es la imagen misma y el significado la idea o el concepto –la imagen de qué. La connotación es un sistema significante de segundo orden que usa el primer signo (significante y significado), como su significante y le agrega un significado adicional, otro significado."

Para Seiter, los significados connotativos son los que llevan a los semióticos a estudiar el terreno de la ideología, "las visiones del mundo (incluyendo el modelo de relaciones sociales y sus causas) presentadas desde una posición y ciertos intereses particulares en la sociedad. La semiótica, según esta autora, tiene como uno de sus principales propósitos concientizarnos sobre el uso de la connotación en los medios, de tal forma que nos percatemos de que muchos de los significados que aparecen como algo natural e incuestionable en los mensajes, son en realidad históricos, cambiables y particulares a la cultura que lo recibe".

Una de las mayores limitaciones de la semiótica, desde los propios desarrollos críticos, fue el no preocuparse por ver más allá de los textos, por no tomar en cuenta si los receptores *reales* encuentran y asimilan los mismos significados que ellos detectan en los mensajes. Como señala Seiter (1992, pp. 60-63), la semiótica habla con mucha frecuencia de los textos como si sus significados fueran unívocos y como si fueran a interpretarse de la misma manera por cada receptor. Lo anterior, sin embargo, no es válido, ya que en el proceso de la recepción, como se verá más adelante, se pueden presentar una serie de decodificaciones y de factores que propiciaran decodificaciones diversas de un mismo mensaje:

> La semiótica es extremadamente útil en su intento por describir en forma precisa cómo produce significados la televisión, y en su insistencia en la convencionalidad de los signos. Si los signos son convencionales, son también cambiables. Pero la semiótica permanece callada sobre la forma de cambiar un sistema de signos. Al restringirse obstinadamente al texto, no puede explicar los condicionantes económicos, la producción, la historia o la audiencia de la televisión.

Sin embargo, estas limitaciones se corrigen en un enfoque crítico que, apoyado en la capacidad de la semiótica y el estructuralismo para profundizar en el significado latente de los mensajes, los ubica en el amplio contexto de la producción cultural y la reproducción simbólica en los contenidos comunicacionales.

La teoría de la hegemonía

En la década de 1960 se consolidó esta nueva perspectiva teórica crítica: los estudios culturales, constituyen una articulación de las tradiciones de análisis de textos con la investigación de la comunicación y la cultura desde las ciencias sociales (Jensen, 1991a, p. 27). De acuerdo con Jensen, en este nuevo enfoque se combinaron teorías sociales y psicoanalíticas francesas, incluyendo distintas versiones de estructuralismo y semiótica, en el estudio crítico de aspectos culturales y sociales contemporáneos. Sus partidarios ubican la investigación de los *textos* (mensajes) y los medios de comunicación, en el más amplio contexto de la cultura y de las prácticas culturales.

Un punto de partida importante para los *culturalistas* fue el rechazo a las concepciones simplistas de los medios de comunicación como entidades todopoderosas capaces de manipular a su antojo la ideología de los receptores. Esta última posición, similar a la de la aguja hipodérmica y la sociedad de masas, seguía prevaleciendo en la década de 1970 en enfoques críticos, como el del imperialismo cultural y algunas variantes de la economía política.

Una de las teorías que más influyó para reconsiderar la capacidad de los receptores para resistir la ideología de la élite fue sin duda la de la hegemonía, desarrollada por Antonio Gramsci, quien jugó un papel sobresaliente en la transformación del marxismo contemporáneo.

Este teórico italiano reemplazó, por un modelo más sofisticado, el viejo y simplista esquema del marxismo ortodoxo sobre la dominación absoluta de las clases subalternas por otra dominante.

La clase dominante en las sociedades contemporáneas, según Gramsci, no está compuesta sólo por la alta burguesía, sino también por diversos grupos sociales con distintos intereses. Entre ellos prevalece la alta burguesía gracias a complejos mecanismos de negociación, concesiones y alianzas. Así, más que dominación total por una clase, se da una hegemonía de la misma. No obstante, esta hegemonía lograda por la alta burguesía depende de que tome en cuenta seriamente algunas de las necesidades e intereses de las clases subordinadas (subalternas). Al hacerlo, estos últimos conceden legitimidad y consenso a las élites para que sigan dirigiendo la sociedad.

Esta visión gramsciana del control ideológico de la sociedad, vino a reformular muchas de las conceptualizaciones previas sobre la manera en que se ejercía el dominio. La idea de que la base económica condicionaba directa y totalmente a la superestructura ideológica de la sociedad fue cuestionada y matizada. En realidad se manifestaba una relativa autonomía de las instituciones superestructurales (gobierno, escuelas, iglesias, medios de comunicación) en relación con la base capitalista.

Dicha autonomía ciertamente era *relativa* (al final prevalecen siempre los intereses de la clase hegemónica), pero existía. Así, en la fase de producción de los mensajes (en los emisores), podían darse ciertas contradicciones y ciertos espacios de autonomía opuestos en ocasiones a los intereses de la élite en el poder. Paralelamente, los mensajes de los medios podían incluir rasgos de esas contradicciones y llevar contenidos no solamente manipulatorios y enajenantes, como afirmaba el imperialismo cultural, sino también algunos significados contrarios a la ideología dominante.

Los nuevos teóricos críticos, ubicando la comunicación dentro del contexto de lucha por la hegemonía, destacaron los procesos de asimilación, rechazo, negociación y refuncionalización de los contenidos, efectuados por los sectores subalternos de la sociedad.

Stuart Hall, David Morley, James Lull, John Fiske, John Hardey y Martin Allor en Inglaterra y Estados Unidos, y Jesús Martín Barbero, Néstor García Canclini, Guillermo Orozco y Jorge A. González en América Latina, entre otros, desarrollaron esta innovadora vertiente teórica denominada *estudios culturales*. Este término, como veremos más adelante, es sumamente amplio e incluye una gran variedad de enfoques conceptuales con diferencias importantes entre sí.

Surgimiento de los estudios culturales

El enfoque de los estudios culturales se preocupa de "la generación y circulación de significados en las sociedades industrializadas" (Fiske, 1992, p. 284). En términos conceptuales, esta perspectiva se apoya en las tradiciones neomarxistas de Althusser y Gramsci, y refleja en sus planteamientos tanto influencias del estructuralismo como de las posiciones etnográficas.

El enfoque toma como punto de partida los postulados marxistas acerca de la manera en que los mensajes de los medios (películas, programas televisivos, canciones, noticias, historietas, etcétera) expresan, y promueven los valores y las ideas de los grupos que los producen. Puesto que dichos mensajes (artefactos culturales) son producidos en contextos históricos específicos y por grupos sociales específicos, tienden a reproducir los intereses y visiones del mundo de estos últimos (White, 1992, p. 163).

Los estudios culturales ubican a los medios de comunicación dentro de sus contextos históricos y sociales más amplios. Los miembros de este enfoque (Downing *et al.*, 1990, p. 19): "tienden a visualizar el área de la expresión cultural como una arena donde compiten perspectivas sociales y políticas, una área donde la gente común y corriente puede reinterpretar y *resistir* los valores dominantes y la definición de la realidad prevaleciente en la sociedad, y quizá crear su propia cultura y significados".

Una de las aportaciones más importantes del Centro de Birmingham fue reemplazar las concepciones tradicionales del enfoque crítico sobre las audiencias como entidades pasivas e indiferenciadas, con nociones más activas del público, de sus *lecturas* de los mensajes, y de la relación entre la encodificación de los mensajes, el *momento* del texto encodificado y la variación en la decodificación de las audiencias (*cfr.* Hall, 1980a, p. 118).

En una posición inicial que después se haría más compleja y matizada, Hall propuso que los mensajes de los medios sugerían por sí mismos a las audiencias una *decodificación preferente,* es decir, interpretaciones favorables a la ideología de las élites dominantes que los habían producido (ideología hegemónica o dominante).

Según Hall, la decodificación de los mensajes por parte de las audiencias se da de tres formas: 1. lectura[1] dominante-hegemónica, 2. lectura negociada, y 3. lectura oposicional (Hall, 1980b, pp. 136-137). De acuerdo con el autor inglés, éstas son las tres posiciones hipotéticas desde las cuales se pueden construir las decodificaciones de un discurso[2] televisivo dado.

La *lectura dominante* es aquella que interpreta el mensaje siguiendo el código de referencia en que fue encodificado, es decir, el receptor asimila los valores y las opiniones *hegemónicas* (favorables a la élite) insertas en el contenido.

La *lectura negociada* (Hall 1980b, p. 137), por otra parte,

> contiene una mezcla de elementos adaptativos y oposicionales: por un lado, acepta como legítimas las definiciones hegemónicas para las totalizaciones, mientras que por otro, más restringido, situacional, elabora sus propias reglas del juego, funciona con excepciones a la regla. Concede la posición privilegiada a las definiciones dominantes de los sucesos, pero se reserva el derecho de hacer una aplicación más negociada a las *condiciones locales* [...]. Esta versión negociada de la ideología dominante está plagada de contradicciones, aunque éstas alcanzan visibilidad muy pocas veces.

Por último, *la lectura oposicional* se refiere a los momentos en los que los receptores rechazan la interpretación de los mensajes con base en códigos dominantes-hegemónicos, decodificándolos mediante códigos alternativos capaces de cuestionar a las clases y a los grupos dominantes.

Fundamental para la determinación del tipo de lectura era, según Hall, la clase social de los receptores. Miembros de las clases sociales identificadas con el sistema hegemónico efectuarían la lectura *preferente*; mientras que grupos sociales en franca oposición con la ideología dominante llevarían a cabo lecturas oposicionales. Sin embargo, la gran mayoría de los receptores no se encuentran ni en situaciones de conformidad ni de oposición absolutas, por lo que producirían *lecturas negociadas.*

Durante la década de 1980, la corriente de estudios culturales creció vertiginosamente no sólo en Inglaterra y Europa, sino también en Australia, Canadá, Estados Unidos y América Latina. Para finales de esa década, dentro del enfoque general de estudios culturales se encontraba una gran variedad de aproximaciones teóricas con marcadas diferencias entre sí. Una de las causas de esta diversidad de enfoques es el origen disciplinario de los mismos. Varios de ellos se basan en disciplinas humanistas como la literatura y la lingüística. Otros se apoyan en las ciencias sociales, en especial en la sociología y en la antropología social.

La situación actual de los estudios culturales, en su aplicación al análisis de los mensajes, es sumamente compleja y multidisciplinaria: sus autores pertenecen a

---

[1] Los culturalistas y los semióticos prefieren hablar de *lectura* en vez de *recepción* de los mensajes porque, desde su punto de vista, el primer término implica un grado mayor de actividad, una interpretación y apropiación del significado, "algo que aprendemos a hacer; de tal modo, ello está determinado por la experiencia cultural del lector" (Fiske, 1984, p. 34).

[2] El término *discurso* dentro de las teorías culturalistas equivale aproximadamente a *mensaje.* Según Fiske (1987, p. 14), un discurso es un lenguaje o sistema de representación que ha sido desarrollado socialmente para crear y distribuir un grupo coherente de significados sobre algún aspecto importante.

las más diversas corrientes o, por lo menos, se apoyan en ellas: crítica estética y literaria, semiótica, estructuralismo, pensamiento filosófico, psicoanálisis, marxismo, posmodernismo, teoría crítica, hermenéutica, etcétera. Entre los distintos términos que comúnmente equivalen o confluyen bajo la etiqueta de estudios culturales se encuentran los denominados análisis de la recepción, criticismo cultural, criticismo literario y criticismo contemporáneo.

La reproducción ideológica en el contenido de los medios

Como miembros del enfoque crítico, los culturalistas parten de la certeza de que los mensajes de los medios de comunicación reproducen la ideología de la clase dominante y buscan manipular al receptor para que piense que vive en un sistema social justo, equilibrado y democrático (aunque la realidad sea otra). En todo mensaje comunicacional, por lo tanto, se advierte un significado dominante o preferente, es decir, aquel que trata de defender a la clase dominante, que busca legitimarla o transmitir sus valores y visiones del mundo a los demás grupos sociales.

Para estos autores, no hay mensajes *inocentes,* es decir, libres de manipulación ideológica o de contenidos que reflejen ciertos valores y visiones del mundo y omitan otros (Morley, 1992, p. 82). Ningún tipo de programa de televisión (desde las caricaturas de Walt Disney hasta los programas de acción), ninguna película, canción, historieta, etcétera, puede afirmar que sólo brinda *entretenimiento,* que no emite significados sobre la sociedad: "Aun cuando el contenido explícito de un programa parezca ser de naturaleza trivial –por ejemplo las caricaturas de *Tom y Jerry*– puede ocurrir que se encuentren insertos en la textura del programa un buen número de mensajes muy importantes sobre las actitudes sociales y los valores."

Para esta perspectiva, los mensajes no tan sólo comunican significados explícitos (manifiestos), sino que también contienen significados latentes. Por ello, es importante, según Morley, no solamente preguntar *¿qué es lo que dice el programa?,* sino también plantearse *¿qué es lo que se toma por sentado (lo que no necesita "decirse") en el programa?* Así, se vuelve relevante el hecho de analizar los supuestos básicos desde los que parten los mensajes, es decir, qué aspectos de la realidad social toman como válidos e incuestionables y cuáles no. La figura 8.1 muestra uno de los múltiples ejemplos en que las historietas norteamericanas van más allá del entretenimiento y ofrecen definiciones políticas e ideológicas de la realidad.

La cuestión, como explica Fiske (1987, p. 4), es que no hay forma de representar la realidad de una manera objetiva. Cada uno de nosotros percibe la realidad de acuerdo a nuestro contexto cultural: "puede que haya una realidad objetiva, empírica frente a nosotros, pero no hay una manera universal y objetiva de percibirla y dotarla de sentido. Lo que pasa por realidad en cualquier cultura es el producto de los códigos de esa cultura; la *realidad* siempre se encuentra encodificada, nunca se muestra *cruda*".

La necesidad de *encodificar* la realidad para poder percibirla propicia que alguien tenga que definir, establecer y legitimar los códigos que deberán emplearse. En sociedades caracterizadas por la desigualdad en el poder, en el *status* y en las oportunidades educativas y sociales, ciertos grupos (las élites) tienen más posibilidades que otros (los grupos subalternos) de definir esas reglas del juego y de imponérselas a los demás.

FIGURA 8.1

En el episodio 195 de la historieta *Supeman,* publicada en México por la editorial VID, el superhéroe ayuda al Pentágono de Estados Unidos a transportar a ese país a un dictador del Medio Oriente –para que fuera juzgado por las autoridades norteamericanas. El significado dominante o preferente se advierte en la adjudicación de las cualidades positivas de la heroicidad a personajes estadounidenses, y en la legitimación de acciones cuestionables como el secuestro de ex gobernantes de otros países para juzgarlos en Estados Unidos. También se demuestra la adjudicación de los roles de villanos a personajes no anglosajones (en este caso un árabe).

Los medios de comunicación, por sus condicionantes económicos, políticos e ideológicos, tienden a reproducir los códigos y las visiones del mundo de las clases hegemónicas. Sus mensajes incorporan significados *preferentes* que sugieren a los receptores aceptar esas posiciones ideológicas de la élite como las adecuadas para la sociedad en su conjunto.

FIGURA 8.2

La historieta de *Batman,* en su episodio 195 publicado en México por la editorial VID, reproduce algunos significados dominantes. En primer lugar, Batman es un aliado incondicional de la policía, la cual en un sistema social se encarga de defender el orden establecido y la ideología prevaleciente. En segundo lugar, los villanos son de otra raza étnica, en este caso relacionados con la violencia, el pandillerismo y el tráfico de drogas.

Un ejemplo típico de esa reproducción de la ideología dominante se da en los programas televisivos y en las películas de acción. Los personajes que aparecen en ellos no son representaciones de personas, sino *encodificaciones ideológicas* (Fiske, 1987, p. 9). Los héroes encarnan la ideología dominante, mientras que los villanos y las víctimas tienden a ser miembros de grupos subalternos (o de naciones subalternas, como las latinoamericanas, asiáticas o africanas), que no profesan suficientemente bien la ideología dominante o que incluso se oponen a ella: "La oposición del texto entre los héroes y los villanos, y la violencia mediante la cual se dramatiza comúnmente esta oposición, se convienen en metáforas sobre las relaciones de poder en la sociedad y, por lo tanto, constituyen una práctica material a través de la cual funciona la ideología dominante."

Los códigos de los lenguajes comunicacionales (periodístico, cinematográfico, televisivo, etcétera) son utilizados para encodificar esos valores ideológicos. El maquillaje y el vestuario en el cine y la televisión ayudan a definir qué personajes son los héroes y cuáles los villanos, cuáles las heroínas y cuáles las víctimas. Los diálogos muestran la compasión y buenos propósitos de los héroes, así como la visceral maldad de los villanos. La edición concede más tomas a los protagonistas que a los antagonistas; la iluminación refleja la pureza o la mezquindad. La contratación de actores (en Estados Unidos) favorece a los anglosajones en los roles positivos y selecciona a minorías étnicas para los negativos (véase la figura 8.2). El *realismo* en escenarios, acciones y tramas promueve y *naturaliza* (hace aparecer como algo natural) la ideología dominante.

Como señalan Croteau y Hoynes (2003), los medios nos proporcionan imágenes de interacción social y de instituciones sociales que, por su repetición constante día a día, pueden jugar un papel importante en modelar amplias definiciones sociales. En esencia, la acumulación de imágenes mediáticas sugiere qué es lo "normal" y qué se "desvía de lo normal". (p. 163)

Las ideas y actitudes que se incluyen rutinariamente en los medios se convierten en partes del debate público que se considera legítimo. Las ideas que se excluyen de los medios o que son ridiculizadas por ellos terminan quedando fuera de la agenda de temas a debate.

El discurso final (el sistema de representación que produce y circula significados) propone aspectos que sirven a los intereses de "esa sección de la sociedad dentro de la cual se origina dicho discurso, el cual trabaja ideológicamente para naturalizar esos significados y convertirlos en sentido común" (Fiske, 1987, p. 14).

Sin embargo, aclaran los culturalistas, los mensajes comunicacionales no sólo incluyen el significado dominante, sino que también ofrecen significados alternativos, los cuales en ocasiones cuestionan y critican a la propia clase dominante que tiene la propiedad y el control de los medios. ¿En cuántas películas norteamericanas de detectives o policías los villanos terminan siendo los propios jefes policiacos o políticos de alto nivel? ¿En cuántas resultan ser los grandes empresarios o industriales? Hay muchos ejemplos de ambas situaciones. ¿Cómo explicamos lo anterior desde una perspectiva crítica que considera que los medios de comunicación tienden a servir a la clase en el poder y al *status quo*?

La polisemia de los mensajes

Los autores en la corriente de estudios culturales explican lo anterior señalando que los mensajes comunicacionales son *polisémicos,* es decir, que poseen múltiples significados y no solamente uno.

Para Morley (1992, p. 85), el enfoque culturalista sobre la polisemia de los mensajes y su recepción por parte de las audiencias se apoya en las tres premisas siguientes:

a) El mismo evento puede ser encodificado en más de una forma.
b) El mensaje siempre contiene más de una lectura [interpretación]. Los mensajes proponen y prefieren ciertas lecturas sobre otras, pero nunca pueden cerrarse completamente a una sola interpretación: permanecen polisémicos.
c) La comprensión del mensaje constituye una práctica problemática, por más transparente y *natural* que parezca. Los mensajes encodificados de una manera siempre podrán ser leídos de una forma diferente.

Los mensajes son polisémicos por varias razones. Una de ellas se debe a que en el proceso de la producción muchos de los condicionantes (individuales, organizacionales, externos, etcétera) se contraponen entre sí, como cuando un reportero no está de acuerdo con que se favorezca a cierto tipo de personajes amigos del dueño del periódico y logra filtrar algunos aspectos negativos sobre ellos en sus notas.

Otra razón por la que se genera la polisemia se debe a la necesidad de captar amplios y diversos grupos con distintos niveles culturales y visiones ideológicas. Los mensajes de los medios no resultarían tan exitosos y tan atractivos para las clases dominadas o subalternas si los mensajes enteros se concentraran exclusivamente en difundir los intereses, gustos y valores de la clase hegemónica. En su afán por maximizar los públicos para hacer más rentable el mensaje, los medios realizan concesiones e incorporan rasgos de las clases subordinadas en los contenidos.

Al hacer concesiones de ese tipo, los medios empiezan en cierta forma a perder el control sobre la decodificación, ya que al incluir algunos significados alternativos como *gancho* (*algunos ricos son malos; muchos pobres son buenos y mejores que los ricos*), además de los mensajes dominantes (*los ricos son buenas gentes y se preocupan por los pobres*), abren la posibilidad de que, en la recepción, sean los alternativos los que terminen siendo aceptados, en vez de los preferentes o dominantes. La figura 8.3 muestra un ejemplo de cómo las editoriales de historietas mexicanas han convertido a grupos normalmente calificados por la élite como mediocres o indeseables, como los traileros y los *cholos,* en protagonistas heroicos, en su afán de captarlos como mercado consumidor.

Según Fiske (1987, pp. 85-87), entre las estrategias textuales que generan la polisemia de los mensajes se encuentran las siguientes: la ironía, la metáfora, los chistes, la contradicción, el exceso. Por contraponer mensajes opuestos o incluir

FIGURA 8.3

(1)

(2)

(3)

(4)

Un gran número de historietas nacionales utiliza como protagonistas a personajes de clase trabajadora, como traileros, pescaderos, albañiles, y a grupos subalternos como los *cholos* y las pandillas. El interés de las editoriales es captar a estos grupos y convertirlos en consumidores, pero al hacerlo generan significados alternativos que permiten negociar o rechazar los dominantes.

FIGURA 8.4

Significados alternativos en los mensajes

- Críticas a los actos de corrupción, prepotencia o injusticia de políticos y grandes corporaciones.
- Críticas a las fuerzas del orden (policía, ejército) cuando éstas legitiman, o defienden funcionarios o sistemas corruptos, dictatoriales o injustos).
- Presentación de minorías étnicas (negros, hispanos, indios) y sociales (mujeres, ancianos, obreros, campesinos, pobres) como héroes o protagonistas principales.
- Críticas a los estereotipos sociales y étnicos.
- Críticas a la violencia.
- Críticas al machismo.
- Rechazo a la cultura elitista y defensa de la popular.
- Develación de los trucos de los medios de comunicación para manipular a la audiencia.
- Defensa de la ecología y denuncia de acciones contaminantes.

exageraciones que terminan rompiendo el discurso *naturalizado,* estos recursos dejan "un espacio semiótico para que lo exploten algunos receptores".

La figura 8.4 muestra algunos ejemplos de significados alternativos que se pueden encontrar en ciertos mensajes televisivos o cinematográficos. Hay que aclarar, sin embargo, que la interpretación final de cada uno de ellos dependerá siempre de las mediaciones que se presenten antes, durante y después de su recepción y del contexto más amplio en el que se presenten dentro de los mensajes.

La gran aportación del concepto de la polisemia al estudio de la comunicación de masas, desde una perspectiva culturalista, ha sido el hecho de romper con el marxismo ortodoxo que visualizaba los mensajes en forma por demás simplista, como portadores directos de única y exclusivamente ideología dominante.

Irónicamente, algunos culturalistas han caído en el extremo opuesto, considerando que gracias a la polisemia de los mensajes y a las mediaciones culturales (véase el capítulo 10) que intervienen en la recepción de los mismos, los receptores casi siempre logran rechazar la manipulación ideológica dominante.

Sin embargo, los culturalistas verdaderamente críticos advierten sobre las limitaciones de la polisemia. Hall (citado en Moores, 1990, p. 16), por ejemplo, señala que el hecho de que los mensajes sean polisémicos no significa que contengan significados realmente *plurales.* Los contenidos dominantes o hegemónicos tienden a destacar sobre los demás, y los mensajes *sugieren* que los primeros sean los que prevalezcan en la interpretación de las audiencias: "Los textos[3] no están abiertos a cualquier tipo de lectura que el espectador seleccione libremente, puesto que la *encodificación* tendrá el efecto de construir algunos de los límites y parámetros dentro de los cuales operará la decodificación."

---

[3] El término *textos* no se refiere exclusivamente a mensajes escritos; más bien es sinónimo de *mensajes,* e incluye tanto noticias publicadas en periódicos, como programas de entretenimiento en la televisión, canciones, películas o anuncios.

De igual forma, Morley (1992 , p. 21) aclara que aunque los mensajes de los medios no tienen un solo significado, sino varios, dentro de cada uno de ellos existen "mecanismos de significación que promueven ciertos significados, incluso privilegiando uno de ellos, mientras que suprimen otros: éstos son las directrices de limitación encodificadas en el mensaje".

En esto coinciden Grossberg, Wartella y Whitney (2002): "Aunque es cierto que no todos los textos mediáticos ... apoyan al status quo o la estructura de poder, lo que con frecuencia presuponen o dan por hecho es un entramado de relaciones que usualmente lo hacen" (p. 182). Para los autores, las ideologías no son meros sistemas particulares de representación. También son formas de excluir y limitar, pues establecen las fronteras sobre las que somos capaces de entender lo posible. Agregan que las ideologías nunca son neutrales pues al definir los términos en los que la realidad es experimentada, percibida e interpretada, siempre se articulan a la lucha de un grupo u otro para mantener o desafiar organizaciones sociales o relaciones de poder particulares: "la ideología es entonces un intento de hacer que la gente vea el mundo de acuerdo a los términos o códigos que han sido establecidos por uno o más grupos de personas, usualmente aquellos que controlan el poder dentro de una sociedad" (p. 183).

FIGURA 8.5

Figura 8.5. Hasta en las historietas más populares y comerciales se pueden presentar significados alternativos. En este episodio de "Guerreros del Asfalto" se presenta la crónica de la golpiza real del negro Rodney King a manos de policías anglosajones de Los Ángeles, filmada por un videoaficionado. Los lectores de clase trabajadora recibieron así información muy crítica y cuestionadora de los patrones de discriminación de las fuerzas del orden estadounidenses.

Fuente: Viñetas de Guerreros del Asfalto.

Con lo anterior coinciden aun los teóricos más optimistas sobre la existencia de significados alternativos en los mensajes comunicacionales. Fiske (1987, p. 16), por ejemplo, aclara que los *textos* delimitan el terreno dentro del cual se construirán los significados y afirma que promueven ciertos significados más vigorosamente que otros.

Otro de los aspectos que plantean los culturalistas al discutir los mensajes es la necesidad de ubicarlos dentro de sus condiciones históricas de producción y consumo (véase la figura 8.5). Algunas de las variantes de la semiótica tienden a considerar que el análisis interno del mensaje es autosuficiente para detectar el impacto ideológico que tendrá en las audiencias, y la manera en que éstas tendrán que decodificarlo. Para los culturalistas, el significado de los mensajes no se puede "descubrir puramente dentro del texto, sino que se constituye en la interacción entre el texto y sus usuarios" (Hall, en Morley, 1992, p. 87). De esta manera, el significado se construye de distintas maneras de acuerdo con el *capital* cultural con que cuenta cada grupo de receptores, así como con sus valores, prejuicios y predisposiciones.

FIGURA 8.6

Las historietas cómicas estadounidenses continúan reproduciendo estereotipos negativos de México y otros países latinoamericanos. Archi y sus amigos viajan de vacaciones a México, tienen problemas con su auto por no existir carreteras pavimentadas, son asaltados por bandidos de sombrero y barba desaliñada que andan en mulas y se asustan ante el ruido de la música que surge de la radio del coche, por su desconocimiento de la tecnología.

FIGURA 8.7

No hay mensajes comunicacionales inocentes o libres de ideología. El Capitán América surgió en Estados Unidos durante la Segunda Guerra Mundial con el objetivo explícito de combatir la Alemania Nazi. Al igual que Superman, sus colores remiten a la bandera estadounidense y en la práctica está al servicio ideológico del gobierno norteamericano. Sin embargo, también se pueden encontrar significados alternativos, como esta crítica del propio Capitán América al sensacionalismo y falta de objetividad de los medios de comunicación, que construyen culpables o héroes sin atenerse a la ley.

Fuente: Episodio brasileño de Capitán América.

FIGURA 8.8

La serie estadounidense "Commander in Chief" muestra una gran cantidad de significados dominantes y alternativos. Por un lado, presenta a una mujer como presidenta del país más poderoso del mundo y le adjudica valores y cualidades que la hacen ser exitosa. Por otro lado, en muchos episodios justifica el intervencionismo de Estados Unidos en otros países y legitima el poder y el control que ejerce ese país en el mundo.

ACTIVIDADES

1. Elige una telenovela que esté al aire actualmente.
2. Identifica algunos de los significados preferentes o dominantes, y algunos de los alternativos que se presentan en el argumento y en los personajes. Recuerda, el significado dominante no es el tema principal de la novela, sino aquellos aspectos que pretenden difundir los valores ideológicos de la clase dominante o que pretenden defenderla o legitimarla. Los significados alternativos, por el contrario, son aquellos que parecen criticar a la clase dominante, o enaltecer a las clases populares o subordinadas.
3. Este ejercicio lo puedes hacer con cualquier otro mensaje comunicacional de masas. Las historietas populares como *Guerreros del asfalto, Sensacional de traileros, El libro policiaco,* etcétera, incluyen numerosos significados dominantes y alternativos. Las películas de acción estadounidenses (actuadas por Stallone, Schwarzenegger, Van Damme, Steven Seagal, etcétera) continuamente abordan tramas donde altos funcionarios gubernamentales o policiacos son los villanos.

Resumen

Entre los enfoques teóricos que se han especializado en el análisis cualitativo de los mensajes de los medios se encuentra de manera preponderante el de los estudios culturales. A diferencia del imperialismo cultural, que tiende a considerar que el contenido de la comunicación de masas es esencialmente hegemónico (transmitiendo exclusivamente la ideología y los valores de la clase en el poder), y del análisis del cultivo, que no hace diferenciación entre géneros y tipos de mensajes, ni entre las formas de representar la violencia y los estereotipos, este enfoque destaca la polisemia de los productos culturales.

El punto de partida para los estudios culturales reside en que no hay forma de representar la realidad de una manera objetiva. Y como existe la necesidad de definirla, para tomar decisiones y actuar en ella, alguien tiene que establecer y legitimar los códigos que se requieren para *encodificarla*. En sociedades caracterizadas por la desigualdad en el poder, en el *status* y en las oportunidades educativas y sociales, ciertos grupos (las élites) tienen más posibilidades que otros (los grupos subalternos) de definir esas reglas del juego y de imponérselas a los demás.

Para estos enfoques, sin embargo, las complejas alianzas entre diferentes grupos que controlan las sociedades contemporáneas, así como la dificultad inherente a cualquier lenguaje de representar unívocamente las cosas y los procesos de la realidad, propician que en los contenidos de los medios se presenten tanto visiones del mundo y de la vida compatibles con las clases dominantes, como críticas y rechazos a las mismas. A las primeras, más abundantes y consistentes, se les denomina significados *preferentes, dominantes* o *hegemónicos*; y a las segundas, significados *alternativos*.

La adopción de estos planteamientos sobre la polisemia de los mensajes lleva, necesariamente, a establecer que, en su recepción, los miembros del público pueden realizar lecturas (interpretaciones) dominantes, negociadas u oposicionales. Estos conceptos, como veremos en los siguientes capítulos sobre la recepción, significaron un replanteamiento trascendental en la perspectiva crítica sobre los efectos ideológicos de los mensajes comunicacionales.

CUARTA PARTE. LOS PROCESOS DE RECEPCIÓN Y APROPIACIÓN

CAPÍTULO 9

La audiencia activa

Objetivos específicos

- Identificar la trayectoria histórica del estudio de las audiencias, desde la conceptualización inicial de la aguja hipodérmica hasta los nuevos enfoques.
- Conocer las características generales del enfoque de usos y gratificaciones.
- Analizar los procesos que llevaron a la reconsideración de los efectos de los medios y las características de los enfoques actuales en esta línea.

De la aguja hipodérmica a la audiencia activa

Una gran parte de la teorización y el estudio científico de la comunicación de masas ha girado alrededor de las audiencias y del impacto de los mensajes en ellas. El vertiginoso crecimiento de los diferentes sistemas de comunicación, así como su penetración simultánea en vastos y heterogéneos públicos de diferentes estratos socioeconómicos, edades, razas y países, ha preocupado a los teóricos sociales desde los mismos inicios de estos medios.

Como vimos en el capítulo 2, las primeras reflexiones sobre la comunicación de masas surgieron de los enfoques denominados sociedad de masas y aguja hipodérmica. La masificación de las sociedades industrializadas, el desarrollo de grandes urbes y de nuevos procesos automatizados y rutinarios de producción, habían propiciado el desmoronamiento de los vínculos sociales y familiares característicos de la vida en las pequeñas comunidades. Las nuevas estructuras sociales se caracterizaban por grandes masas anónimas de individuos aislados y pasivos, capaces de ser manipulados no sólo por los nuevos sistemas de propiedad, control y poder prevalecientes, sino por esas nuevas instituciones sociales dedicadas a la producción y distribución de mensajes informativos, propagandísticos o lúdicos: los medios de comunicación masiva.

Con el auge del funcionalismo en la sociología norteamericana a partir de los años cuarenta, el desarrollo de estudios empíricos cuantitativos y la vinculación de la investigación científica con la comercial, las visiones pesimistas sobre las audiencias manipulables fueron sustituidas por caracterizaciones más positivas. Las teorías sobre el flujo de la comunicación en dos pasos, y sobre las funciones y las disfunciones de los medios, concluyeron que los efectos de los medios eran muy limitados. La existencia de líderes de opinión, así como las necesidades sociales relacionadas con la información, la interpretación, la transmisión de la herencia cultural y el entretenimiento, ponían los medios al servicio de los receptores.

Para principios de la década de 1960, uno de los teóricos estadounidenses más importantes de la época (Klapper, 1975, p. 78) presentaba las siguientes conclusiones sobre las audiencias de los medios:

> Las personas tienden, en términos generales, a leer, observar o escuchar las comunicaciones que presentan puntos de vista con los cuales ellos mismos se encuentran en afinidad o simpatía, y tienden a evitar comunicaciones con un matiz diferente.
>
> La gente se expone a la comunicación de masas en forma selectiva. Selecciona el material que está de acuerdo con sus puntos de vista acerca de opiniones e intereses existentes, y tiende a evitar material que no está de acuerdo con esos puntos de vista e intereses.
>
> Las personas que están expuestas a comunicaciones con las cuales no sienten afinidad o simpatía no es raro que deformen el contenido, de manera que terminan por percibir el mensaje como si apoyara su propio punto de vista.

Por todo lo anterior, concluía Klapper, la comunicación de masas no podía cambiar actitudes ni conductas. El efecto típico de la comunicación de masas, más bien, era el refuerzo de actitudes y conductas que ya estaban presentes en los receptores: "Los miembros del auditorio no se presentan al aparato de radio o televisión, o al periódico, en un estado de desnudez psicológica. En vez de ello, se encuentran vestidos y protegidos por predisposiciones existentes, por los procesos selectivos y por otros factores" (*Ibid.*, p. 79).

Usos y gratificaciones

De las conclusiones anteriores derivaría el enfoque de usos y gratificaciones, aún vigente en la investigación de la comunicación de masas estadounidense y en algunos otros países. Como se mencionó en el capítulo 7, esta perspectiva llevó a su máximo el optimismo sobre la capacidad de la audiencia para utilizar a su conveniencia el contenido de los medios de comunicación masiva. Revirtiendo la pregunta "¿qué hacen los medios con la gente?", a la de "¿qué hace la gente con los medios?", los partidarios de este enfoque concluyeron que los miembros del público experimentaban una serie de necesidades (informativas, psicológicas, de orientación, de identificación personal, de evasión, etcétera), y que usaban a los medios, entre otras alternativas igualmente funcionales, para satisfacerlas (véase la figura 9.1) Así, cada mensaje y cada contenido de los medios podía cumplir con diferentes funciones, dependiendo del uso que le diera cada persona. Esto indicaba que los medios estaban imposibilitados para influirlas y manipularlas.

FIGURA 9.1

Los medios de comunicación como alternativas funcionales

Según el enfoque de usos y gratificaciones, los diferentes medios de comunicación constituyen alternativas funcionales entre muchas otras que puede seleccionar cada individuo para satisfacer sus necesidades. Una persona que quiere entretenerse, por ejemplo, puede optar por ir al cine, ver la televisión, escuchar la radio, leer un libro, platicar con sus amigos, vecinos o familiares, jugar cartas, ir a bailar, a un museo, al parque o la plaza, entre muchas otras opciones.

Diversos teóricos coinciden en señalar que las raíces de este enfoque se remontan a la década de 1940, cuando Herzog realizó un estudio sobre el porqué las amas de casa escuchaban radionovelas (Jensen y Rosengren 1990, p. 210; Wimmer y Dominick, 1987, p. 381). Las gratificaciones que obtenían al exponerse a ellas, concluyó la investigadora Herzog, eran tres: 1. escape emocional, 2. obtención de sugerencias sobre cómo enfrentar ciertos problemas y 3. deseo de experimentar lo mismo que los protagonistas.

El punto de partida de usos y gratificaciones es la creencia de que "los individuos seleccionan y usan diferencialmente los medios de comunicación para gratificar o satisfacer las necesidades que experimentan" (Rubin, 1986, p. 281). De acuerdo con Fernández Collado, Baptista y Elkes (1986, p. 25), los autores de esta corriente explican que "la situación social en la que viven las personas les produce tensiones y conflictos, que pretenden aliviar utilizando los medios de comunicación". Los supuestos básicos de los que parte esta teoría aparecen en la siguiente figura.

FIGURA 9.2

Supuestos del enfoque de usos y gratificaciones

1. Se concibe al público como activo; se supone que un importante porcentaje de la exposición a los medios tiene una meta explícita por parte del receptor. "Buena parte del consumo de medios de masas puede ser considerada como una respuesta a las necesidades sentidas por el miembro de la audiencia, ya que, dadas las disposiciones psicológicas y los papeles sociales, el espectador, oyente o lector individual, experimenta o confía experimentar alguna forma de satisfacción de necesidades, mediante sus conductas en el uso de los medios".
2. En el proceso de la comunicación masiva, es el miembro del público el que activamente selecciona mensajes que desde su perspectiva pueden satisfacer sus necesidades y proporcionarle gratificación. Esto contradice la influencia de los medios, ya que es la gente la que los escoge en forma selectiva.
3. Los medios compiten con otras fuentes de necesidades: "las necesidades atendidas por la comunicación de masas constituyen un segmento de la más amplia gama de necesidades humanas, y desde luego varía el grado en que pueden ser adecuadamente satisfechas por el consumo de los medios".
4. Se supone que las metas en la exposición a los medios sólo pueden descubrirse preguntándoselas a los receptores, y que éstos están conscientes de ellas como para reportarlas: "las personas son suficientemente conscientes como para poder informar sobre su interés y su motivo en casos determinados, o cuando menos para reconocerlos cuando se ven confrontados con ellos en una formulación verbal inteligible y familiar.
5. La calidad y la relevancia social de los mensajes de los medios no debe juzgarse de antemano, sino en función de los usos que les dan los miembros del público.

Fuente: Katz, Elihu, Jay Blumler y Michael Gurevitch, "Usos y gratificaciones de la comunicación de masas", en Miguel de Moragas (ed.), *Sociología de la comunicación de masas*, vol. 2, Gustavo Gili, Mass Media, Barcelona, 1986.

Con frecuencia, los investigadores de usos y gratificaciones desarrollan tipologías que tratan de identificar las distintas necesidades y gratificaciones que la gente deriva de los medios. Una de estas tipologías, ya clásica, es la de McQuail, Blumler y Brown (1979, p. 155), la cual abarca desde la diversión hasta las relaciones personales, la identidad personal y la supervisión del ambiente.

FIGURA 9.3

Tipología de usos de la televisión de McQuail, Blumler y Brown

1. Diversión
   a) Escape de la rutina
   b) Evasión de los problemas
   c) Desahogo emocional

2. Relaciones personales
   a) Compañía
   b) Utilidad social

3. Identidad personal
   a) Referencia personal
   b) Exploración de la realidad
   c) Refuerzo de valores

4. Supervisión (información)

Fuente: Denis McQuail, Jay G. Blumler y J.R. Brown, "The Television Audience: a Revised Perspective", en Denis McQuail (ed.), *Sociology of Mass Communications*, Penguin Books, Middlesex, Inglaterra, 1979.

Según Jensen y Rosengren (1990, p. 210), el enfoque de usos y gratificaciones ha superado las etapas de las descripciones provisionales y del desarrollo de tipologías, y actualmente se encuentra en la construcción sistemática de teoría. Esta última se ha visto influida por el enfoque de la psicología social llamado *expectativas y valores*. Otra tendencia más reciente es utilizar este enfoque de usos y gratificaciones en la investigación de los motivos por los cuales distintos usuarios utilizan tecnologías como Internet, las computadoras, los videojuegos, los teléfonos móviles, la televisión interactiva, etcétera (*cfr.* Igartua y Humanes, 2004, p. 317). Un trabajo interesante, que intentó combinar el enfoque de análisis del cultivo con usos y gratificaciones fue el estudio de Segrin y Nabi (2002) sobre qué tan realistas son las expectativas de los jóvenes en relación con el matrimonio. Los autores encuestaron a 285 jóvenes universitarios y les preguntaron cómo se imaginaban que sería su matrimonio y cuánto tiempo durarían casados. Aquellos que dijeron que permanecerían casados toda la vida y que tenían expectativas muy altas sobre el romanticismo y la felicidad que representaría su unión resultó que eran los que más veían ciertos programas de televisión, como las telenovelas y las comedias románticas. Segrin y Nabi concluyeron que estos hallazgos contradecían la hipótesis del análisis del cultivo de que la programación en general es la que genera ciertas actitudes, ya que en este caso eran géneros televisivos específicos los que parecían desarrollar esas expectativas. Asimismo, conjeturaron que parecía más probable que por tener previamente esas ideas sobre el matrimonio, por pensar así desde antes y tener esas convicciones –quizás por influencia de sus padres– habían seleccionado esos programas, y no al revés, lo cual coincidía con los postulados de usos y gratificaciones (p. 259).

En América Latina han sido muy pocas las investigaciones realizadas desde este enfoque. En México, fuera de varias tesis de licenciatura efectuadas a fines de la década de 1970 en la Universidad Anáhuac, entre las que destacan las de Carlos Fernández Collado y Pilar Baptista, y la de Déborah Elkes, publicadas posteriormente en forma de libro (Fernández Collado, Baptista y Elkes, 1986), muy poco se ha estudiado desde esta corriente. Las conclusiones de los investigadores mencionados sobre la televisión en México y los niños del Distrito Federal fueron que:

> [...] la televisión ejerce una enorme atracción sobre los niños y desempeña para ellos una gama de funciones: desde la clásica *divertirlos*, hasta un sucedáneo de las relaciones interpersonales insatisfechas o frustradas en la vida real. En efecto, la televisión parece satisfacer algunas de las necesidades de los niños; y una combinación de variables moderadoras como edad, sexo y nivel socioeconómico –que definen, en cierto modo, la condición social del niño– generan, en ciertos niños, ciertas necesidades que buscan gratificar de alguna manera en la televisión.

La figura 9.4 muestra la tipología de funciones y razones encontradas por los tres autores en la exposición de los niños a la televisión.

FIGURA 9.4

Funciones por las que los niños ven TV en la Ciudad de México

Clase social marginada hábito:	Clase social alta:
Entretenimiento	Aprendizaje
Excitación	Hábito
Compañía	Excitación
Evasión	Evasión
Aprendizaje	Interrelación social
Aventura	Acción
Reír	Reír

Fuente: Carlos Fernández Collado, Pilar Baptista y Déborah Elkes. *La televisión y el niño,* Oasis (Nueva Biblioteca Pedagógica, 56), México, 1986, p. 76.

Otra de las escasas investigaciones realizadas desde este enfoque en Iberoamérica fue realizada en la ciudad de Salamanca, España por Igartua, Muñiz, Elena y Elena (2003). De acuerdo con encuestas aplicadas a una muestra de 907 escolares de enseñanza secundaria obligatoria de entre 12 y 16 años de edad, los investigadores identificaron siete razones por las cuáles veían la TV:

1. *Entretenimiento.* Ver televisión es una forma de pasar un buen rato, entretenerse, divertirse, disfrutar; ayuda a pasar el tiempo libre y a relajarse.
2. *Instrucción socio-moral.* La televisión enseña lo que está bien y lo que está mal, lo cual podría servir en el futuro y aprender cómo son las personas.
3. *Escape.* Se ve televisión para olvidarse de las actividades diarias, alejarse de las preocupaciones y "no pensar".
4. *Inducción emocional y compañía.* Ver televisión para animarse cuando se está triste, para no sentirse solo.
5. *Información y ventana al mundo.* Permite aprender qué ocurre en el mundo y satisfacer la curiosidad por las cosas que suceden.
6. *Por costumbre o hábito.* Muchas veces se ve simplemente porque está encendida y para tener de qué hablar con los amigos.
7. *Por pasar el tiempo.* Cuando no hay nada mejor que hacer o no se tiene con quién hablar (p. 155).

FIGURA 9.5

La reconsideración de los efectos de los medios

La televisión ejerce una enorme atracción sobre los niños y desempeña para ellos una gama de funciones desde divertirlos, hasta un sustituto de las relaciones interpersonales insatisfechas o frustradas en la vida real.

Fuente: http://medialit.med.sc.edu/toys.htm

A finales de la década de 1960, como vimos en el capítulo 7, empezaron a surgir algunos enfoques teóricos que reconsideraron los efectos de los medios en las audiencias. Investigadores en la perspectiva del análisis del cultivo y en la del establecimiento de la agenda, y otras como la espiral del silencio, la brecha del conocimiento (*knowledge gap*), la teoría del modelaje y la teoría de las expectativas sociales rechazaron el excesivo optimismo de usos y gratificaciones, señalando que los medios sí tenían efectos importantes en los miembros del público, pero que éstos no se daban a corto sino a largo plazo, y no modificaban de inmediato la conducta, sino que proveían las cogniciones, en las cuales, a la larga, se basaban las actitudes que a la vez sustentaban las conductas. Las audiencias, a pesar de sus vínculos sociales, y de sus mecanismos de selección y uso diferenciado de los medios, se veían influidas a largo plazo de una manera inconsciente e indirecta (Jensen y Rosengren, 1990, p. 209).

Según DeFleur y Ball-Rokeach (1989, pp. 202-207) la verdadera importancia de la comunicación masiva en las sociedades contemporáneas no se halla en sus efectos inmediatos en audiencias específicas, sino en las influencias indirectas, sutiles y a largo plazo que ejerce en la cultura humana, y en la organización de la vida social. Para ambos autores, el optimismo previo de enfoques como el del flujo de la comunicación en dos pasos, y usos y gratificaciones se debió a dos razones principalmente: *a*) el uso del modelo psicologista de estímulo-respuesta del conductismo, que exigía el estudio de efectos a corto plazo en la conducta, y *b*) el uso del método experimental (estadístico, cuantitativo, transversal) adecuado para identificar dicho tipo de efectos, pero inútil para detectar influencias a largo plazo en los individuos, en la cultura o en la sociedad:

> Cuando la investigación basada en esos paradigmas y métodos no encontró efectos significativos e inmediatos a consecuencia de la exposición al contenido de los medios, pocos estudiosos atribuyeron dichos resultados a la naturaleza de las teorías que guiaban sus investigaciones o a las metodologías que utilizaban. Por el contrario, ¡llegaron a la conclusión de que la comunicación de masas tenía poco poder para modificar la conducta humana! Sólo recientemente se han percatado de que las teorías sobre la influencia selectiva [influencia personal y usos y gratificaciones] tenían muy poco que decir acerca de los efectos a largo plazo en los individuos, sobre la exposición continua y acumulativa al contenido de los medios o sobre las influencias indirectas sobre la cultura y la sociedad. Igualmente, no ha sido sino hasta tiempos recientes cuando se han dado cuenta de que ésos son precisamente los tipos de influencia que pueden ser los más poderosos a la larga.

Para DeFleur y Ball-Rokeach, el concepto de *socialización* brinda un marco general para el análisis de los procesos en los que las creencias, actitudes y conductas de los miembros de una sociedad son moldeadas por los sistemas socioculturales en los que participan, incluyendo en estos últimos a las comunicaciones de masas.

Todos estos enfoques, aunque se identifican con sus respectivos nombres, tienden a clasificarse de manera más amplia bajo el término del enfoque sobre los efectos. La primera tradición de investigación sobre los efectos –la de la aguja hipodérmica– consideraba los mensajes de los medios cargados invariablemente por el mismo tipo de estímulos. Si se analizaba la violencia de los medios, se consideraba igual de nociva la violencia ejercida por un villano que por un héroe, la violencia exitosa y la que fracasaba, la que un agente había provocado o la que era producto de una reacción. Según Jensen y Rosengren (1990, p. 215), la nueva investigación sobre los efectos se ha vuelto más detallada y cuidadosa, diferenciando el contenido de los estímulos de un mismo tipo de mensajes.

Asimismo, esta nueva perspectiva ha roto también con la visión inicial de la aguja hipodérmica, que veía a la audiencia como una gran masa de individuos sin distinciones significativas entre sí. El análisis del cultivo, el establecimiento de la agenda y los demás enfoques sobre los efectos consideran que la audiencia está compuesta por una diversidad de grupos y subgrupos que tienen distintas características sociales o individuales. La pertenencia a una clase social (alta, media, baja) o a un grupo étnico, y variables como edad, sexo y educación, podrían favorecer que los efectos de los mensajes sean variados, y más o menos fuertes (*Ibid.*, p. 215).

ACTIVIDADES

1. Realiza una encuesta con niños de cuarto a sexto año de primaria (un solo grupo de una sola escuela basta para esta actividad).

2. Incluye en el cuestionario, además de las preguntas básicas de horario y frecuencia con que ven televisión, las siguientes:
   - 2.1 Veo la TV porque me río mucho: *a)* siempre, *b)* a veces, *c)* casi nunca.
   - 2.2 Veo la TV porque me enseña las cosas que pasan en el mundo: *a)* siempre, *b)* a veces, *c)* casi nunca.
   - 2.3 Veo la TV porque es emocionante: *a)* siempre, *b)* a veces, *c)* casi nunca.
   - 2.4 Veo la TV porque así no me aburro: *a)* siempre, *b)* a veces, *c)* casi nunca.
   - 2.5 Veo la TV porque aprendo palabras nuevas: *a)* siempre, *b)* a veces, *c)* casi nunca.
   - 2.6 Veo la TV por costumbre: *a)* siempre, *b)* a veces, *c)* casi nunca.
   - 2.7 Veo la TV porque así no me siento solo: *a)* siempre, *b)* a veces, *c)* casi nunca.
   - 2.8 Veo la TV para olvidar mis problemas: *a)* siempre, *b)* a veces, *c)* casi nunca.

   (Estas preguntas fueron tomadas de la investigación de Fernández Collado, Baptista y Elkes.) Si consigues el libro, puedes incluir las restantes; en caso contrario, elabora algunas que vayan de acuerdo con las funciones reseñadas en la figura 9.4).

3. Identifica los usos y las gratificaciones que obtienen los niños de la TV.

Resumen

Como consecuencia del auge del funcionalismo a partir de la década de 1940 y del redescubrimiento del grupo primario y de los efectos limitados en las investigaciones de Lazarsfeld, la concepción de las audiencias de los medios como pasivas y manipulables fue sustituida por la visión de los receptores como sujetos activos.

El enfoque de usos y gratificaciones se convirtió en el paradigma dominante, revirtiendo completamente la pregunta de *¿qué hacen los medios con la gente?* (planteada por la aguja hipodérmica) a *¿qué hace la gente con los medios?* Para los autores de esta corriente, de acuerdo con las necesidades de los miembros de las audiencias se explica su uso de los diferentes medios de comunicación. Estos últimos, por si fuera poco, son solamente *alternativas funcionales,* entre muchas otras no *mass mediáticas,* que pueden ser seleccionadas o no por cada individuo. La conclusión de esta perspectiva es que las audiencias están compuestas por individuos activos y racionales que saben identificar sus necesidades y que buscan satisfacerlas obteniendo las mejores gratificaciones posibles.

A finales de la década de 1960, diversos investigadores empezaron a reconsiderar la influencia de los medios. Para ellos, más que buscar efectos a corto plazo y en la conducta, era importante identificarlos a largo plazo y evaluar su impacto en las cogniciones. Los medios de comunicación, a través de la reiteración incansable de determinados significados, estereotipos y expectativas, se concibieron como factibles de influir decisivamente en los procesos de socialización y en la cultura misma de una sociedad. Teorías como el análisis del cultivo y el establecimiento de la agenda concluyeron "que los receptores sí podían ser influidos a la larga y de manera indirecta por los contenidos de los medios".

CAPÍTULO 10

Los estudios culturales

Objetivos específicos

- Determinar los orígenes de la preocupación de los enfoques críticos por el impacto de los mensajes en los receptores.
- Identificar las propuestas teóricas y metodológicas que ofrece la perspectiva de los estudios culturales sobre las audiencias.
- Discutir las semejanzas y diferencias del análisis de la recepción con los demás enfoques sobre el público de los medios.
- Identificar las aportaciones teóricas realizadas por autores latinoamericanos en el estudio de los procesos de recepción y apropiación de mensajes.

Enfoques críticos sobre la recepción

Curiosamente, mientras se realizaban –y se siguen realizando– las reconsideraciones del análisis del cultivo, del establecimiento de la agenda, del enfoque en la vertiente positivista de la investigación sobre los efectos, en la corriente crítica se ha reconsiderado (o se empieza a reconocer por primera vez) no la influencia de los medios, sino la capacidad de las audiencias para resistir y negociar su manipulación ideológica.

Desde sus orígenes en la Escuela (crítica) de Frankfurt (véase el capítulo 2) y hasta a mediados de la década de 1970 con la economía política y el imperialismo cultural, los enfoques críticos habían considerado que los medios de comunicación tenían una capacidad ilimitada para manipular ideológicamente a las audiencias. Si la burguesía y los sistemas económicos capitalistas, en vez de sucumbir, se fortalecían cada vez más en el mundo, se debía a que los medios de comunicación, junto con la escuela y otras instituciones sociales, inculcaban una falsa conciencia en las clases mayoritarias (los trabajadores y los marginados) que les impedía darse cuenta de su explotación por la élite. Para estos teóricos críticos, la percepción de las audiencias era muy similar a la de la aguja hipodérmica. Las masas estaban compuestas por individuos pasivos y manipulables en quienes se inyectaba sin resistencia la ideología dominante.

En la segunda mitad de la década de 1970, con las aportaciones de los estudios culturales sobre la polisemia de los mensajes de los medios (la existencia de significados hegemónicos y alternativos en un mismo contenido), la corriente crítica empezó a modificar su percepción de las audiencias.

Si los mensajes contenían significados alternativos (véase el capítulo 8) y no sólo hegemónicos, concluyeron los investigadores de esta corriente, su recepción por las audiencias podría terminar resistiendo los valores dominantes.

Estudios culturales

A finales de la década de 1970, Stuart Hall había concluido, desde el análisis de los *textos* (mensajes), que la polisemia de éstos podría propiciar *lecturas* (interpretaciones) dominantes, negociadas u oposicionales en los receptores (véase el capítulo 8). El tipo de decodificación dependería, en cada caso, de diferentes aspectos o mediaciones, desde la clase social, hasta el contexto y las prácticas culturales de los grupos receptores. Tales interpretaciones diferenciadas, aclaraba uno de los principales integrantes de este enfoque (Morley, 1992, p. 80), no se daban estrictamente en el plano individual:

> No se trata solamente de las diferentes psicologías individuales, sino de las diferencias entre individuos pertenecientes a diferentes subculturas, con diferentes antecedentes socioeconómicos. Es decir, aunque por supuesto siempre habrá diferencias individuales en la manera en que la gente interpreta un mensaje particular, esas diferencias individuales bien pueden estar enmarcadas por diferencias culturales. [...] La diferencia entre nuestras respuestas a ese mensaje debe relacionarse también con nuestros distintos bagajes sociales,

> con la forma en que nos proporcionan diferentes tipos de herramientas culturales, diferentes marcos conceptuales mediante los cuales podemos relacionamos con los medios.

Esta posición, que destaca la pertenencia de los individuos a diferentes subculturas, es la que ha dado al enfoque su nombre de estudios culturales.

Uno de los integrantes del Centro para el Estudio de las Culturas Contemporáneas de Birmingham, David Morley, sería de los primeros culturalistas en poner a prueba el modelo de Hall en una investigación empírica con audiencias. Para su investigación tomó como base el programa televisivo británico *Nationwide,* y se abocó a analizar su recepción en distintos grupos ocupacionales. Los grupos, de cinco a diez personas, se encontraban diferenciados por ocupación, género y raza (aprendices, gerentes bancarios, universitarios, estudiantes de arte, muchachas de raza negra, sindicalistas, etcétera). De acuerdo con Morley, era importante analizar la recepción televisiva *grupal* –más que la individual–, para rastrear las relaciones de sujetos producidos socialmente, y la dimensión social que estos grupos tenían en común. La ocupación, siguiendo a Hall, era la variable determinante, ya que definía la clase social a la cual pertenecían los participantes y era el factor más importante en la producción de diferencias motivadas socialmente en las decodificaciones (Fiske, 1987, pp. 62-63).

Morley encontró que Hall había sobrestimado el rol de la clase social en la producción de lecturas diferentes, y subestimado la gran variedad de otros determinantes en la decodificación. La pluralidad de roles ejercidos por una misma persona, según el análisis, provocaba que la decodificación, aceptada, negociada o rechazada, no se correlacionará con la clase social. En un trabajo posterior, Morley explicaría que un mismo hombre puede ser simultáneamente trabajador productivo, sindicalista, simpatizante del Partido Socialdemócrata (de centro), consumidor, racista, casero, golpeador de esposa y cristiano (citado en Biernatzki y White, 1987, p. 5).

En trabajos más recientes, Morely (1988, p. 30) encontró que en la recepción televisiva, el sexo y la situación familiar son tan importantes como la clase social: "considerar las maneras en que se efectúa el ver televisión dentro de las relaciones sociales de la familia es tomar en cuenta los modos en que la recepción se lleva a cabo dentro del contexto de relaciones de poder, y en términos del poder diferenciado que se adjudica a cada miembro de la familia en roles diversos que abarcan el sexo y la edad".

En un libro que sintetiza de manera lúcida el estado de los estudios sobre la audiencia activa, uno de los principales exponentes de este enfoque, John Fiske, parte de la base de que las sociedades capitalistas avanzadas consisten en una gran variedad de grupos sociales y subculturas, que se mantienen unidas en una cadena de relaciones sociales donde el factor primordial es la distribución diferencial del poder (Fiske, 1987, p. 309). En su obra, Fiske rechaza la versión de la economía política crítica de que todos los mensajes de las industrias culturales promueven la misma ideología capitalista: "Su habilidad [de los productores] en dorar la píldora se considera tan grande, que los receptores no se percatan de las prácticas ideológicas en las que participan al consumir y disfrutar el bien cultural. Yo no creo que *la gente* esté compuesta de *idiotas culturales* [*cultural dopes*]; no se trata de una masa pasiva e indefensa incapaz de discriminar, a merced económica, cultural y política de los barones de la industria."

Según Fiske, el pensamiento marxista más reciente rechaza la noción de una ideología capitalista singular y única, y considera que hay una multiplicidad de ideologías que promueven el capitalismo de diversas maneras en distintos sujetos: "su unidad, al hablar del capitalismo, se fragmenta por la pluralidad de acentos en que lo hablan". Esta perspectiva, de acuerdo con Fiske, plantea la multiplicidad de puntos de resistencia o acomodos cuya unidad reside en el hecho de su resistencia o acomodo, mas no en las formas que puede tomar esa unidad.

Prueba de lo anterior, señala el teórico, es que a pesar de la fuerza homogeneizadora de la ideología dominante, los grupos subordinados en el capitalismo han mantenido una marcada diversidad de identidades sociales, lo cual ha exigido que el capitalismo produzca una variedad equivalente de mensajes. "Esta diversidad de voces es evidencia de la intransigencia comparativa de los subordinados" (p. 310). En esos términos, las audiencias de los medios tienen formas culturales e intereses propios que difieren y en ocasiones chocan con aquellos de los productores de bienes culturales.

Fiske acepta que esa autonomía de los subordinados es relativa, nunca total, derivada de sus historias marginadas y reprimidas, que de manera intransigente ha resistido la incorporación, y que ha retenido diferencias materiales e ideológicas mediante formas culturales *devaluadas,* muchas de ellas orales y sin registro: "para algunos grupos estas diferencias serán pequeñas y los conflictos mudos; pero para otros la brecha será enorme. Para que un bien cultural sea popular, así, debe ser capaz de satisfacer los diversos intereses de los receptores en que es popular, así como los de sus productores".

Siguiendo a Foucault, Fiske argumenta que las ideologías alternativas que se oponen a la dominante entre los sectores subalternos les permiten producir significados y disfrutes de resistencia, que constituyen en sí mismos una forma de poder social.

La inspiración popular que distorsiona las cancioncillas de los comerciales convirtiéndolos en críticas o burlas indirectas del sistemas dominante constituye, para Fiske, un ejemplo de *desincorporación,* es decir, el proceso mediante el cual quienes no tienen poder roban elementos de la cultura dominante y los usan para sus propios intereses –en ocasiones de oposición o subversivos– (p. 315). Otro factor que ilustra esa *desincorporación* es la analogía creada por estudiantes de una escuela en Australia entre un programa televisivo que se desarrolla en la cárcel y su propia institución pedagógica, y que identificaba la represión carcelaria con la del organismo educativo.

Para Fiske (p. 321), los condicionantes económicos del producto cultural no determinan el uso cultural que se le puede dar en el momento y el lugar de la recepción, ni puede controlar o predecir la variedad de significados y disfrutes que provoque. El mismo contenido de los mensajes es de por sí polisémico e incluye ciertas tensiones.

> Los intereses ideológicos de la sociedad que produce y determina la industria pueden estar muy bien imbricados en los convencionalismos y discursos del

> texto; pero no pueden abarcar toda su trama. Para que el texto sea popular entre audiencias cuya posición social produce un sentido de diferencia de esa ideología, necesita incluir contradicciones, huecos y residuos de contraideologías. La estructura narrativa y su jerarquización de los discursos tratará de producir una resolución favorable a la dominante, pero varios momentos de lectura pueden revelar que esta resolución es mucho más frágil que la concebida por el análisis tradicional de texto.

La inevitable homogenización de los programas debido a la búsqueda de ganancias, es decir, su venta a la mayor cantidad de audiencias posibles quizá no sea –según Fiske (p. 326)– un agente de dominación cultural como muchos creen: "De hecho, argumentaría lo contrario. La diversidad de lecturas no es lo mismo que la diversidad de programas, y la diversidad de lecturas y la consecuente variedad de identidades subculturales es crucial para que lo popular sea visto como un núcleo de fuerzas para el cambio social."

Fiske finaliza su libro aceptando que las lecturas y los disfrutes oposicionales de los productos televisivos no se traducen directamente en actividades políticas opositoras o en acción social; pero la ausencia de un efecto político directo, según el autor, no impide una efectividad política más general:

> Las prácticas de resistencia en la lectura que afirman el poder de los subordinados en el proceso de representación, y su disfrute subsiguiente, representan un reto abierto al poder del capitalismo para la reproducción ideológica [...] Retar los significados y al grupo social con derecho a elaborarlos es parte fundamental de la afirmación de identidad en las subculturas y las diferencias sociales que logran mantener. La esfera del entretenimiento es la del disfrute, los significados y la identidad social: si esta área no puede mantener y promover la capacidad de los subordinados de ser diferentes, habrá una marcada reducción en la motivación para el cambio en la esfera política.

Demostrando que los partidarios de un mismo enfoque no siempre comparten exactamente las mismas posiciones, diversos culturalistas han criticado a Fiske por lo que ellos consideran un exagerado optimismo en la capacidad de la audiencia para resistir la manipulación ideológica de los medios. Autores como Morley (1992) y Ang (1991), han advertido que adoptar la posición de Fiske sobre la *democracia semiótica* es caer en la misma creencia de usos y gratificaciones sobre la soberanía del consumidor. Los mensajes de los medios siguen proponiendo significados dominantes o preferentes por sobre los alternativos, y el receptor continúa sujeto a las limitaciones de la oferta de los medios.

El análisis de la recepción

El enfoque de los estudios culturales, sin embargo, no es el único vigente que realiza investigación sobre las audiencias. Incluyendo usos y gratificaciones, así como las diferentes teorías que colectivamente se denominan de *efectos* como establecimiento de la agenda y análisis del cultivo, que ya revisamos en el capítulo 9, hay en total cinco perspectivas que desde distintos ángulos, énfasis y metodologías estudian las formas en que los mensajes son recibidos e interpretados por los miembros del público. En 1990 Jensen y Rosengren propusieron una clasificación que sigue siendo muy útil para identificar las diferentes corrientes en el estudio científico de las audiencias. La figura 10.1 muestra las principales características de esos cinco enfoques, destacando qué tanto se enfocan en el mensaje, la audiencia o el sistema social, los tipos de metodología, enfoques y técnicas de análisis, así como la presentación de resultados. Como ya se han visto en capítulos anteriores, además de continuar más adelante explicando el enfoque de los estudios culturales, en esta sección nos concentraremos en explicar los dos restantes: el criticismo literario y el análisis de la recepción.

FIGURA 10.1

Principales características de las cinco tradiciones en la investigación de audiencias más importantes, según Jensen y Rosengren

	Efectos	**Usos y gratificaciones**	**Criticismo literario**	**Estudios culturales**	**Análisis de la recepción**
Tipo de teoría	Semiformalizada	Semiformalizada	Verbal	Verbal	Verbal
Foco de la teoría					
Mensaje	Menos central	Menos central	Central	Central	Central
Audiencia	Central	Central	Periférica	Menos central	Central
Sistema Social	Menos central	Central	Menos central	Menos central	Menos central
Tipo de metodología	Ciencia social	Ciencia social	Humanista	Humanista	Principalmente humanista
Enfoques					
Experimental	Frecuente	Rara vez	Rara vez	Casi nunca	Casi nunca
Encuestas	Frecuente	Como regla	Rara vez	Rara vez	Rara vez
Entrevistas en profundidad	Algunas veces	Algunas veces	Rara vez	Frecuente	Como regla
Análisis del mensaje	Rara vez	Rara vez	Como regla	Como regla	Como regla

Técnicas de análisis					
Estadísticas	Como regla	Como regla	Rara vez	Rara vez	Rara vez
Interpretativas	Rara vez	Algunas veces	Como regla	Como regla	Como regla
Modos de presentación					
Numérica, tabular	Como regla	Como regla	Casi nunca	Rara vez	Algunas veces
Verbal, analítica	Como regla	Como regla	Algunas veces	Frecuente	Como regla
Verbal, narrativa	Algunas veces	Algunas veces	Como regla	Como regla	Como regla

Fuente: Jensen, K.B. y Rosengren, K.E. (1990). "Five Traditions in Search of the Audience", *European Journal of Communication, 5*, 207-238.

Anclado en la tradición de la crítica literaria tradicional, el enfoque del criticismo literario en la actualidad ha redefinido la literatura como forma de comunicación que se dirige a los lectores como individuos en una esfera de disfrute personal, según Jensen y Rosengren (p. 211). Esto llevó a los críticos literarios a plantearse por primera vez qué tipo de experiencias estéticas generaban los textos en los lectores a desarrollar principios y aspectos normativos en ellos que les permitieran entender y disfrutar mejor las obras analizadas. Por ello, a pesar del supuesto *descubrimiento* del lector, esta tradición siguió insistiendo en el análisis del mensaje, sin preocuparse casi nunca por investigar al lector. Consecuentemente, ha sido un enfoque con muy poco impacto en los estudios de audiencias y es tomado en cuenta por Jensen y Rosengren tan sólo por tener cierta presencia y por haber influido de manera indirecta en algunos autores de estudios culturales y análisis de la recepción.

El denominado análisis de la recepción, por otro lado, ha tenido contribuciones más amplias e importantes en este tema, aunque sigue siendo menos popular que los estudios culturales. Según Karl Bruhn Jensen (1991b, pp. 135-138), uno de sus principales exponentes, el análisis de la recepción incluye diversas formas de investigación empírica y cualitativa de las audiencias y, en distinta medida, busca integrar la tradición de las ciencias sociales (usos y gratificaciones, efectos) con la literario-humanista (crítica literaria y estudios culturales).

El análisis de la recepción, a diferencia de los estudios culturales que tienden a concentrarse en el estudio de los mensajes y de su significación sociocultural, realiza simultáneamente análisis del contenido de los medios y de su recepción por parte de segmentos específicos de la audiencia.

Con usos y gratificaciones comparte su visión de los miembros del público como "individuos activos que pueden realizar una variedad de cosas con los medios en términos de consumo, decodificación y usos sociales" (Jensen y Rosengren, 1990, pp. 217-218). Rechaza de este enfoque, sin embargo, el hecho de que rara vez haya ido más allá del nivel estrictamente psicológico (individualista) y que no haya tomado en cuenta que el contenido de los mensajes se basa en códigos culturales.

Con los estudios culturales coincide en considerar a los mensajes de los medios como discursos que responden a códigos culturales:

> Lo que caracteriza al análisis de la recepción es, sobre todo, la insistencia en que los estudios incluyan un análisis empírico comparativo entre los discursos de los medios y los discursos de la audiencia –la estructura de los contenidos y la de las respuestas de la audiencia en relación con el contenido. Los resultados de este análisis son posteriormente interpretados con referencia al sistema sociocultural que los rodea, el cual [...] es conceptualizado como una configuración histórica de prácticas sociales, contextos de uso y comunidades interpretativas...

En contraposición al enfoque de la economía política crítica, el análisis de la recepción considera que las prácticas culturales y los actos interpretativos individuales son independientes de las estructuras económicas y políticas prevalecientes. Su interés fundamental es indagar "cómo audiencias específicas difieren en la producción social de significados" (p. 218).

Pero regresemos a la perspectiva de los estudios culturales, la cual sigue siendo una de las más importantes y utilizadas a nivel mundial en este campo. Para este enfoque las audiencias no tan sólo son consumidoras de mensajes; también son productoras de significado: "decodifican o interpretan los *textos* comunicacionales en formas relacionadas con sus circunstancias sociales y culturales, y con la manera en que experimentan subjetivamente dichas circunstancias" (Ang, 1991, p. 160). No interesa tanto la decodificación *individual*, sino la que diversos individuos comparten culturalmente. Por ello, los investigadores en este enfoque estudian la manera en que ciertos grupos de personas reciben e interpretan los mensajes de los medios. En este enfoque dichos grupos se denominan *comunidades interpretativas* o *subculturas.*

Ang ha insistido en que al estudiar la recepción se debe tomar en cuenta la manera en que los medios se encuentran integrados a nuestras vidas cotidianas (p. 162). La figura 10.2 resume los puntos generales que debemos tomar en cuenta para lograr este objetivo.

FIGURA 10.2

Sugerencias para comprender cómo se integran los medios a la vida cotidiana

1. Para realizar un estudio significativo sobre el uso de los medios es necesario tomar en cuenta los diferentes medios de comunicación, y examinar el *ensamble comunicacional* con el que se relaciona cada persona diariamente. Las audiencias integran los contenidos de la radio, la televisión y la prensa.
2. Como regla, los medios no son utilizados completamente o con total concentración. Leemos parte de las reseñas deportivas, hojeamos revistas sin detenernos en todas las páginas o secciones, y cambiamos continuamente de canal cuando no encontramos algo que nos guste en la televisión.

3. Los medios constituyen una parte integral de nuestras rutinas y rituales cotidianos. Por lo tanto, no se puede aislar el uso de los medios, puesto que está constantemente interrelacionado con otras actividades, como conversar o hacer el *quehacer.* En otras palabras, la comunicación de *masas* y la *interpersonal* no se pueden separar.
4. El uso de los medios no se da en procesos individuales aislados, sino en procesos colectivos. Aun cuando se lee un periódico uno no está completamente solo, sino en interacción con familiares, amigos o colegas.

Fuente: Herman Bausinger, citado en len Ang, "The Nature of the Audience", en John Downing, Ali Mohammadi y Annabelle Sreberny-Mohammadi (eds.)", *Questioning the media: A critical introduction,* Sage, Newbury Park, California. 1991, p. 163.

La investigación empírica de las audiencias basada en los estudios culturales ha proliferado tanto a nivel mundial que es imposible hacer una síntesis de todos los trabajos que se han realizado en Europa, Estados Unidos, Canadá e incluso en países asiáticos y africanos.

La perspectiva latinoamericana

El auge de nuevos enfoques teóricos sobre la audiencia activa que se manifiesta en Europa y en Estados Unidos no es privativo de esas regiones del mundo. En América Latina también hay una fuerte vertiente que, mediante elaboraciones teóricas y aproximaciones metodológicas diferentes, ha restituido a las audiencias un rol activo y una mayor capacidad de rechazar o negociar los mensajes hegemónicos de los medios. Como señala García Canclini (2004), no es nada fácil definir las características de los estudios culturales, sean latinoamericanos o de otras regiones, debido a que no constituyen una disciplina, sino un campo de estudio donde confluyen enfoques, tradiciones y metodologías de muy diferentes ciencias sociales y humanidades:

> ¿Cómo averiguar, a esta altura, qué son los estudios culturales? En libros titulados con estas palabras encontramos reinterpretaciones de la historia de la literatura, debates sobre lo que le pasa a la cultura y la política al apoderarse de instituciones familiares o al liberarse de dictaduras, críticas a las flaquezas de las humanidades y las ciencias sociales, polémicas sobre la exégesis [interpretación, análisis] legítima o políticamente más productiva de Derrida y de Deleuze, de Lacan y de Laclau, del modernismo y el posmodernismo, de la globalización y de sus antagonistas… (p. 119)

García Canclini explica que la combinación de diferentes disciplinas y metodologías vino a enriquecer y a renovar la exploración de la cultura, permitiendo estudios muy novedosos y relevantes que no se habrían podido realizar de seguir cada quién encerrado en su respectiva ciencia social o humanística: "leer un texto literario con instrumentos sociológicos, estudiar artesanías o músicas folclóricas como procesos comunicacionales […] es constitutiva de los estudios culturales la apertura a la alteridad" (p. 122).

Según la investigadora brasileña Nilda Jacks (1994, p. 57), las principales corrientes que desarrollaron y consolidaron la investigación de las audiencias en América Latina fueron cinco:

a) *El consumo cultural.* Desarrollada por Néstor García Canclini, quien propuso una teoría sociocultural del consumo integrando teorías económicas, psicoanalíticas, antropológicas, sociológicas y comunicacionales.
b) *Los frentes culturales.* Corriente liderada por Jorge González, investigador ligado originalmente al Programa Cultura de la Universidad de Colima, México. Su propuesta consistió en demostrar que hay una disputa por la validación simbólica, en la que cada grupo sociocultural participa para hacer valer su identidad cultural.
c) *La recepción activa.* Esta propuesta estudió la influencia cultural de la TV a través de la exploración de las relaciones concretas de producción de significado entre los diferentes segmentos sociales y el mensaje televisivo; fue propagada por el Centro de Indagación y Expresión Cultural y Artística (Ceneca) de Chile.
d) *El uso social de los medios.* Propuesta por Martín Barbero, analizó las articulaciones que se establecen entre las prácticas de comunicación y los movimientos sociales, considerando las mediaciones del contexto cultural de los receptores.
e) *El modelo de las multimediaciones.* Concebido por Guillermo Orozco y desarrollado originalmente en el Programa Institucional de Investigación en Comunicación y Prácticas Sociales (Proiicom) de la Universidad Iberoamericana, en México, su objetivo era averiguar cómo se realizaba la interacción entre la audiencia y la TV, tomando en cuenta el conjunto de mediaciones que se enlazan en lo cotidiano y en las prácticas sociales.

De una u otra manera, estos cinco enfoques latinoamericanos fundacionales de los estudios de audiencia en la región son compatibles con el enfoque más amplio de los estudios culturales; y comparten con éste, y entre sí, un buen número de supuestos y conceptualizaciones teóricas. Si en otros enfoques y tipos de investigación América Latina no ha destacado mucho, en el estudio culturalista de los mensajes y su recepción ha hecho contribuciones significativas a nivel mundial.

El consumo cultural

El antropólogo argentino radicado en México, Néstor García Canclini, es una de las figuras clave en el desarrollo y la consolidación de los estudios culturales en este país. Dada su formación científica, ha incorporado la antropología social de lleno en el estudio de la comunicación, vinculándola con los procesos culturales más amplios y con posiciones conceptuales más complejas e interdisciplinarias. Sus aportaciones más importantes se han dado en la teorización y la investigación empírica de la recepción y los públicos de los medios.

Para García Canclini (1993, pp. 19-20), la mejor forma de analizar los procesos de recepción de la comunicación de masas es a través del concepto de *consumo cultural.* Como el término *consumo* ha sido definido y utilizado por diversas disciplinas (economía, antropología, sociología, ciencias de la comunicación), el autor propone una aproximación *transdisciplinaria* que ponga en relación las aportaciones individuales: "La gente consume en escenarios de escala diferente y con lógicas distintas, desde la tienda de la esquina hasta el supermercado y los macro centros comerciales. Sin embargo, como las interacciones multitudinarias y anónimas de los *malls* y la televisión se hallan cada vez más entrelazadas con las interacciones pequeñas y personales, se vuelve necesario pensarlas en relación."

Pese a la estandarización y masificación de los mensajes de los medios, García Canclini aclara que el consumo de éstos dista mucho de ser homogéneo para la gente. Los públicos se dividen en un gran número de grupos bien diferenciados por variables socioeconómicas, demográficas y culturales. Cada grupo –a pesar de la distancia geográfica entre sus miembros– interactúa de cierta manera con ciertos tipos de mensajes de los medios: "las personas van ubicándose en ciertos gustos musicales y en modos divergentes de elaboración sensible, según las brechas generacionales, y las distancias económicas y educativas".

El antropólogo social revisa y discute las diversas explicaciones y teorías sobre el consumo (véase la figura 10.3). Señala, en primer término, que el consumo humano tiene muy poco que ver con la satisfacción de necesidades *naturales,* ya que la conducta y la naturaleza humana no son inmutables. Rechaza también la *concepción instrumentalista de los bienes,* es decir, la creencia de que los bienes son producidos por su valor de uso para satisfacer necesidades básicas: los autos sirven para transportarse, los alimentos para nutrirse. En el fondo, aclara García Canclini, la existencia, la circulación y el uso de los objetos dependen de los intereses de lucro de los productores, en tanto que el consumo de ciertos bienes se convierte en recurso simbólico para reflejar *status,* diferencias de clase y pertenencia a ciertos grupos. Si una necesidad social es el transporte de las personas de un lado a otro, ¿por qué prevalecen los autos sobre el transporte colectivo? El investigador contesta que la lógica de la ganancia de los productores, junto con los deseos de los consumidores para diferenciarse de otros, es lo que fomenta el indeseable predominio de los autos (p. 24).

FIGURA 10.3

Modelos teóricos sobre el consumo cultural (García Canclini)

Modelo 1: El consumo es el lugar de reproducción de la fuerza de trabajo y de expansión del capital.

Identifica al consumo de bienes y servicios como manipulación por parte de la clase dominante de una sociedad. Esta última inculca en los trabajadores, a través de la publicidad y otros medios, necesidades artificiales que los lleva a consumir y a reforzar así la expansión del capital.

Para García Canclini, el error de esta teoría consiste en creer que se pueden desarrollar necesidades *artificiales*. El teórico sugiere complementar este enfoque economicista con el saber antropológico que explica cómo los usuarios seleccionan y combinan los productos y mensajes.

Modelo 2: El consumo es el lugar donde las clases y los grupos compiten por la apropiación del producto social.

"De ver al consumo como un canal de imposiciones verticales, pasamos a considerarlo un escenario de disputas por aquello que la sociedad produce y por las maneras de usarlo", señala García Canclini para este modelo (pp. 26-27).

Modelo 3: El consumo como lugar de diferenciación social y distinción simbólica entre los grupos.

"En sociedades que se pretenden democráticas [...] el consumo es el área fundamental para construir y comunicar las diferencias sociales." Las diferencias entre las distintas clases se da no por los objetos que se poseen, sino por la forma en que se les utiliza: qué programas se ven en la TV, qué música se escucha en la radio o en el o reproductor de discos compactos, qué películas se miran en el cine, qué secciones del periódico se leen, etcétera.

Modelo 4: El consumo como sistema de integración y comunicación.

Las diferencias entre los grupos elitistas y los subalternos en México, explica García Canclini, no se dan ya –como antes– mediante la oposición entre lo propio o lo importado, o entre lo tradicional y lo moderno, "sino como adhesión diferencial a subsistemas culturales con diversas [*sic*] complejidad y capacidad de innovación: mientras unos escuchan a Santana, Sting y Carlos Fuentes; otros prefieren a Julio Iglesias, Alejandra Guzmán y las telenovelas mexicanas o brasileñas de exportación" (pp. 8-9).

Modelo 5: El consumo como escenario de objetivación de los deseos.

Hay muchos elementos irracionales o inconscientes en el consumo. Las personas actúan con frecuencia siguiendo "deseos sin objeto, impulsos que no apuntan a la posesión de cosas precisas o a la relación con personas determinadas. [...] Pese a ser difícilmente aprensible, el deseo no puede ser ignorado cuando se analizan las formas de consumir" (pp. 30-31).

Modelo 6: El consumo como proceso ritual.

A través de los rituales, según García Canclini. "la sociedad selecciona y fija, mediante acuerdos colectivos, los significados que la regulan". El antropólogo cita la definición del consumo que dan Douglas e Isherwood como "un proceso ritual cuya función primaria consiste en darle sentido al rudimentario flujo de los acontecimientos". Mediante este modelo, García Canclini rechaza la creencia de que el consumidor es "irracional". Cada vez que una persona selecciona, compra y utiliza, "está contribuyendo a la construcción de un universo inteligible con los bienes que elige" (p. 32).

FUENTE: Néstor García Canclini, "El consumo cultural y su estudio en México: una propuesta teórica", en N. García Canclini (coord.), *El consumo cultural en México*, Conaculta, México. 1993.

Para García Canclini, los seis modelos son necesarios para explicar *aspectos* del consumo: "ninguno es autosuficiente y, sin embargo, aún es difícil establecer principios teóricos y metodológicos transversales que los combinen" (pp. 32-33). Y si bien son modelos que se aplican a todo tipo de consumo, no sólo al que se podría definir como cultural, resultan muy pertinentes para analizar la manera en que los grupos sociales usan y se apropian de todo tipo de productos culturales, desde los artísticos y académicos hasta los que con una óptica mercantil aparecen en los medios de comunicación.

Como posición final sobre el consumo cultural, García Canclini destaca la capacidad de los públicos para cambiar las prescripciones y los objetivos propuestos por los productores:

> En el consumo, contrariamente a las connotaciones pasivas que esa fórmula aún tiene para muchos, ocurren movimientos de asimilación, rechazo, negociación y refuncionalización de aquello que los emisores proponen. Entre los programas de televisión, los discursos políticos o los diseños impresos por los fabricantes en los productos, y lo que los consumidores leen y usan de ellos, intervienen escenarios descodificadores y reinterpretadores: la familia, la cultura barrial o grupal, y otras instancias microsociales. Cada objeto destinado a ser consumido es un texto abierto que exige la cooperación del lector, del espectador, del usuario para ser completado y significado.

Si bien es cierto que el consumidor nunca es un creador puro, también lo es que el emisor no es omnipotente para manipular e imponer sus valores y sus ideas en quienes consumen su producto, concluye el investigador. El público no existe, si por ese concepto se entiende un "conjunto homogéneo con comportamientos constantes, o la simple adición de conductas individuales apiladas [...] los variados tipos de recepción y apropiación se organizan en grupos y sectores en tensión" (p. 38).

Más recientemente, García Canclini (1999) se ha dedicado a profundizar en el análisis de la globalización y a tratar de identificar políticas públicas que puedan ser capaces de incorporar el interés público, reivindicar la esfera pública y construir una ciudadanía mundial, para evitar que solamente los empresarios y los conglomerados decidan cómo aprovechar este fenómeno. Entre otras propuestas, el investigador concluye que la política cultural prioritaria debiera ser la que se hace con la ciudadanía, colocando en el lugar protagónico del desarrollo a las personas, no a los capitales ni a otros indicadores mercantiles. Se trata, insiste, de estudiar si la oferta cultural de una sociedad (tanto la producida nacionalmente como la que se recibe de otros países) y los modos en que se consume son...

> los más adecuados para que los diversos sectores de la sociedad puedan reconocerse con sus diferencias, logren una distribución más justa de los recursos materiales y simbólicos, se confronten solidariamente dentro de la nación y con las otras naciones [...]. Trabajar a la vez con la cohesión sociocultural y con las diferencias supone desarrollar programas para reducir las desigualdades en el acceso a la cultura y en su ejercicio creativo, derivadas de vivir en distintas ciudades o barrios, de ser hombre o mujer, blanco, negro o indio; pero a la vez garantizando escenarios públicos y circuitos comunicacionales para que los hombres y mujeres, los miembros de distintas etnias y grupos de edad, manifiesten lo que ha sido y es significativo para su grupo, y ensayen su renovación [p. 190].

Si las anteriores condiciones se dan, termina García Canclini, se habrían cumplido casi todos los requisitos para que los consumidores y creadores culturales se conviertan en ciudadanos.

En "Diferentes, desiguales, desconectados", el antropólogo argentino que vive en México desde hace más de 20 años retoma su preocupación por las consecuencias de la globalización y su efecto negativo en las industrias culturales de los países en desarrollo, disminuyendo, por ejemplo, la producción de películas y otros productos culturales. El autor complementa su propuesta anterior buscando opciones concretas para organizar la diversidad de un modo alternativo al actual. En primer lugar, propone revisar las reglas del juego mundial de intercambios comunicacionales, "corrigiendo desequilibrios entre mayorías y minorías, la conversión global de culturas de élite en mayoritarias, y sancionando los procesos de *dumping* o exclusión transnacional" (García Canclini, 2004, p. 203). Opina también que la diversidad cultural y el reconocimiento de las minorías empiezan a visualizarse como aspectos indispensables para lograr una globalización más incluyente y menos injusta. Otra propuesta de García Canclini relacionada con los flujos comunicacionales en el mundo es promover las coproducciones de películas entre países chicos o medianos, para construir redes de producción, distribución y exhibición independientes de las monopolizadas por el cine estadounidense.

Los frentes culturales

Para Jorge A. González, investigador asociado en las décadas de 1980 y 1990 al Programa Cultura de la Universidad de Colima, la comunicación es "un proceso de construcción, de/construcción, re/construcción de múltiples efectos de sentido, a partir del lugar que los interlocutores ocupan en la trama de las relaciones de fuerza que se circunscriben en relación con el dominio de un *campo ideológico* preciso" (González, 1986, p. 40). La posición de cada individuo en la estructura social, así como las relaciones sociales que mantiene con los demás, influye decisivamente en la interpretación y el sentido que le dé a la comunicación. Los individuos pertenecientes a las clases populares, dada su posición subalterna y contrapuesta a la hegemónica, se alejan en buena medida de los usos y las funciones *prescritas* por la clase hegemónica para cada práctica o producto cultural. González explica lo anterior con el concepto de *desniveles culturales,* es decir, la mayor o menor distancia que tiene cada clase social respecto de la manera *oficial* en que se sugiere la interpretación y el uso de una determinada práctica o mensaje. Es a través de estos desniveles culturales, de acuerdo con González, que las clases se separan y distinguen (pp. 36-37).

Siguiendo a Gramsci, González señala que las diferencias y los desniveles culturales entre los diferentes grupos sociales "no son impermeables y repelentes entre sí", sino que se entrecruzan, comparten y se enfrentan: "Proponemos la categoría de los *frentes culturales* para entender los distintos choques y enfrentamientos (no necesariamente violentos, ni en posición inmediata de exterioridad) en los que diferentes clases sociales que son portadoras de volúmenes desiguales (desnivelados) de capital cultural se *encuentran* bajo la cobija de significados iguales, transclasistas".

De esta manera, cada grupo social, sea dominante o subalterno, construye significados distintos y contrapuestos, de los mismos *significantes* propuestos como válidos universalmente para todos los habitantes de un país o una cultura. Las diferencias y contraposiciones de los distintos grupos, sin embargo, nunca se alejan del todo de los puntos de referencia hegemónicos (significados dominantes o preferentes en la terminología de los estudios culturales británicos). La construcción social de sentidos a través de la comunicación, por lo tanto, se convierte en un campo de batalla por monopolizar las interpretaciones *legítimas* de las necesidades, las identidades y los valores (p. 42). Por efecto de las desiguales posiciones que guardan los distintos actores dentro de la estructura social, explica González (1991, p. 13), la cultura sirve para diferenciar, clasificar y operar el mundo: "todos los seres humanos nos construimos una representación de nuestro accionar y estar por el mundo, pero precisamente debido a las desigualdades de poder y de clase, con dificultad nuestras distintas interpretaciones de la realidad pueden coexistir armoniosa y amablemente con las de otros agentes de posiciones distintas y desniveladas respecto de la nuestra".

Por lo anterior, indica el investigador, resulta importante recurrir al concepto de *hegemonía,* pues a través de él se puede desarrollar el análisis de esas visiones del mundo y de esas desigualdades que caracterizan a los diversos grupos sociales.

Entre los distintos fenómenos y productos culturales que González (1988, 1991, 1993, 1994) y otros investigadores (López, 1988; Galindo, 1988; Valenzuela, 1988) han estudiado con mayor atención, se encuentran, sin duda alguna, las telenovelas. En el melodrama televisivo latinoamericano confluye "toda una memoria colectiva ligada con las representaciones dramáticas y que pasa por la profusa experiencia cultural mexicana de la canción ranchera, el bolero, la caricatura, la literatura del corazón, el melodrama teatral, radiofónico, literario y cinematográfico" (González, 1993, pp. 298-299).

Para comprender la importancia de las telenovelas en la vida cotidiana de sus públicos, González (1988, p. 23) propone identificar qué lugar ocupan en la manera en que las clases sociales se relacionan entre sí "en los procesos de constitución social del sentido". Las telenovelas, según el autor, constituyen un género de interés para todas las clases sociales (un formato transclasista) que incorpora rasgos ideológicos de todas ellas, "opera con valores e ideologías enraizadas y entretejidas en el discurso social común".

Aunque el proyecto global sobre las telenovelas era muy amplio e incluía tanto análisis de su producción, circulación y contenidos, como de su recepción y apropiación (*lecturas*) por diferentes grupos sociales, esta última parte es la que resulta más interesante para los fines del presente capítulo.

Los miembros del Programa Cultura, en principio, rechazaban preguntar acerca de los *efectos* de las telenovelas, de cómo impactan o enajenan a sus públicos. Su punto de interés, por el contrario, se encontraba en "conocer los diferentes modos en que se relaciona la sociedad con los melodramas televisivos" (González, 1988, p. 29). Para lograr lo anterior, utilizaban una estrategia metodológica doble: el estudio de las dimensiones sociodemográficas macro de la relaciones sociedad-telenovelas, y las dinámicas de lecturas y apropiaciones múltiples que se dan cualitativamente al nivel micro de la vida cotidiana.

De esta manera, este enfoque crítico culturalista valida lo que argumentábamos en el primer capítulo de esta obra. Los investigadores contemporáneos de la comunicación de masas tienden a combinar el uso de técnicas cuantitativas (la encuesta en este caso) y cualitativas (historias de vida, entrevistas en profundidad, estudios de caso), conscientes de las ventajas de triangular y complementar los datos.

A mediados de la década de 1990 Jorge A. González dejó Colima y el Programa Cultura para moverse hacia otras universidades mexicanas, desde donde continúa realizando aportaciones importantes al estudio de la comunicación de masas. En los últimos años, con miembros del Laboratorio de Comunicación Compleja fundado por él en la UNAM, ha trabajado en concreto un proyecto sobre el acceso y el uso de tres generaciones de usuarios de tecnologías mediáticas y cómo afectan su memoria relacionada con ellas. En conjunto con Margarita Maas (González y Maas, 2005) ha explorado la interacción de variables como sexo, edad y clase social, y medios como radio, televisión e Internet en la memoria mediática de eventos globales. En consonancia con otros estudios que han demostrado que las audiencias de clase baja son las que menos se exponen a contenidos extranjeros, González y Maas concluyeron que este estrato tenía una influencia muy limitada de la globalización, en contraste con las clases altas que estaban mucho más conectadas con ella y manifestaban memorias mediáticas más influenciadas por ese fenómeno global.

La recepción activa

Otro de los comunicólogos latinoamericanos que ha pregonado la capacidad crítica de las audiencias en la recepción de los mensajes es el chileno Valerio Fuenzalida. Con base en las experiencias del Programa Especializado en Recepción Activa de Televisión de Ceneca, establecido en 1982, Fuenzalida divulgó estudios que demostraban que la influencia grupal era sumamente importante en la construcción del sentido que las personas confieren a los mensajes.

La familia, en este sentido, ejerce una influencia decisiva en los hábitos y preferencias televisivas del joven, junto con los grupos de amigos donde espontáneamente se comentan y debaten los programas (Fuenzalida 1989, p. 41). Para este investigador, el significado televisivo y las resignificaciones "se van construyendo en confrontación con las percepciones de los hijos, los esposos, los vecinos, los compañeros en organizaciones civiles o religiosas".

En sus análisis, Fuenzalida destaca la importancia del contexto sociocultural en la mediación televisiva. Para los que disponen de altos ingresos, la televisión es sólo una entre diversas opciones de entretenimiento o información. Para los de bajos recursos, la mayoría de la veces el televisor es su único o principal medio de entrar en contacto con otros horizontes. Por otro lado, la presencia de otros medios de comunicación también ejerce una influencia importante en la recepción. Para quienes se exponen sobremanera a periódicos, revistas, radio y cine, la televisión no adquiere una significación tan especial.

Asimismo, las organizaciones de todo tipo (iglesias, partidos políticos, asociaciones profesionales, sindicatos, grupos de acción, etcétera) también intervienen al constituir para el individuo fuentes de información y de elaboración de significaciones socioculturales. Dichas agrupaciones promueven así un discurso heterogéneo social que resulta en ocasiones conflictivo y contradictorio con el de la televisión (Fuenzalida 1989, p. 46): "Si bien el televidente aparece a menudo físicamente aislado, él es sin embargo un receptor culturalmente situado y socialmente constituido. Y este haz de relaciones socioculturales que es el televidente interactúa con los diversos mensajes televisivos, para elaborar finalmente el significado existencial y concreto."

Las propuestas y experiencias de Fuenzalida y sus colaboradores del Ceneca contribuyeron significativamente al desarrollo de los esfuerzos de educación para la recepción en América Latina.

El uso social de los medios

A diferencia de los enfoques críticos europeos, revisados en la primera parte de este capítulo, que toman como punto de partida la clase social, el género o la familia, varias de las perspectivas latinoamericanas parten de la problemática más amplia de la cultura popular para repensar los usos, las lecturas y las apropiaciones de la comunicación. Jesús Martín Barbero, uno de los teóricos clave en esta nueva perspectiva, señala que el interés por las culturas populares tiene que ver con tres fenómenos:

En primer lugar, con la incapacidad de las teorías de la comunicación en boga de explicar a la comunicación en cuanto comportamiento colectivo y cotidiano, al ignorar las condiciones de producción y reproducción del sentido (Martín Barbero, 1987a, pp. 10-11).

En segundo, la ruptura con el inmanentismo en la comunicación que pretendía entender a la comunicación en sí misma, en vez de pensarla "desde las mediaciones en que se constituyen los procesos de producción simbólica, instituciones, organizaciones, lenguajes, sujetos" (p. 11). Miradas desde la cultura popular, la *culta* y la *masiva* dejan al descubierto su cultura de clase.

Por último, el redescubrimiento de lo popular en la comunicación tiene que ver, según Martín Barbero, con la existencia de prácticas comunicativas aún vigentes entre las clases populares, prácticas a veces tradicionales (cultura oral, rumores, chismes, chistes, relatos populares), a veces retomadas de lo moderno (p. 12).

Retomando puntos centrales de las teorías gramscianas sobre la hegemonía (véase el capítulo 8), pero evitando la falacia de contraponer de manera simplista los esfuerzos hegemónicos de las clases dominantes mediante la comunicación masiva y los procesos de resistencia de los sectores subalternos, Martín Barbero rechaza maldecir lo masivo para rescatar lo popular. Esto último, advierte, este hecho de *mestizajes,* complicidades y contradicciones; por ello se vincula eficazmente con lo masivo (p. 14).

En cuanto al estudio de lo popular en ámbitos urbanos –donde la comunicación de masas tiene un predominio mayor–, Martín Barbero (1987a, p. 14) afirma que lo importante está en...

> ver en lo urbano-popular, no sólo la homogenización de los consumos o la trasnacionalización de los patrones culturales efectuada por la televisión, sino los modos en que las masas populares reciclan su incierta relación con el

> Estado, su distancia al desarrollo tecnológico, la persistencia de elementos que vienen de las culturas campesinas y del mantenimiento del aparato popular de transmisión del saber, la refuncionalización del machismo, la melodramatización de la vida y los usos de la religión.

Las consecuencias de este replanteamiento teórico consisten en percatarnos de que la recepción de los mensajes de la comunicación de masas no es pasiva por parte de las audiencias, sino que atraviesa por una serie de *mediaciones,* las cuales articulan el contenido con la rutina diaria del *uso* de los medios en el contexto familiar, comunitario y nacional. Las mediaciones, según Martín Barbero, "son los lugares de los que provienen las contradicciones que delimitan y configuran la materialidad social y la expresividad cultual de la televisión" (Martín Barbero 1987b, p. 233). De esta manera, tales mediaciones implican un proceso en el que el discurso narrativo de los medios se adapta a la tradición narrativa tradicional del mito y el melodrama, en la que las audiencias aprenden a reconocer su identidad cultural colectiva en el discurso de la comunicación de masas. Martín Barbero propone como los tres lugares clave de la mediación la cotidianidad familiar, la temporalidad social y la competencia cultural.

La cotidianidad familiar mediatiza la recepción televisiva porque es uno de los espacios clave de interpretación y decodificación de la televisión. Y no sólo media en el proceso receptivo, sino que también inscribe *sus* marcas en el discurso televisivo mismo (p. 234). Éste, mediante la simulación del contacto (tono coloquial de los animadores) y la retórica de lo directo (imágenes simples, claras, con economía narrativa), apela a las *relaciones cortas* y la *proximidad* características de la interacción familiar.

La temporalidad social, por su parte, funciona como mediador al optar la televisión por el tiempo repetitivo del que está hecha la cotidianidad y no por el tiempo productivo valorado por el capital. La matriz cultural del tiempo que organiza la televisión es la de la repetición y el fragmento. Al insertarse en el tiempo del ritual y la rutina, la televisión logra incorporar la cotidianidad al mercado: "la serie y los géneros hacen ahora la mediación entre el tiempo del capital y el tiempo de la cotidianidad" (pp. 236-237).

Por último, la competencia cultural media entre la televisión y las audiencias populares a través de la estandarización de los géneros. Mientras que en las obras *cultas* se da una contradicción dialéctica con su género, en la cultura de masas la regla estética es aquella de la mayor adecuación al género. En vez de optar por una cultura *gramaticalizada,* que remite el entendimiento y el disfrute de una obra a las reglas explícitas de la gramática, como sucede en el folklore, en la cultura popular, en la cultura de masa" (p. 238).

El modelo de las multimediaciones

Una de las mayores aportaciones de Guillermo Orozco (1990/1991, 1991a, 1992), principal exponente de este enfoque, es identificar y discutir a fondo las mediaciones cognoscitivas, culturales, situacionales, estructurales y videotecnológicas que complejizan la experiencia televisiva.

FIGURA 10.4

Mediaciones en la recepción televisiva (Orozco)

1. La mediación cognoscitiva

   Es aquella que incide en el proceso del conocimiento (lo afectivo, lo racional y lo valorativo). La cantidad y calidad de información, los conocimientos y las valoraciones que un sujeto receptor *traiga* a la pantalla del televisor median su recepción del mensaje, en tanto que influyen en aquellos aspectos que son percibidos en general, en aquellos otros que son percibidos como relevantes, y en las asociaciones posibles que resulten de lo percibido con lo anteriormente asimilado en la mente del sujeto.

2. La mediación cultural

   A su vez, el proceso cognoscitivo está influido por la cultura. La relevancia de las preguntas que guían la curiosidad cognoscitiva del sujeto y del sujeto como televidente, así como el sentido de sus respuestas, en buena medida son condicionadas por la cultura o la subcultura concreta a la que pertenece. Todo televidente es producto y miembro de una cultura, y ésta se encuentra presente en sus interacciones sociales y especialmente en su interacción con la televisión.

3. La mediación situacional o de referencia

   Las diversas identidades del sujeto receptor cultural, sexual, étnica, socioeconómica y hasta su procedencia geográfica, constituyen mediaciones en el proceso de ver televisión, en tanto que inciden diferencialmente en la interacción que el sujeto televidente entabla con el mensaje televisivo.

4. Mediaciones institucionales

   Por lo general, el televidente es miembro de una familia, participa en un vecindario o es parte de un grupo de trabajo. Además, casi siempre ha pasado por alguna escuela y profesa alguna religión. En todas estas *instituciones sociales* el sujeto interactúa, intercambia, y *produce* sentidos y significados; se comunica. Los mensajes de cada institución social son interrelacionados por el sujeto debido a su simultánea pertenencia a varias instituciones.

5. Mediaciones videotecnológicas

   Consiste fundamentalmente en una naturalización de la significación de la realidad: *a)* la *creación* de noticias, en el sentido de ser producidas con fórmulas profesionales y mediante un proceso *industrializado; b)* la presencialidad del receptor (*hacer* al televidente *testigo presencial de los acontecimientos* que se ofrecen en la pantalla, sin que éste se percate de que se halla frente a una representación de la realidad; *c)* la constru-cción de verosimilitud (la alta fidelidad de la TV en la reproducción y transmisión de signos y significados); y *d)* la apelación emotiva (facilidad para incidir en lo afectivo y lo emocional, a través de elementos *efectistas* como el suspenso, la música, los tonos de voz, la violencia, la fantasía, etcétera).

FUENTE: Guillermo Orozco, *Recepción televisiva: tres aproximaciones y una razón para su estudio.* Universidad Iberoamericana, Cuadernos de Comunicación y Prácticas Sociales, núm. 2, México, 1991.

Para Orozco, la apropiación de los mensajes televisivos se da antes, durante y después de la exposición a ellos, debido al complejo funcionamiento de esas mediaciones en cada individuo. Cuando una persona se sienta a ver televisión, explica el investigador mexicano, "no se enfrenta a la pantalla con la mente en blanco, sino que *trae a ella* una serie de actitudes, ideas y valores o *repertorio cultural* que pone en juego con los repertorios preferentes propuestos en los mensajes televisivos" (Orozco, 1991b, p. 29). De igual forma, después de la recepción del mensaje, el individuo lo discute, confronta o intercambia con miembros de su familia, escuela, grupo de amigos o compañeros de trabajo, etcétera, reelaborando y rediseñando sus significados. En la mayoría de los casos, la apropiación final dista mucho de ser la prescrita por el propio mensaje.

Desde principios de la década de 1990, Orozco (1991b y 1992) y otros investigadores como Renero (1992a y 1992b) y Cornejo (1992, 1994) han realizado investigaciones empíricas que documentan la manera en que las distintas mediaciones (familiares, cognoscitivas, institucionales) participan en la relación de los individuos con la televisión.

La mediación ejercida por la familia, por ejemplo, ha sido estudiada por Orozco (1992, p. 11) mediante entrevistas en profundidad realizadas a 28 madres de familia de siete audiencias diferenciadas por nivel socioeconómico, educación y tipo de escuelas (públicas-privadas) a las que enviaban a sus hijos. Para este investigador, los miembros de la familia, en particular los adultos, "ejercen una influencia permanente en los más pequeños (los niños), no sólo en los gustos y preferencias televisivas que van desarrollando, sino también en sus modos de apropiación de todo eso que ven y escuchan en la pantalla".

Para Orozco, es en el ámbito familiar donde se producen las primeras apropiaciones de los mensajes, donde los niños le otorgan sentido y significados concretos a lo que ven en la televisión.

La mayoría de las madres, sin importar las variables que las diferenciaban, percibían a la televisión como fuente de influencia en el desarrollo de los niños, como algo que no era neutral en la educación de sus hijos. Cada audiencia, sin embargo, de acuerdo con su nivel socioeconómico, edad, etcétera, utilizaba de diferente manera referentes generales como las aspiraciones de movilidad social, las metas educativas y las definiciones sobre el entretenimiento y la formación integral de los hijos. Como conclusión final del estudio, Orozco señala que las madres emergen "como verdaderas educadoras, informadas y conscientes de lo que sucede con el desarrollo de sus niños y, ciertamente, como televidentes mucho más sabias de lo que estudios tradicionales de audiencia de los medios nos habían hecho creer" (p. 30).

Martha Renero (1992a, p. 52), con su estudio de madres de familia de Tijuana, Baja California, llega a conclusiones muy reveladoras sobre el papel mediador de la mujer según sean sus características socioeconómicas y étnicas. Las madres de bajo nivel socioeconómico provenientes de la región mixteca, dado su carácter tradicional, intervenían directa y *autoritariamente* en la exposición de sus hijos a la televisión, mediante órdenes y concesión o negación de permisos. En el fondo, aclara Renero, estas acciones mediadoras buscan "revalorizar el consejo materno como modo de orientar a los hijos pequeños sobre la dimensión moral de la vida".

En contraste, las madres *modernas* entrevistadas en Tijuana se preocupaban más bien por aumentar las opciones culturales y educativas de sus hijos, para permitirles interpretar e integrar nuevas informaciones y elaboraciones videotecnológicas: "más que enfatizar su capacidad de mando, la madre manifiesta un estilo de comunicación participativo, abierto a diferentes puntos de vista, incluso hasta contrarios a sus propias convicciones". Más recientemente, Renero (2005) se ha dedicado a estudiar tanto la producción, como el contenido y la recepción y apropiación del género de *talk show* en la televisión mexicana.

En síntesis, el modelo de las multimediaciones –como lo llama Jacks– insiste en que la actividad de las audiencias las lleva a producir significados y no sólo a reproducir los que le llegan a través de la televisión (Orozco, 1990/1991, p. 122): "Las audiencias son activas, pero sobre todo creativas. Producen sentido en su interacción social; los límites a esa producción no están dados sólo por razones individuales. Más bien están dados a la creatividad en sí, en un escenario sociocultural específico."

El alcance de la creatividad de las audiencias, según el autor, se encuentra definido por las mediaciones ejercidas por las distintas instituciones en las que participan.

La investigación sobre las lecturas de los contenidos mediáticos en las audiencias latinoamericanas

La mayoría de los ensayos y reportes de investigación sobre audiencias en México y América Latina, como hemos visto arriba, destacan la importancia de instituciones y factores como la familia (Covarrubias, Bautista y Uribe, 1994; Guadarrama, 1999; Orozco, 1991, 1992; Renero, 1992, 1996, 1997), la escuela (Cornejo, 1995; Orozco, 1991) y el barrio (Llano, 1992; Muñoz, 1994), en la mediación de la exposición e interpretación de los mensajes comunicacionales. Estos trabajos, sin duda, son esenciales para documentar con mayor profundidad y matices los complejos procesos de consumo y apropiación de las diferentes comunidades interpretativas, pues han facilitado una mayor comprensión de los usos y de la integración de los medios en la vida cotidiana, con aportaciones empíricas y teóricas que han hecho avanzar el campo de la investigación de audiencias en el país y la región.

Sin embargo, la mayoría de estos estudios han dejado fuera de la discusión y del análisis el tipo de lecturas realizadas por los grupos investigados. Lo que señala Morley (1993) para la literatura culturalista europea y norteamericana parece aplicable en gran medida a la mexicana y latinoamericana:

> La formulación original de Hall (1981) del modelo de encodificación/decodificación contenía, como uno de sus rasgos centrales el concepto de lectura preferente (hacia la cual el texto intenta dirigir al lector); mientras que aceptaba la posibilidad de lecturas alternativas, negociadas u oposicionales. Este modelo subsecuentemente ha sido alterado significativamente, al grado de que con frecuencia se mantiene que la mayoría de los miembros de la audiencia rutinariamente modifican o desvían cualquier ideología dominante reflejada

> en el contenido de los medios (Fiske, 1987); mientras que el concepto de la lectura preferente, o de una polisemia estructurada, queda enteramente fuera de vista [p. 13].

En nuestra región, incluso no se alcanza a advertir una línea clara de estudios que aborden el análisis de las lecturas que realizan los receptores, con algunas excepciones significativas. Más bien, se ha tendido a privilegiar la documentación de las rutinas de uso y consumo de los medios y, en el mejor de los casos, a identificar las percepciones y posturas de ciertos grupos (como las madres de familia) ante el consumo televisivo de sus hijos (Orozco, 1992), quedando ignorado en muchas ocasiones el estudio del tipo de lecturas realizadas por los miembros de las audiencias.

En cierta forma se entiende el porqué de tal situación. No es nada fácil delimitar metodológicamente lo que entenderemos por cada tipo de lectura ni la forma en que podemos obtener ese tipo de datos de los diferentes grupos que componen el público de los medios. Los trabajos clásicos de Morley, Ang, Radway y otros han mostrado diferentes posibilidades metodológicas; pero sin duda la identificación del grado de negociación de los significados de los medios por parte de la audiencia constituye uno de los mayores retos en el campo de los estudios culturales.

Uno de los primeros puntos que hay que tomar en cuenta al aproximarse a un estudio sobre los tipos de lecturas es la influencia de las variables sociodemográficas y de las mediaciones presentes en el proceso de consumo y apropiación de los contenidos comunicacionales. Y entre las variables que los estudios culturales destacan como más influyentes, en la generación de diferencias en el consumo y la apropiación de mensajes comunicacionales entre los miembros del público, se encuentran sin duda el género y el nivel socioeconómico. Investigadores como Ang (1996), González (1994), Hermes (1997), Lull (1990), Muñoz (1994), entre muchos otros, han destacado los usos y las apropiaciones diferenciadas en el consumo de televisión entre hombres y mujeres y entre receptores de clase baja, media y alta. Seiter, Borchers, Kreutzner y Warth (1991), por su parte, argumentan que el género como categoría social es esencial para la comprensión de la relación específica entre una forma genérica y las competencias culturales inherentes a los receptores de acuerdo con su género (p. 223).

A diferencia del concepto "sexo" que es materia de la biología, el de "género" tiende a relacionarse con la cultura (Edgar y Sedgwick, 1999), por lo que características "que se le atribuyen estereotipadamente a hombres y mujeres en la cultura occidental contemporánea (como una mayor expresividad emocional en la mujer, y mayores tendencias hacia la violencia y la agresión en los hombres)", por corresponder al género, podrían cambiarse (p. 158).

La clase social, por otro lado, ha sido vista por un gran número de investigadores como una de las variables o mediaciones más importantes al generar diferencias en el consumo y la apropiación de mensajes comunicacionales. Por lo general las divisiones de clase se consideran "fundamentales en la estratificación de las sociedades, y como tales pueden asociarse con diferencias en poder y cultura" (Edgar, 1999, p. 64). Como señala Asa Berger (1995) las divisiones económicas de clase tienen consecuencias culturales: "miembros de clases específicas suelen tener similares niveles educativos, ocupaciones, estilos de vida, valores, sensibilidades estéticas, etcétera, y se diferencian en estos aspectos de los miembros de otras clases socioeconómicas" (pp. 47-48). Numerosas investigaciones han encontrado evidencias de lo anterior, al detectar patrones diferenciados de exposición, consumo y apropiación de acuerdo con la clase social y/o el género (*cfr.* entre muchas otras, Covarrubias, Bautista y Uribe, 1994; Fuenzalida y Hermosilla, 1989; Hobson, 1991; Lopes, Borelli y Resende, 2002; Lozano, 1997 y 2000; Lull, 1988; Seiter, Borchers, Kreutzner y Warth, 1991).

Para Croteau y Hoynes (1997), la posición social actúa como mediadora central del proceso interpretativo, "no como determinante del significado, sino como proveedora estratégica de los recursos que usamos para decodificar los mensajes de los medios" (p. 237). Para ambos investigadores, la clase social (junto con otros factores como la edad, la raza y el género) nos proporciona las "herramientas culturales", los "recursos discursivos" –el lenguaje, los conceptos, los supuestos asociados con una subcultura particular– mediante los cuales le damos sentido a los mensajes de los medios:

> No debería sorprendernos que la gente que ocupa diferentes posiciones de clase posea diferentes tipos de recursos discursivos. Nuestra posición social provee el marco a través del cual vemos el mundo, haciendo algunas cosas visibles y otras más difíciles de ver [...] Las mismas herramientas culturales no están disponibles para todos. Nuestra posición social nos proporciona un acceso diferenciado a un espectro de herramientas culturales, las cuales usamos para construir significados en más o menos patrones específicos. El resultado es un modelo que presenta a los humanos como agentes activos restringidos por condiciones estructurales específicas" (pp. 240-241).

Por supuesto, el género y la clase social no son las únicas variables ni necesariamente las más importantes en la generación de diferencias entre los receptores. Variables como el origen ético, la ocupación, la edad, la procedencia geográfica, entre muchas otras, han demostrado ser también cruciales en la apropiación diferenciada de contenidos y medios (Croteau y Hoynes, 1997; Dalhgren, 1997; Morley, 1992). Asimismo, debemos evitar, como sugiere Ang (1996), tratar al género y al nivel socioeconómico como variables independientes aislables que condicionan las reacciones de los distintos miembros del público. Por el contrario, debemos verlos como "factores cuyo impacto como principios que contribuyen a estructurar la experiencia solamente pueden conceptualizarse dentro del contexto histórico concreto en el que son articulados" (p. 117).

Más cercanos a este tipo de preocupaciones son los estudios realizados por José Carlos Lozano y sus colaboradores en el Tecnológico de Monterrey, Campus Monterrey. En 1999, Lozano obtuvo la cátedra Televisa y con un equipo de profesores y alumnos de postgrado y licenciatura, coordinado por él y por Francisco Javier Martínez, realizó 2,400 encuestas en vivienda en las áreas metropolitanas de Monterrey, Guadalajara y la Ciudad de México, así como 180 entrevistas focalizadas (cualitativas) y 30 grupos de enfoque. El proyecto se planteó explorar cuantitativa y cualitativamente la integración de la televisión en la vida cotidiana de los habitantes de esas tres ciudades mexicanas; pero también documentó una gran cantidad de procesos y variables relacionadas con los hábitos, las relaciones y las negociaciones de las audiencias frente al televisor. Entre otros, se encuentran los siguientes trabajos basados en los hallazgos de las diferentes etapas y proyectos derivados de la cátedra Televisa: Cerda, 2001; Lozano, 2000b, 2001, 2003b y 2003c; Huerta y Cerda, 2003; Yarto y Lozano, 2003.

Uno de los hallazgos más importantes fue la capacidad de las audiencias, ya fueran éstas de clase baja, media o alta, jóvenes o adultos, hombres o mujeres, para cuestionar activamente los noticieros televisivos nacionales y discutir su falta de objetividad y sus sesgos ideológicos (Lozano, 2001). Los hallazgos confirmaban las afirmaciones de los estudios culturales sobre la capacidad de las audiencias para negociar los significados hegemónicos de los informativos, pues criticaban la parcialidad de dichos programas, la autocensura y los intereses creados de los medios. Los televidentes mexicanos, así, mostraban una percepción negociada sobre la veracidad y objetividad de los noticieros televisivos. Como sugiere el enfoque de los estudios culturales, los receptores televisivos tendían a generar lecturas negociadas tanto de los canales, noticieros y conductores, como de los contenidos informativos concretos. Y aunque lo anterior era más evidente en los niveles socioeconómicos altos, las entrevistas focalizadas dejaban muy en claro que la percepción crítica y los cuestionamientos y evaluaciones negativas de la información televisiva también abundaban entre los niveles medios y bajos. Si como señala Kronig (2000), las noticias televisivas se han vuelto más superficiales y sensacionalistas, consistiendo con mucha frecuencia en una "serie de desastres, inundaciones, tormentas, incendios, accidentes de aviación" y han degenerado en el "desastrentretenimiento" (p. 4), es alentador observar que informantes masculinos y femeninos de diferentes niveles socioeconómicos eran capaces de asumir una actitud reflexiva y distanciarse en diferentes grados del discurso televisivo.

En los programas de ficción, sin embargo, Lozano (2003b) encontró que no parecía haber mucha capacidad de distanciamiento crítico, sugiriendo que las audiencias de las tres áreas metropolitanas bajaban la guardia cuando consumían ficción y, por lo tanto, parecían más susceptibles de resultar influenciadas por los significados dominantes que pudieran estar presentes en ella. El autor concluyó:

> Los resultados de las entrevistas focalizadas sugieren que si bien hombres y mujeres, de acuerdo con su nivel socioeconómico, diferían en cierta medida en el grado de distanciamiento crítico de los mensajes televisivos que consumían, tendían por lo general a mantener una postura acrítica frente a los mismos. Al menos en lo que respecta a una pregunta tan específica y limitada como "¿hay algo que no le guste o no le parezca de sus programas favoritos?", podría concluirse que si bien las audiencias eran capaces de generar cuestionamientos y de advertir deficiencias o sesgos en ellos, rara vez llegaban a establecer planteamientos sistemáticos y de fondo sobre dimensiones más ideológicas y relevantes como la representación estereotipada de las minorías sociodemográficas, sexuales o étnicas, la legitimación de la violencia por parte de las clases hegemónicas, el materialismo, el individualismo, la discriminación sexual, la reproducción de roles tradicionales entre hombres y mujeres, o entre ricos y pobres, entre los muchos significados preferentes detectados por los estudios culturales en los contenidos de los mensajes televisivos.

Dos de las investigaciones de Orozco en las que sí abordó directamente aspectos relacionados con las lecturas de contenidos mediáticos fueron: *a)* el caso de México para el estudio sobre "Noticias del Mundo y Supertemas" coordinado por Klaus B. Jensen, y *b)* un trabajo propio de Orozco sobre la recepción de noticias por parte de audiencias de León, Guanajuato, y de la Ciudad de México (Orozco, 1998). Este investigador encontró en México que tanto los respondientes de nivel socioeconómico alto como bajo desconfiaban de la información internacional recibida de los noticieros, o cuestionaban su falta de contextualización (p. 136). En un trabajo posterior, el mismo investigador mexicano (Orozco, 2000), reportaba hallazgos similares para las noticias nacionales y locales, señalando que las familias de León, Guanajuato, y la Ciudad de México entrevistadas en su estudio las consideraban superficiales, incompletas, fragmentadas y parciales (p. 7).

Otra investigación realizada en América Latina que ha analizado las lecturas realizadas por miembros de las audiencias es la de Lopes, Borelli y Resende (2002) en Brasil. Combinando creativamente seis diferentes técnicas de investigación, la mayoría cualitativas, las tres investigadoras hicieron un amplio y bien fundamentado estudio para probar en la práctica varios aspectos del modelo teórico de las mediaciones de Martín Barbero y de Orozco. Mediante entrevistas, grupos de discusión e historias de vida, estudiaron la forma en que varias familias de clase baja, media y alta integraban la telenovela en su vida diaria, cómo la interpretaban y qué tan conscientes estaban de la llamada por Orozco mediación videotecnológica, es decir, qué tanto alcanzaban a identificar aspectos del lenguaje audiovisual y las convenciones que se establecen entre los programas y las audiencias. Aunque estudiaron muchas otras cosas, las autoras reportaron varios resultados de su investigación que tienen que ver con las lecturas realizadas por las familias estudiadas. Por ejemplo, encontraron que varias mujeres a pesar de su entusiasmo con los personajes, no perdían de vista que las situaciones en que se involucraban eran artificiales y diferentes de lo que ocurría en la realidad. Las escenas las emocionaban, pero no se evadían ni se dejaban engañar (p. 352). También concluyeron que los televidentes eran muy críticos y exigentes en relación con los efectos melodramáticos, como el excesivo romanticismo, la poesía y el realismo mágico, así como con los efectos especiales. Lopes, Borelli y Resende analizaron también el contenido de una de las telenovelas que se transmitía en ese momento, *La Indomable*, y encontraron una gran cantidad de significados alternativos, como formas de relación entre hombres y mujeres más flexibles y abiertas que las comunes, críticas y parodias a políticos y policías, burlas hacia el poder, y otros que generaron simpatía y aceptación entre la mayoría de los grupos estudiados (p. 368). De hecho, concluyeron que "un alto grado de exposición a las telenovelas no significaba, necesariamente, bajos niveles de politización o de análisis crítico". Sin embargo, al igual que Lozano (2003b), encontraron que las audiencias tampoco eran tan activas y tan críticas como para ser capaces de retomar y discutir los problemas sociales más serios que se presentaban en las telenovelas. Los valores nuevos planteados en la telenovela se enfrentaban a los previos de las audiencias y ponían en riesgo sus referencias de identidad individual, haciendo difícil que las audiencias generaran actitudes coherentes frente a los discursos alternativos y novedosos de las telenovelas. Lo anterior provocaba en los televidentes...

> una especie de anestesia mental que les impedía evaluar los momentos y las cuestiones que competen a la sociedad de forma más amplia. A pesar de las preocupaciones morales y éticas, reveladas en algunos protocolos, no se veía

> en los relatos de los entrevistados alguna observación sobre problemas importantes presentes en la pauta de discusiones sociales, como por ejemplo, el posicionamiento del personaje Helena [en la telenovela *La Indomable*] contra el trabajo infantil [p. 373].

Investigaciones como las anteriores son francamente escasas en los países de habla hispana, a pesar de la prioridad que parecían haberles concedido los estudios culturales, tan populares en América Latina. No cabe duda de que ésta es una línea que deberá crecer y consolidarse en los próximos años.

A partir de mediados de la década de 1990, una nueva generación de investigadores de audiencias se ha sumado a estos autores en el campo de la investigación de las audiencias, desde perspectivas cercanas o directamente vinculadas a los estudios culturales, generando un mayor optimismo frente a estas lagunas en el estudio de las audiencias (Gómez, 2004; González, 2006; Mascarello, 2004 y 2006; Padilla, 2004; Huerta, 2004; Ibarra, 2003; Ibarra y Robles, 2005; Vega, 2004, 2005a, 2005b). Sus investigaciones van de la apropiación del cine o la televisión, a la socialización o cultura política y presentan diferentes énfasis metodológicos; pero no dejan duda de que en el futuro cercano contaremos con mayor información y con explicaciones más completas sobre los procesos de consumo, apropiación y negociación de los significados ideológicos de los medios de comunicación.

El debate sobre la actividad de la audiencia y los efectos de los medios en la actualidad

Los estudios culturales, sin duda, son los más ampliamente utilizados y más populares entre los académicos de la comunicación en América Latina. En los últimos años, sin embargo, ha ido aumentando una insatisfacción ante este enfoque por aparentemente dejar de lado su origen crítico para adoptar posiciones cada vez más optimistas, en particular celebrando la capacidad de las audiencias activas para integrar creativamente a los medios en sus rutinas y en su vida cotidiana. La mayoría de las investigaciones empíricas, así, se enfocan no en el análisis del impacto o la influencia ideológica de los mensajes comunicacionales en las audiencias, sino en los usos y las apropiaciones, las estrategias creativas de incorporación de los contenidos en las rutinas de la vida cotidiana, etcétera (Aguilar, Rosas Mantecón y Vázquez Mantecón, 1995; Orozco, 1997; Saintout, 1998).

Numerosos ensayos y algunos estudios empíricos, así, pregonan en América Latina las sutiles y complejas formas en que las audiencias, de acuerdo con sus mediaciones sociales y culturales, o sus pertenencias a grupos o subculturas, o sencillamente sus características sociodemográficas, evaden el potencial efecto manipulatorio de los medios, retomando a éstos como insumos para su interacción social, sus conversaciones cotidianas, sus rituales familiares o sus necesidades de evasión, entretenimiento o información.

Las conclusiones a las que se ha llegado en numerosos estudios latinoamericanos, así, son muy optimistas en cuanto a la relación de los medios con las audiencias. Los medios y sus mensajes podrán estar cargados de contenidos ideológicos dominantes, de intereses económicos o de manipulación política (aunque esto ni lo estudian ni lo alcanzan a afirmar explícitamente en la mayoría de los casos); sin embargo, la actividad de la audiencia, sus mediaciones, sus identidades sociales, sus rutinas y su pertenencia a grupos y subculturas les permiten evadir esos efectos y apropiarse creativamente de los medios.

Estas conclusiones tan optimistas tienen su mérito en una región como América Latina, caracterizada en las décadas de 1970 y 1980 por el radicalismo pesimista del imperialismo cultural y la teoría de la dependencia. De la convicción en esos años de que los medios ejercían una influencia decisiva en las audiencias, manipulándolas y generándoles una falsa conciencia, transformando sus valores y sus visiones del mundo (Beltrán 1978, Beltrán y Fox, 1980), hemos pasado a visiones sumamente optimistas que rechazan en buena medida la posibilidad de que las audiencias se vean impactadas significativamente, o a miradas que se concentran en la relación de la televisión con la vida cotidiana y las rutinas diarias (Covarrubias, Bautista y Uribe, 1994; Lozano, 2000b). Hay que aclarar, no obstante, que en América Latina continúan existiendo economistas políticos de la comunicación que se deslindan de tales conclusiones y que reivindican la existencia de efectos o consecuencias negativas de los medios debido a sus patrones de concentración, liberalización y privatización (Mastrini y Bolaño, 1999; Sánchez Ruiz, 1999); aunque su número y su visibilidad académica es muy escasa, en comparación con los culturalistas.

El debate actual en el mundo académico anglosajón y europeo, sin embargo, es más complejo. Los economistas políticos de la comunicación siguen siendo muchos y muy visibles, y se han encargado de cuestionar las versiones más optimistas de los estudios culturales (Fergurson y Golding, 1997). Acusan a los estudios culturales de abandonar sus raíces críticas y de legitimar los fenómenos de concentración de la propiedad de los medios, así como de ignorar su capacidad de generar discursos y mensajes que legitiman las desigualdades sociales.

Por otro lado, autores en la propia perspectiva de los estudios culturales, como David Morley (1997) e Ien Ang (1996), han criticado el uso descuidado y simplista de las metodologías etnográficas, así como la tendencia de muchos autores a confundir el poder de la audiencia sobre el texto (el mensaje), con el poder de influir en la agenda del poder político y económico que condicionó la estructura de dichos contenidos.

La mayoría de estos estudios ha dejado fuera de la discusión y el análisis el tipo de lecturas realizadas por los grupos investigados. Lo que señala Morley (1993) para la literatura culturalista europea y norteamericana parece aplicable en gran medida a la mexicana y latinoamericana:

> La formulación original de Hall (1980) del modelo de encodificación/decodificación contenía, como uno de sus rasgos centrales el concepto de lectura preferente (hacia la cual el texto intenta dirigir al lector), mientras que aceptaba la posibilidad de lecturas alternativas, negociadas u oposicionales. Este modelo subsecuentemente ha sido alterado significativamente, al grado de que con frecuencia se mantiene que la mayoría de los miembros de la audiencia rutinariamente modifica o desvía cualquier ideología dominante reflejada en el contenido de los medios (Fiske, 1987); mientras que el concepto de la lectura preferente, o de una polisemia estructurada, queda enteramente fuera de vista [p. 13].

En América Latina, incluso, no se alcanza a advertir una línea clara de estudios que aborden el análisis de las lecturas que realizan los receptores, con algunas excepciones significativas. Más bien, se ha tendido a privilegiar la documentación de las rutinas de uso y consumo de los medios (Segura, 1992) y, en el mejor de los casos, a identificar las percepciones y posturas de ciertos grupos (como las madres de familia) ante el consumo televisivo de sus hijos o de ellos mismos (Orozco, 1992), quedando ignorado en muchas ocasiones el estudio del tipo de lecturas realizadas por los miembros de las audiencias.

¿Qué podemos concluir entonces sobre los efectos o las consecuencias de las estructuras, los procesos y los contenidos de los medios de comunicación actuales en las audiencias desde una perspectiva crítica?

Las afirmaciones son más firmes o más tenues dependiendo de si el autor parte de una perspectiva social (sociología, antropología, ciencias políticas) o una perspectiva humanista (semiótica, lingüística, historia), si destaca la influencia de la estructura social o la agencia (capacidad de actuar) de los individuos, si adopta una posición macro (la influencia de la estructura social) o una micro (la creatividad y capacidad de los individuos), si ubica los procesos de recepción dentro de su contexto social y material, o si los aísla del mismo centrándose exclusivamente en el análisis textual y en los significados y placeres que la audiencia extrae de los mensajes. Actualmente muchos autores insisten en replantear esas dicotomías de agencia-estructura, micro-macro, complejizando el análisis y reconociendo el papel que juega cada una (véase, por ejemplo, Kellner, 1997; Lull, 1995; Morley, 1997), pero no es el momento para profundizar en esta discusión.

Los siguientes son algunos efectos o consecuencias de los medios de comunicación, que se podría argumentar que existen sin importar desde qué perspectiva teórica se observen:

1. Las tendencias cada vez más acentuadas hacia la concentración de la propiedad de los medios y la formación de gigantescos conglomerados de la comunicación tienen efectos claros en las audiencias.
   a) Primero, hacen mucho más difícil que los individuos se conviertan en emisores debido a los costos, la competencia, la tecnología y las dinámicas del mercado, restringiendo a muy pocos la capacidad de abrir y operar medios de comunicación que transmitan sus propios puntos de vista, posturas y visiones del mundo. Hasta el momento, medios como Internet no parecen resolver esa falta de acceso; todo parece indicar que están ocurriendo cada vez más los mismos fenómenos de concentración y control de los grandes sitios Web y que los flujos de navegación en este medio favorecen a las grandes compañías y capitales.
   b) La lógica lucrativa de los conglomerados de medios fomenta la producción de ciertos tipos y géneros de mensajes comunicacionales, los cuales probadamente han obtenido mayores niveles de audiencia (*ratings*), dejando fuera una gran cantidad de opciones de contenido, que si bien presentan significados, ideas, conceptos o información válidos y útiles para las audiencias, o si bien son importantes para ciertos grupos sociales, no generan los dividendos deseados. El efecto principal de tal situación, así, no es el impacto de los mensa-

jes que sí le llegan a las audiencias, sino la ausencia de contenidos alternativos que podrían haber llegado a ellas.

2. La estructura actual de los medios de comunicación influye en los condicionantes individuales, las rutinas, los valores profesionales y las prácticas organizacionales de los comunicadores, llevándolos a favorecer ciertas fuentes informativas, ciertas estructuras dramáticas o cómicas, ciertos géneros cinematográficos, etcétera. De nuevo, la actividad de la audiencia y su capacidad para negociar los significados se limita, así, a un cierto tipo de mensajes producidos de cierta forma y no al abanico real de posibilidades que podrían enriquecer su experiencia de consumo.

3. Los contenidos de los medios efectivamente son polisémicos y contienen tanto significados preferentes o dominantes como alternativos. Esta conclusión es un importantísimo correctivo a las visiones simplistas del imperialismo cultural y otros enfoques que consideraban los mensajes como simples vehículos de ideas, valores y visiones ideológicas de las élites y de las clases dominantes. Sin embargo, la detección de significados alternativos y nuestro optimismo al encontrarlos no debe llevarnos a la conclusión de que los significados dominantes son inexistentes o menos importantes. La legitimación de la violencia por las fuerzas del orden, la reproducción de estereotipos en contra de las minorías sociales, ocupacionales o étnicas, la homogeneización de la ideología política y el acceso privilegiado a ciertos grupos y actores, el establecimiento de agendas públicas sobre la política, el medio ambiente, la cultura o el espectáculo, todos esos significados tienden a aparecer profusamente en los mensajes de los medios, en mayor medida que los significados alternativos que cuestionen el sistema y el *status quo*.

4. La reproducción permanente y masiva de dichos significados dominantes en los contenidos de los medios se enfrenta efectivamente a la actividad de las audiencias, a sus mediaciones, a sus tácticas de significación y a sus pertenencias a grupos o subculturas que les permiten enfrentar creativamente la apropiación de los mensajes (véase, por ejemplo, Tufte, 2000). Efectivamente, es muy importante entender que las audiencias no se encuentran indefensas y que en muchos casos logran rechazar o revertir significados dominantes. Sin embargo, tal como lo explicaba Stuart Hall, quien originalmente concretó los planteamientos sobre los tres posibles tipos de lecturas (preferentes o dominantes, negociadas y oposicionales), los mensajes pugnan mayormente por dirigir al receptor hacia los significados preferentes, y las lecturas de este tipo, o las negociadas, terminan siendo las que prevalecen.[1]

García Canclini (2004), uno de los culturalistas más renombrados en América Latina, afirma que es importante que este enfoque recupere la preocupación inicial sobre la ideología y el poder que poco a poco se ha ido diluyendo en la celebra-

[1]Para un ejemplo empírico de lo anterior en el contexto mexicano ver Lozano (2003b).

ción de la diferencia y en la empatía de los investigadores cualitativos con sus audiencias. Refiriéndose a las numerosas evidencias que documentan el crecimiento de los grandes conglomerados mediáticos y su control de los flujos mundiales de productos culturales:

> ¿Cómo seguir haciendo estudios culturales sin analizar las consecuencias de estos procesos de concentración y enajenación de recursos? No se trata de que las investigaciones literarias o de cine dejen de trabajar con los textos y desentrañen sus significados intrínsecos, e incluso valoren su especificidad estética con más cuidado que el habitual en los estudios culturales. Pero en tanto se ocupan de los procesos de recepción, corresponde examinar, junto con los textos y el debate ideológico que los enmarca, la acumulación desigual de propiedad cultural, la asimetría en el acceso de las regiones a la información y el entretenimiento, la posibilidad de que cada cultura construya su propia imagen y comprenda las de los otros [pp. 126-127].

La discusión no está cerrada. La efervescencia en los debates entre economistas políticos y culturalistas, y entre estos últimos dentro de su propio enfoque, continúan y en el fondo son esenciales para el avance del campo. Los medios de comunicación son muy importantes, y también lo es la necesidad de comprender y evaluar sus consecuencias en las sociedades contemporáneas. Después de décadas de distanciamiento y ausencia real de diálogo entre los diferentes enfoques, la situación actual parece ser propicia para contribuir a un mayor acercamiento y a la generación de explicaciones más sofisticadas y sólidas sobre los usos y las apropiaciones de las audiencias que tomen en cuenta también el posible impacto de los medios y sus mensajes.

ACTIVIDADES

1. Consigue acceso a una casa donde haya niños de 4o. a 6o. grado de primaria. Trata de que acudan más niños de ese nivel a ver TV.
2. Sin intervenir ni hacer comentarios, realiza una observación detallada de la recepción de los programas televisivos. Apunta en una libreta qué tipo de comentarios hacen los niños, cómo se comportan y cómo interactúan entre sí.
3. Al final del (los) programa(s) que hayan visto, platica con algunos de los niños sobre lo que vieron. Sin llevar un cuestionario fijo (estos enfoques usan técnicas cualitativas como la observación y la entrevista en profundidad, no estructurada) motiva a los niños a discutir los significados que recibieron.
4. Señala hasta qué punto parece haber asimilación, negociación o rechazo de los significados del programa.
5. Discute qué papel pueden jugar en lo anterior las variables sociales y culturales que definen a los niños: clase social, sexo, tipo de escuela a la que asisten, religión, tipo de ciudad en la que viven, etcétera.

6. Compara estos resultados con los de la encuesta relacionada con usos y gratificaciones (véase el capítulo anterior). ¿Por qué son tan diferentes si los niños son similares? ¿Cómo influye el punto de partida teórico en el tipo de hallazgos que se obtienen? ¿Qué consecuencias tiene utilizar una técnica cuantitativa como la encuesta, o técnicas cualitativas como la observación y la entrevista no estructurada?

Resumen

Mientras los nuevos enfoques positivistas como el análisis del cultivo y el establecimiento de la agenda adoptaban una nueva visión sobre la capacidad de la comunicación de masas para influir en las audiencias (véase el capítulo anterior), los enfoques críticos –que siempre habían mantenido lo anterior– empezaron a considerar la posibilidad de que los receptores fueran activos y de que la manipulación ideológica de los mensajes no fuera tan completa como se había concebido.

Este cambio de perspectiva tuvo un punto de partida muy distinto del de usos y gratificaciones. En primer término, los enfoques culturalistas continuaron suponiendo que, en lo general, los mensajes de los medios favorecían principalmente los intereses de la clase hegemónica y proponían significados *preferentes* o dominantes. En segundo lugar, los culturalistas rechazaron el *psicologismo* de usos y gratificaciones, rehusándose a estudiar al receptor en forma individual. Para ellos, la recepción de los mensajes se realiza siempre en contextos sociales y culturales. Los individuos interpretan el significado de los medios desde los códigos culturales de los grupos a los cuales pertenecen, es decir, suelen decodificar los significados de la misma forma que los demás miembros de sus *comunidades interpretativas* o *subculturas.* Dependiendo de su adscripción a dichas comunidades, la *lectura* (interpretación) de los mensajes puede ser de asimilación, de negociación, o de oposición y rechazo.

De esta manera, el enfoque de los estudios culturales ha llevado a un importante correctivo a los enfoques críticos tradicionales como el de la economía política y el imperialismo cultural, los cuales tienden a concebir de una manera simplista a los receptores como entes pasivos y manipulables por las cargas ideológicas y los intereses hegemónicos presentes en la producción de los mensajes.

El análisis de la recepción, uno de los enfoques más recientes en el estudio de las audiencias, se relaciona en gran medida con los planteamientos teóricos de los estudios culturales. A diferencia de éstos, que tienden a discutir los procesos de recepción desde el análisis de la polisemia de los mensajes, el análisis de la recepción exige el estudio simultáneo de los contenidos y de los receptores que se exponen a ellos. Considerando al público como activo, el análisis de la recepción utiliza técnicas cualitativas, como la entrevista en profundidad y la observación participante, para determinar más adecuadamente los complejos procesos de interpretación y apropiación de significados.

Las aportaciones de los teóricos latinoamericanos al estudio de las audiencias y la recepción de mensajes han sido muy significativas. Autores como García Canclini, González, Martín Barbero, Fuenzalida y Orozco han identificado y explorado los distintos procesos culturales y las mediaciones que propician la negociación, la reelaboración y el rediseño en la apropiación de los mensajes comunicacionales.

En los últimos años, sin embargo, se ha visto la necesidad de regresar a las preocupaciones centrales originales de los estudios culturales sobre el poder y la ideología, documentando la manera en que los contenidos de los medios pueden generar lecturas e interpretaciones favorables a la preservación del sistema actual. En América Latina hace falta mucha investigación empírica todavía sobre éste y muchos otros temas.

Bibliografía

AGUDELO, I. (1996). La influencia de las rutinas productivas en la construcción del acontecer nacional: el caso de Siglo 21, periódico de Guadalajara, México. *Comunicación y Sociedad,* (28), 83-114.

ALBORNOZ, L.A., Castillo, J., Hernández, P., Mastrini, G. y Postolski, G. (1999). La política a los pies del mercado: la comunicación en la Argentina de la década del 90. En G. Mastrini y C. Bolaño (Eds.), *Globalización y monopolios en la comunicación en América Latina: hacia una economía política de la comunicación* (pp. 135-150). Buenos Aires: Editorial Biblos.

AGUIRRE, Jesús María (1992), *El perfil ocupacional de los periodistas en Caracas,* Universidad Católica Andrés Bello, Colección Ayakua, núm. 1, Caracas.

ALVA de la Selva, Alma Rosa (1993), "Radio y libre comercio", en *Cultura, medios de comunicación y libre comercio,* Asociación Mexicana de Investigadores de la Comunicación, México.

ANG, Ien (1991), "The Nature of the Audience", en John Downing, Ali Mohammadi y Annabelle Sreberny Mohammadi (eds.), *Questioning the Media: A Critical Introduction,* Sage, Newbury Park, California.

ANTOLA, L. y Rogers, E. (1984). Television flows in Latin America. *Communication Research, 11* (2), 183-202.

ARELLANO, L., Chong, B., Caña, A., Gendreau, M., Guicho, F., Gutiérrez, M., Lozano, J.C., Martínez, F., Morales, L., Orellana, L., Ortiz, M., Matanzo, L., Priante, J.A., Quintanilla, C., Román, M.A., Villarreal, M.C. (1995). "Temas y fuentes informativas en la prensa mexicana". *Anuario de Investigación de la Comunicación CONEICC, 2,* 241-259.

ARREDONDO, Pablo (1990, enero-abril), "Medios de comunicación y procesos electorales (el caso de los noticieros de televisión)", en *Comunicación y Sociedad,* núm. 8.

_______ y Enrique Sánchez Ruiz (1987), *Comunicación social, poder y democracia en México,* Universidad de Guadalajara, México.

ARROYO, A., López, G. y Vega, G. (2003). *Regímenes de propiedad y conglomerados de medios audiovisuales en el continente americano.* Ponencia presentada en el X Encuentro de la Asociación Mexicana de Investigadores de la Comunicación, Puebla, Puebla, junio 2003.

BAGDIKIAN, Ben (1992, octubre), "Los señores de la aldea global", en *Intermedios,* núm. 4.

BAGDIKIAN, B. (2000). *The media monopoly* (6ta. ed.). Boston: Beacon.

BAILEY, John (1989), "México en los medios de comunicación estadounidenses", en John Coatsworth y Carlos Rico (coords.), *Imágenes de México en Estados Unidos,* Fondo de Cultura Económica, México.

BALDIVIA, José (1981), "La formación de periodistas en México", en José Baldivia, Mario Planet, Javier Solís y Tomás Guerra, *La formación de los periodistas en América Latina.* CEESTEM-Editorial Nueva Imagen, México.

BANDURA, A. (1994). Social cognitive theory of mass communication. En J.Bryant y D. Zillmann (Eds.), *Media effects: Advances in theory and research* (pp. 61-90). Hillsdale, NJ: Lawrence Erlbaum Associates.

BARRAGÁN, Ma. Antonieta (1994, 14 de septiembre), "Televisión Azteca-NBC: escenas de un matrimonio", en *Expansión,* pp. 55-58.

BARRERA, Eduardo (1993, agosto), "La transnacionalización y mercantilización de las telecomunicaciones: El caso de México", en *Diálogos de la Comunicación,* núm. 36.

BELTRÁN, Luis Ramiro (1978), "TV Etchings in the Minds of Latin Americans: Conservatism, Materialism and Conformism", en *Gazette,* vol. 24, núm. 1.

________ (1985), "Premisas, objetos y métodos foráneos en la investigación sobre comunicación en América Latina", en Miguel de Moragas (ed.), *Sociología de la comunicación de masas I: Escuelas y autores,* Gustavo Gili, Mass Media, Barcelona.

________ y Elizabeth Fox (1981), *Comunicación dominada,* ILET-Editorial Nueva Imagen, México.

BERCER, Arthur Asa (1995), *Cultural Criticism: A Primer of Key Concepts,* Sage, Thousand Oaks, Estados Unidos.

BERKOWITZ, Dan y Douglas BeacT (1993), "News Sources and News Context: the Effect of Routine News, Conflict and Proximity", en *Journalism Quarterly,* vol. 70, núm 1.

BERNAL Sahagún, Víctor (1982), *Anatomía de la publicidad en México,* Nuestro Tiempo, México.

BIERNATZKI, William y Robert White (1987), "New Perspectives on Media and Culture", en *Communication Research Trends,* vol. 8, núm. 2.

BILTEREYST, D. y Meers, P. (2000). The international telenovela debate and the contra-flow argument: a reappraisal. *Media, Culture & Society, 22,* 393-413.

BISHOP, J. M. y Krause, D. R. (1984). Depictions of aging and old age on Saturday morning television. *Gerontologist,* 24, 91-94.

BOHMANN, Karin (1989), *Medios de comunicación y sistemas informativos en México,* Conaculta, México.

BOLAÑO, C. (1999). La problemática de la convergencia informática-telecomunicaciones-audiovisual: un abordaje marxista. En G. Mastrini y C. Bolaño (Eds.), *Globalización y monopolios en la comunicación en América Latina: hacia una economía política de la comunicación* (pp. 29-48). Buenos Aires: Editorial Biblos.

BRITTOS, V. (2005). A economia política da TV Brasileira no período pré-digitalização. En O. Jambeiro, V. Brittos y A. Benevenuto (Orgs.), *Comunicação, hegemonia e contra-hegemonia* (pp. 67-91). Salvador, Bahia, Brasil: EDUFBA.

BRYANT, J. y Miron, D. (2004). Theory and research in mass communication. *Journal of Communication, 54,* 662-704.

CASAS, María de la Luz (1994), "Modernidad, identidad cultural y medios de comunicación", en José Carlos Lozano (ed.), *Anuario de investigación de la comunicación,* Consejo Nacional para la Enseñanza y la Investigación de las Ciencias de la Comunicación, Guadalajara.

CHAFFET, Steven y Pedro Hernández Ramos (1986), "Comunicación política", en Carlos Fernández Collado y Gordon L. Dahnke (eds.), *La comunicación humana. Ciencia social,* McGraw-Hill, México.

CERVANTES Barba, Cecilia (1994), "Análisis de contenido y etnografía en el estudio de la producción de noticias", en Cecilia Cervantes Barba y Enrique Sánchez Ruiz (coords.), *Investigar la comunicación: Propuestas iberoamericanas,* Universidad de Guadalajara/Centro de Estudios de la Información y la Comunicación/ALAIC, Guadalajara, México.

CERVANTES, C. (1996a). Valores noticiosos en el periodismo televisivo de nota roja. *Comunicación y Sociedad,* (25/26).

CERVANTES, C. (1996b). Especificidades en el análisis de contenido de noticiarios de televisión locales. *Anuario de Investigación de la Comunicación CONEICC, 3,* 77-112.

CHIHU Amparán, A. (2005). El "análisis de los marcos" en el discurso de los candidatos a jefe de gobierno en el DF en 1997. *Comunicación y Sociedad* (Segunda Época), (4), 67-93.

CLEMENT, Norris y Susan Sonntag (1989, julio-diciembre), "U.S. Periodical Reporting on Mexico. 1960-1985", en *Frontera Norte,* vol. 1, núm. 2.

COBO, L. (2001, 17 de febrero). Music television: A global status report: Latin America poised for music video growth. *Billboard,* pp. 1-2.

COLITT, R. (1998, 24 de marzo). Venezuela´s unfolding television drama: CGC hopes programming will help it win Latin America´s media war. *Financial Times.*

CORNEJO, Inés (1992, enero-agosto), "El psicodrama aplicado al estudio de la recepción familiar televisiva", en *Comunicación y Sociedad,* núms. 14-15.

———, (1994), "¿Cómo la ves? El psicodrama aplicado para el estudio de la recepción televisiva de los niños", en Guillermo Orozco (coord.), *Televidencia: Perspectivas para el análisis de los procesos de recepción televisiva,* Cuadernos de Comunicación y Prácticas Sociales, núm. 6, Universidad Iberoamericana, México.

CORRAL, J. (2005, octubre 4). Democracia y medios públicos. *Etcétera.* Otenido el 14 de marzo de 2006 de http://www.etcetera.com.mx/pagcorral1ne60.asp

CREMOUX, Raúl (1968), *La televisión y el alumno de secundaria del Distrito Federal,* Centro de Estudios Educativos, México.

CROTEAU, D. y Hoynes, W. (2001). *The business of media: Corporate media and the public interest.* Thousand Oaks, California: Pine Forge Press.

CROTEAU, D. y Hoynes, W. (2003). *Media society: Industries, images and audiences* (3a. ed.). Thousand Oaks, California: Pine Forge Press.

CROVI, D. (1999). Inequidades del NAFTA/TLCAN: un análisis del sector audiovisual mexicano. En G. Mastrini y C. Bolaño (Eds.), *Globalización y monopolios en la comunicación en América Latina: hacia una economía política de la comunicación* (pp. 151-170). Buenos Aires: Editorial Biblos.

Crovi, D. (2000). Las industrias audiovisuales de México a partir del TLC. Una lectura desde la perspectiva del Proyecto Monarca. *Razón y Palabra,* (19). Revista electrónica disponible en: http://www.razonypalabra.org.mx/anteriores/n19

Cuff, E. C. y C. F. Payne (eds.), (1980), *Perspectives in Sociology,* George Allen & Unwin, Londres.

Curran, James, Michael Gurevitch y Janet Woollacott (1982), "The Study of the Media: Theoretical Approaches", en Michael Gurevitch, Tony Bennett, James Curran y Janet Woollacolt (eds.), *Culture, Society and the Media,* Methuen, Londres y Nueva York.

Curran, J. (1990). The "new revisionism" in mass communication research. *European Journal of Communication, 5* (2-3), 135-165.

Davis, L. L. (2003). Cultural proximity on the air in Ecuador: National, regional television outperforms imported U.S. programming. En M. Elasmar (Ed.), *The impact of international television: A paradigm shift* (pp. 111-132). Mahwah, Nueva Jersey, Estados Unidos: Lawrence Earlbaum Associates.

De fleur, Melvin (1976), *Teorías de la comunicación masiva,* Paidós, Buenos Aires.

_______ y Sandra Ball-Rokeach (1989), *Theories of Mass Communication,* Longman, 5a. edición, Nueva York.

De Pablos, E. (2003, 20-26 de enero). New world disorder: Spain´s players tread water on Latin American prod´n. *Variety,* 27-28.

Dorfman, Ariel (1980), *Reader's nuestro que estás en la Tierra: Ensayos sobre el imperialismo cultural,* Editorial Nueva Imagen. México.

_______ y Armand Mattelart (1979), *Para leer al Pato Donald,* Siglo xxi, México.

Downing, John, Ali Mohammadi y Annabelle Sreberny-Mohammadi (eds.) (1990), *Questioning the Media: A Critical Introduction,* Sage, Newbury Park, California.

Duarte, L. G. (1999). The Impact of Regional Trade Pacts on Foreign TV Enterprises in Latin America. Transnational Broadcasting Studies (Revista Electrónica), (3). Obtenido el 14 de junio de 2004 en: http://www.tbsjournal.com/Archives/Fall99/Articles3/Duarte/duarte.html

Esteinou, Javier (1990, mayo-agosto), "Crisis cultural y desnacionalización: La televisión mexicana y el debilitamiento de la identidad nacional", en *Comunicación y Sociedad,* núm. 9.

_______ (1991, septiembre-diciembre), "Medios de comunicación y apertura de fronteras culturales: El caso de México", en *Comunicación y Sociedad,* núm. 13.

_______ (1992), *Los medios de comunicación y la construcción de la hegemonía,* Trillas, México.

Fejes, Fred (1981), "Media Imperialism: An Assessment", en *Media, Culture and Society,* vol. 3.

Fernández Christlieb, Fátima (1982), *Los medios de difusión masiva en México,* Juan Pablos Editores, México.

_______ (1987), "Algo más sobre los orígenes de la televisión latinoamericana", en *Diálogos de la comunicación,* núm. 18.

Fernández Collado, Carlos, Pilar Baptista y Déborah Elkes (1986), *La televisión y el niño,* Editorial Oasis, Nueva Biblioteca Pedagógica, núm. 56, México.

FISKE, John (1984), *Introducción al estudio de la comunicación,* Editorial Norma, Colombia.

_______ (1987), *Television Culture,* Methuen, Nueva York.

_______ (1991), "Moments of Television: Neither the Text nor the Audience", en Ellen Seiter *et al.* (eds.), *Remote Control: Television, Audiences and Cultural Power,* Routledge, Londres.

_______ (1992), "British Cultural Studies and Television", en Robert C. Allen (ed.), *Channels of Discourse, Reassembled,* The University of North Carolina Press, Chapel Hill.

FLORES PALACIOS, L. y García León, A. (2005). Estereotipos demográficos, ocupacionales y étnicos en la televisión mexicana. *Anuario de Investigación de la Comunicación CONEICC,* (12), 41-60.

FOX, Elizabetl (1989), *Medios de comunicación y política en América Latina: La lucha por la democracia,* Gustavo Gili, México.

FRASER, Damian (1991, 11 de diciembre), "Televisa to se 20% of Capital", en *The Financial Times,* p. 29.

FREGOSO, G. (1992/93). La prensa de Guadalajara: cuatro versiones de una tragedia. *Comunicación y Sociedad,* (16/17).

FUENTES, Raúl (1992), *Un campo cargado de futuro: El estudio de la comunicación en América Latina,* FELAFACS-CONEICC, México.

_______ y Enrique Sánchez Ruiz (1992), "Investigación sobre comunicación en México: Los retos de la institucionalización", en *Cuadernos de Comunicación y Prácticas Sociales,* Universidad Iberoamericana, núm. 3, México.

FUENZALIDA, Valerio (1989), *Visiones y ambiciones del televidente: Estudios de recepción televisiva,* CENECA, Chile.

GALLAGHER, Margaret (1982), "Negotiation of Control in Media Organizations and Occupations", en Gurevitch *et al.* (eds.), *Culture, Society and the Media,* Methuen, Londres.

GHANEM, S. (1997). Filling in the tapestry: the second level of Agenda Setting. En M. McCombs, D. L. Shaw y D. Weaver (Eds.), Communication and democracy: exploring the intellectual frontiers in Agenda Setting theory (pp. 3-14). Mahwah, Nueva Jersey, Estados Unidos: Lawrence Earlbaum Associates.

GANS, Herbert (1980), *Deciding What's News: A Study of CBS Evening News, NBC Nightly News, Newsweek and Time,* Vintage Books, Nueva Yok.

GALINDO, Jesús (1988), "Lo cotidiano y lo social: La telenovela como texto y pretexto", en *Estudios sobre las culturas contemporáneas,* vol. 2, núms. 4-5.

GARCÍA Calderón, Carola (1987), *Para conectarse a Cablevisión,* El Caballito, México.

GARCÍA Canclini, Néstor (1987), "Ni folklórico ni masivo: ¿Qué es lo popular?", en *Diálogos de la Comunicación,* núm. 17.

_______ (1988), "Cultura transnacional y culturas populares", en N. García Canclini y Rafael Rocangliolo (eds.), *Cultura transnacional y culturas populares,* IPAL, Lima.

_______ (1991, junio), "El consumo sirve para pensar", en *Diálogos de la Comunicación,* núm. 30.

_______ (1992), "El trabajo interdisciplinario en tiempos neoconservadores", en *Diálogos de la Comunicación,* núm. 32.

_______ (1993), "El consumo cultural y su estudio en México: Una propuesta teórica", en N. García Canclini (coord.), *El consumo cultural en México,* Conaculta, México.

GARNHAM, Nicholas (1985), "Contribución a una economía política de la comunicación de masas", en Miguel de Moragas (ed.), *Sociología de la comunicación de masas: (I) Escuelas y autores,* Gustavo Gili, Barcelona.

GERBNER, George (1977), "Comparative Cultural Indicators", en George Gerbner (ed.), *Mass Media Policies in Changing Cultures,* John Wiley & Sons, Nueva York.

_______ y Larry Gross (1983), "El mundo del teleadicto", en *La ventana electrónica: TV y comunicación,* Ediciones Eufesa, Colección Comunicación, México.

_______, Larry Gross, Michael Morgan y Nancy Signorielli (1986), "Living with Television: The Dynamics of the Cultivation Process", en Jennings Bryanr y Dolf Zillmann (eds.), *Perspectives on Media Effects,* Lawrence Erlbaum Associates, Hillsdale, Nueva Jersey.

_______, Larry Gross, Michael Morgan y Nancy Signorielli (1987), "Charting the Mainstream: Television's Contributions to Political Orientations", en Donald Lazere (ed.), *American Media and Mass Culture: Left Perspectives,* University of California Press, Berkeley.

_______ y George Marvanyi (1981), "The Many Worlds of the World's Press", en J. Richstad y M. Anderson (eds.), *Crisis in International News: Policies and Prospects,* Columbia University Press, Nueva York.

GOLDING, Peter (1981), "Profesionalismo de los medios de comunicación en el Tercer Mundo: La transmisión de una ideología", en James Curran, Michael Gurevitch y Janet Wollacot (eds.), *Sociedad y comunicación de masas,* FCE, México.

_______ y Graham Murdock (1993), "Culture, Communications, and Political Economy", en James Curran y Michael Gurevitch (eds.), *Mass Media and Society,* Edward Arnold, Londres.

GLASCOCK, J. (2003). Gender, race, and agression in newer TV networks´ primetime programming. *Communication Quarterly, 51* (1), 90-100.

GLASCOCK, J. y Ruggiero, T. (2004). Representations of class and gender on primetime Spanish-language television in the United States. *Communication Quarterly, 52* (4), 390-402.

GÓMEZ MONT, C. (2000). La liberalización de las telecomunicaciones en México en el marco del TLCAN. *Razón y Palabra,* (19). Revista electrónica disponible en: http://www.razonypalabra.org.mx/anteriores/n19

GONZÁLEZ, Jorge A. (1986), "Ex-votos y retablitos: Religión popular y comunicación social en México", en *Estudios Sobre las Culturas Contemporáneas,* vol. 1, núm. 1.

_______ (1988), "La cofradía de las emociones interminables", en *Estudios sobre las Culturas Contemporáneas,* vol. 2, núms. 4-5.

_______ (1991), "La telenovela en familia: Una mirada en busca de horizonte", en *Estudios Sobre las Culturas Contemporáneas,* vol. 4, núm. 11.

_______ (1993), "La cofradía de las emociones interminables: Telenovela, memoria, familia", en N. García Canclini (coord.), *El consumo cultural en México,* Consejo Nacional para la Cultura y las Artes, México.

_______ (1994), "Las estructuras del encanto: Ideas para analizar la producción social de las telenovelas", en Cecilia Cervantes y Enrique Sánchez Ruiz (coords.), *Investigar la comunicación: propuestas latinoamericanas,* CEIC-Universidad de Gua-dalajara, Guadalajara.

GONZÁLEZ Molina, Gabriel (1987), "Organización, burocracia y profesión: Determinación institucional de las comunicaciones sociales", en Enrique Sánchez Ruiz (comp.), *La investigación de la comunicación en México,* Ediciones de Comunicación, Universidad de Guadalajara, México.

_______ (1988), "Profesiones en trama: Análisis de la producción de telenovelas", en *Estudios sobre las Culturas Contemporáneas,* vol. 3, núms. 4-5.

GRANADOS Chapa, Miguel Ángel (1981), *Examen de la comunicación en México,* Ediciones El Caballito, México.

GRIFFIN, E. (1991). *A first look at communication theory.* Columbus, OH: McGraw Hill.

GROSSBERG, L., Wartella, E. y Whitney, C. (2003). *MediaMaking: Mass media in a popular culture.* Thousand Oaks, CA: Sage Publications.

GRUPO ACIR (s/f). Quiénes somos. Obtenido el 14 de marzo de 2006 de http://www.grupoacir.com.mx/quienessomos.html

GUTIÉRREZ Espíndola, José Luis (1989, marzo-abril), "Las concesiones que se vencen en 1989", en *Revista Mexicana de Comunicación,* año 1, núm. 4.

HALL, Stuart (1980a), "Introduction to Media Studies at the Centre", en Stuart Hall, Dorothy Hobson, Andrew Lowe y Paul Willis (eds.), *Culture, Media, Language,* Hurchinson, Londres.

_______, (1980b), "Encoding/Decoding", en Stuart Hall, Dorothy Hobson, Andrew Lowe y Paul Willis (eds.), *Culture, Media, Language,* Hutchinson, Londres.

HAMELINK, Cees (1981), *La aldea transnacional,* Gustavo Gili, Barcelona.

HERMAN, Edward y Noam Chomsky (1988), *Manufacturing Consent: The Political Economy of the Mass Media,* Pantheon Books, Nueva York.

HERNÁNDEZ Ramírez, Ma. Elena (1992, enero-agosto), "¿Qué son las noticias?", en *Comunicación y Sociedad,* núms. 14-15.

HERSCOVICI, A. (1999). Globalización, sistemas de redes y estructuración del espacio: un análisis económico. En G. Mastrini y C. Bolaño (Eds.), *Globalización y monopolios en la comunicación en América Latina: hacia una economía política de la comunicación* (pp. 49-60). Buenos Aires: Editorial Biblos.

HOLTZMAN, L. (2000). *Media messages.* Armonk, NY: M. E. Sharpe.

HOPE, María (1994, 14 de septiembre), "Multivisión: ¿Mucha visión?", en *Expansión,* pp. 70-79.

Hopewell, J. (2001, 30 de julio a 5 de agosto). Soaps reign in Spain. *Variety,* 32.

HOSKINS, C., Mirus, R. y Rozeboom, W. (1989). U.S. television programs in the international market: Unfair pricing? *Journal of Communication, 39* (2), 55-75.

IGARTUA, J. J. y Humanes, M. L. (2004). *Teoría e investigación en comunicación social.* Madrid : Editorial Síntesis.

IGARTUA, J. J., Muñiz, C., Calvo, P., Otero, J. A. y Merchán, J. (2005). La imagen de la inmigración en la prensa y la televisión. Aproximaciones empíricas desde la teoría del framing. En J. M. Sabucedo, J. Romay y A. López-Cortón (Comps.), Psicología política, cultura, inmigración y comunicación social (pp. 239-246). Madrid: Biblioteca Nueva.

IGARTUA, J. J., Muñiz, C. y Cheng, L. (2005). La inmigración en la prensa española. Aportaciones empíricas y metodológicas desde la teoría del encuadre noticioso. *Migraciones*, (17), 143-181.

IGARTUA, J. J., Muñiz, C., Elena, N. y Elena, A. (2003). El consumo televisivo desde la perspectiva de los usos y gratificaciones. En J. J. Igartua y A. Badillo (Eds.), *Audiencias y medios de comunicación* (pp. 147-160). Salamanca, España : Aquilafuente y Ediciones Universidad de Salamanca.

JACKS, Nilda (1994), "Televisión e identidad en los estudios de recepción", en Guillermo Orozco (coord.), *Televidencia: Perspectivas para el análisis de los procesos de recepción televisiva,* Cuadernos de Comunicación y Prácticas Sociales, núm. 6, Universidad Iberoamericana, México.

JAMES, A. (2000, 20-26 de noviembre). Multithematiques buys Brazil channel. *Variety*, p. 39.

JENSEN, Elizabeth (1994, 13 de septiembre), "El mercado de la TV se internacionaliza", *The Wall Street Journal Americas,* en *El norte*, p. 27a.

JENSEN, Klaus Bruhn (1991a), "Humanistic Scholarship as Qualitative Science: Contributions to Mass Communication Research", en K. B. Jensen y N. Jankowski (eds.), *A Handbook of Qualitative Methodologies for Mass Communication Research,* Routledge, Londres y Nueva York.

_______ (1991b), "Reception Analysis: Mass Communication as the Social Production of Meaning", en K. B. Jensen y N. Jankowski (eds.), *A Handbook of Qualitative Methodologies for Mass Communication Research,* Routledge, Londres y Nueva York.

_______ y Karl Erik Rosengren (1990, junio), "Five Traditions in Search of the Audience", en *European Journal of Communication,* vol. 5, núms. 2-3.

Katz, Elihu, Jay Blumler y Michael Gurevitch (1986), "Usos y gratificaciones de la comunicación de masas", en Miguel de Moragas (ed.), *Sociología de la comunicación de masas II: Estructuras, funciones y efectos,* Gustavo Gili, Mass Media, Barcelona.

_______ y Paul Lazarsfeld (1979), *La influencia personal: El individuo en el proceso de comunicación de masas,* Editorial Hispano Europea, Barcelona.

KIVIKURU, U. (1988), "From Import to Modelling: Finland –An Example of Old Periphery Dependency", en *European Journal of Communication,* vol. 3, núm. 1.

KLAPPER, Joseph (1975), "Los efectos sociales de la comunicación de masas", en Wilbur Schramm (comp.), *La ciencia de la comunicación humana,* Editorial Roble, México.

KOSICKI, Gerald (1993, primavera), "Problems and Opportunities in Agenda-Setting Research", en *Journal of Communication,* vol. 43, núm. 2.

KRAUSS, Sydney y Dennis Davis (1991), *Comunicación masiva: Sus efectos en el comportamiento político,* Trillas, México.

LAGER, Elizabeth (1992), "Las razones de una pasión: Análisis de Topacio", en Jesús M. Barbero y Sonia Muñoz (coords.), *Televisión y melodrama,* Tercer Mundo Editores, Bogotá.

LARSON, J., Emile McAnany y Douglas Storey (1986), "News of Latin America on Network Television, 1972-1981", en *Critical Studies in Mass Communication,* vol. 3.

LASSWELL, Harold (1986), "Estructura y función de la comunicación en la sociedad", en M. de Moragas (ed.), *Sociología de la comunicación de masas II: Estructuras, funciones y efectos,* Gustavo Gili, Barcelona.

LAU, R. W. K. (2004). Critical realism and news production. *Media, Culture & Society, 26* (5), 693-711.

LAZARSFELD, Paul y Herbert Menzel (1975), "Medios de comunicación colectiva e influencia personal", en Wilbur Schramm (comp.), *La ciencia de la comunicación humana,* Editorial Roble, México.

LEE, Martin y Norman Solomon (1990), *Unreliable Sources: A Guide to Detecting Bias in News Media,* Carol Publishing Group, Nueva York.

LÓPEZ, Heriberto (1988), "Estudio de base de telenovelas en México: Nota metodológica", en *Estudios sobre las Culturas Contemporáneas,* vol. 2, núms. 4-5.

LOZANO, José Carlos, (1988), *Imágenes de México en la prensa norteamericana: Análisis comparativo de la cobertura de México en Time y Newsweek,* Cuadernos de El Colegio de la Frontera Norte, Tijuana.

_______ (1990, mayo-junio), "Reflejo de un semestre salinista en los medios norteamericanos", en *Revista Mexicana de Comunicación,* año 2, núm. 11.

_______ (1991, septiembre-abril), "Del imperialismo cultural a la audiencia activa", en *Comunicación y Sociedad,* núms. 10-11.

_______ (1993, mayo-diciembre), "Fuentes y versiones gubernamentales en la prensa mexicana: La cobertura del ataque a la Aduana de Nuevo Laredo en *El Norte* de Monterrey", en *Comunicación y Sociedad,* núms. 18-19.

_______ (1994), "Temas y fuentes en la información nacional de *La jornada, El norte* y *El porvenir:* Un análisis desde la sociología de las organizaciones de medios", ponencia presentada en el II Congreso Latinoamericano de Investigadores de la Comunicación, en Guadalajara, Jalisco, México, 29 de junio de 1994.

_______ (1995), "Características individuales y rutinas de trabajo en los reporteros de locales de Monterrey, Nuevo León", manuscrito.

LÓPEZ GÓMEZ, G. (2002, septiembre-octubre). Análisis de la cobertura de las elecciones presidenciales mexicanas del 2000: Rutina informativa y política. *Revista Mexicana de Comunicación,* pp. 34-35.

LOZANO, J.C. (2000). Oferta y consumo de contenidos transnacionales en México. *Revista de Estudios sobre las Culturas Contemporáneas, Época 2, 6* (12), 111-126.

LOZANO, J.C. (2003). Políticas de comunicación y telecomunicaciones en México. El Estado frente a las estructuras de propiedad y control. *Telos,* (55), disponible en http://www.campusred.net/telos/articuloperspectiva.asp?idarticulo=3&rev=55.

LOZANO, J.C. (2005). *Cobertura de México en ABC, CBS, NBC y CNN a partir del TLCAN.* Ponencia.

LOZANO, J.C. (2006). Media conglomerates and audiovisual flows in Latin America. En Artz, L. y Kamalipour, Y. (Eds.), *The media globe: Trends in international mass media.* Lanham, MD: Rowman & Littlefield Publishers.

LOZANO, J.C, de la Fuente, Y., Garza, R. y Treviño, J. (1999). Imágenes y estereotipos en las películas de estreno de los videoclubes mexicanos. *Revista Brasileira de Ciencias da Comunicaçao Intercom, 22* (2), 55-74.

LUNA, Carlos (1992), "La enseñanza de la comunicación en México: Marco descriptivo", en Javier Esteinou (ed.), *Comunicación y democracia,* CONEICC, México.

LULL, James (1988), "Constructing Rituals of Extension", en J. Lull (ed.), *World Families Match Television,* Sage, Newbury Park, California.

MACBRIDE, Sean (1980), *Un solo mundo, voces múltiples,* UNESCO/FCE, México.

MACKELMANN, M. (2005, junio). *Informe: La capacitación de los periodistas latinoamericanos.* Programa Medios de Comunicación y Democracia, Fundación Konrad Adenauer. Obtenido el 8 de marzo de 2006 de http://www.periodismosocial.org.ar/documentos/La%20Capacitaci%F3n%20de%20Periodistas%20en%20AL.pdf

MARQUES de Melo, José (1987), "Teoría e investigación de la comunicación en América Latina: Balance preliminar de los últimos 25 años", en *Estudios sobre las Culturas Contemporáneas,* vol. 1, núm. 2.

_______ (1991, mayo-agosto), "UNESCO, NOMIC y América Latina: De la Guerra Fría al espíritu de buena voluntad de MacBride", en *Comunicación y Sociedad,* núm. 12.

_______ (1992), "¿Modernidad o anacronismo? El dilema de las escuelas de comunicación en Brasil", en *Diálogos de la Comunicación,* núm. 31.

MARTIN Barbero, Jesús (1987a), "Comunicación, pueblo y cultura en el tiempo de las transnacionales", en *Comunicación y culturas populares en Latinoamérica,* Felafacs-Gustavo Gili, México.

_______, (1987b), *De los medios a las mediaciones: Comunicación, cultura y hegemonía,* Gustavo Gili, México.

_______ (1988), *Procesos de comunicación y matrices de cultura,* Gustavo Gili, México.

MARTÍNEZ GARZA, F.J. y Lozano, J.C. (2005). Flujos televisivos y cinematográficos en México. *Comunicación y Sociedad,* Nueva Época, (3), 47-66.

MATTELART, Armand (1976), "*Críticas a la communication research*", en Jaime Goded (comp.), *Los medios de la comunicación colectiva,* Facultad de Ciencias Políticas y Sociales, UNAM, México.

_______ (1977), *Multinacionales y sistemas de comunicación: Los aparatos ideológicos del imperialismo,* Siglo XXI, México.

MCCOMBS, Maxwell, E. Eisendel y D. Weaver (1991), *Contemporary Public Opinion: Issues and the News,* Earlbaum, Hillsdale, New Jersey.

_______ y Donald Shaw (1991), "The Agenda Setting Function of Mass Media", en David L. Protess y Maxwell McCombs (eds.), *Agenda Setting: Readings on Media, Public Opinion and Policy Making,* LEA, New Jersey.

_______ y Donald Shaw (1993, primavera), "The Evolution of Agenda-Setting Research: Twenty-Five Years in the Marketplace of Ideas", en *Journal of Communication,* vol. 43, núm. 2.

MCCOMBS, M., Llamas, J.P., López Escobar, E. y Rey, F. (1998). Candidate images in Spanish elections: second-level agenda-setting effects. Journalism Quarterly, 74 (4), 703-717.

MCQUAIL, Denis y Sven Windhal (1981), *Communication Models,* Longman, Londres.

_______ (1983), *Introducción a la teoría de la comunicación de masas,* Paidós, Comunicación, Barcelona.

_______, Jay G. Blumler y J. R. Brown (1979), "The Television Audience: A Revised Perspective", en Denis McQuail (ed.), *Sociology of Mass Communications,* Penguin Books, Middlesex, Inglaterra.

MEDIA MONITORING PROJECT (2005). *¿Quién se cubre en las noticias? Top ten highlights.* Obtenido el 7 de marzo de 2006 de http://www.whomakesthenews.org/who_makes_the_news/top_10_highlights

MITCHELL, G. Duncan (1979), *A New Dictionary of Sociology,* Routledge & Kegan Paul, Londres.

MONCADA, A. (2004). *Las mujeres también pueden: género y narcocorrido.* México: Universidad de Occidente.

MONTOYA, Alberto y M. A. Rebeil (1983, noviembre), "El impacto educativo de la televisión en los estudiantes del sistema nacional de telesecundaria", en *Cuadernos del Ticom,* núm. 28.

MOORES, Shaun (1990, enero), "Texts, Readers and Contexts of Reading: Developments in the Study of Media Audiences", en *Media, Culture and Society,* vol. 12, núm. 1.

MORAGAS, Miguel de (1981), *Teorías de la comunicación,* Gustavo Gili, Barcelona.

MORGAN, Michael y James Shanahan (1991), "Do VCRS Change the TV Picture? VCRS and the Cultivation Process", en *American Behavioral Scientist,* vol. 35, núm. 2.

______ y James Shanahan (1992, invierno), "Television and the Cultivation of Political Attitudes in Argentina", en *Journal of Communication,* vol. 41, núm. 1.

MORLEY, David (1988), "Domestic Relations: The Framework of Family Viewing in Great Britain", en James Lull (ed.), *World Families Watch Television,* Sage, Newbury Park, California.

______ (1992), *Television, Audiences and Cultural Studies,* Routledge, Londres y Nueva York.

MORLEY, D. (1993). Active audience theory: Pendulums and pitfalls. *Journal of Communication, 43* (4), 13-19.

MOSCO, Vincent (1989), *The Pay-per Society: Computers and Communication in the Information Age,* Ablex Publishing, New Jersey.

MOSCO, V. (1996). *The political economy of communication.* Londres: SAGE.

MURDOCK, Graham y Peter Golding (1981), "Capitalismo, comunicaciones y relaciones de clase", en James Curran, Michael Gurevitch y Janet Woollacot (eds.), *Sociedad y comunicación de masas,* FCE, México.

NORDENSTRENG, Kaarle (1982), "Las nuevas tendencias de la teoría de la comunicación", en Miguel de Moragas (ed.), *Sociología de la comunicación de masas,* Gustavo Gili, 2a. ed., Barcelona.

NEWS CORPORATION. (2005). *Annual Report.* Obtenido el 14 de marzo de 2006 de http://www.newscorp.com/index2.html

NORDESTRENG, K. y Varis, T. (1974). *Television traffic: a one-way street?* París: Reporte UNESCO, No. 70.

OLIVER, Mary Beth (1994, primavera), "Portrayals of Crime, Race and Aggression in Reality Based Police Shows: A Content Analysis", en *Journal of Broadcasting and Electronic Media,* vol. 38, núm. 2.

ORELLANA, L. (1997). Necrofilia visual: análisis de contenido y de receptores de La Opinión de la Tarde. *Anuario de Investigación de la Comunicación CONEICC,* 4, 127-150.

OROZCO, Guillermo (1990/1991, septiembre-abril), "La mediación en juego: Televisión, cultura y audiencia", en *Comunicación y Sociedad,* núms. 10-11.

_______ (1991, junio), "La audiencia frente a la pantalla", en *Diálogos de la Comunicación,* núm. 30.

_______ (1991a, septiembre-diciembre), "Mediaciones familiares y escolares en la recepción televisiva de los niños (algunos hallazgos recientes)", en *Comunicación y Sociedad,* núm. 13.

_______ (1991b), *Recepción televisiva: Tres aproximaciones y una razón para su estudio,* Universidad Iberoamericana, Cuadernos de Comunicación y Prácticas Sociales, núm. 2, México.

_______ (1992), "Familia, televisión y educación en México", en Guillermo Orozco (comp.), *Hablan los televidentes: Estudios de recepción en varios países,* Universidad Iberoamericana, Cuadernos de Comunicación y Prácticas Sociales, núm. 4, México.

PETERS, B. (2001). The varied pace of women´s progress. *Nieman Reports.* Obtenido el 7 de marzo de 2006 de http://www.nieman.harvard.edu/reports/01-4NRwinter/97-99.pdf

PORTALES, Diego (1981), *Poder económico y libertad de expresión,* ILET-Nueva Imagen, México.

POTTER, James y William Ware (1987), "An Analysis of the Contexts of Antisocial Acts on Prime-Time TV", en *Communication Research,* vol. 14, núm. 6.

PRIETO, Daniel (1984), "Sobre la teoría y el teoricismo en comunicación", en Fátima Fernández y Margarita Yepes (comps.), *Comunicación y teoría social,* UNAM, México.

REBOUÇAS, E. (2005). América Latina: um território pouco exploradoe ameaçador para a TV Globo. En V. Cruz Brittos y C. Bolaño (Orgs.), *Rede Globo: 40 anos de poder e hegemonia* (pp. 157-170). São Paolo: Paulus.

REESE, L., Kroesen, K. y Gallimore, R. (1999). Cualitativos y cuantitativos, no cualitativos vs. Cuantitativos. En R. Mejía y S. A. Sandoval (Coords.), *Tras las vetas de la investigación cualitativa* (pp. 39-75). Guadalajara, México: ITESO.

REESE, Stephen D. (1990, diciembre), "The News Paradigm and the Ideology of Objectivity: A Socialist at The Wall Street Journal", en *Critical Studies in Mass Communication,* vol. 7.

_______, August Gant y Lucig Danielian (1992), "The Structure of News Sources on Television: a Network Analysis of CBS News, Nightline, MacNeil-Lehrer and This Week with David Brinkley", manuscrito sometido a dictamen en *Journal of Communication.*

RENERO, Martha (1992a), "La mediación familiar en la construcción de la audiencia", en Guillermo Orozco (comp.), *Hablan los televidentes: Estudios de recepción en varios países,* Universidad Iberoamericana, Cuadernos de Comunicación y Prácticas Sociales, núm. 2, México.

_______ (1992b, enero-agosto), "De géneros televisivos y usos familiares", en *Comuni-cación y Sociedad,* núms. 14-15.

RETIS, J. y Benavides, J. L. (2005). La representación discursiva de los inmigrantes latinoamericanos em la prensa española y estadounidense. *Palabra-Clave, 8* (2), 93-114.

Reyes Matta, Fernando (1977), "El encandilamiento informativo de América Latina", en Fernando Reyes Mana (ed.), *La información en el nuevo orden internacional*, ILET, México.

Riva Palacio, Raymundo (1992, marzo-abril), "Autocensura o libertad de empresa", en *Revista Mexicana de Comunicación*, año 4, núm. 22.

Rodríguez Andrés, R. (s/f). *Características sociodemográficas y laborales de los periodistas españoles e índice de satisfacción profesional.* Obtenido el 7 de marzo de 2006 de http://www.ull.es/publicaciones/latina/ambitos/9/art26.htm

Rogers, Everest, James Dearing y Dorine Bregman (1993, primavera), "The Anatomy of Agenda-Setting Research", en *Journal of Communication*, vol. 43, núm. 2.

Rojas, Á. y Ronderos, L. F. (2005), *Excelencia académica y acreditación en las escuelas de comunicación de América Latina*, obtenido el 23 de mayo de 2006 del sitio Web de la Federación Latinoamericana de Facultades de Comunicación Social (FELAFACS): http://www.felafacs.org/files/final_excelencia_academica.pdf

Rojas, Á. y Ronderos, L. F. (2005). *Excelencia académica y acreditación en las escuelas de comunicación de América Latina.* Obtenido el 23 de mayo de 2006 del sitio web de la Federación Latinoamericana de Facultades de Comunicación Social (FELAFACS): http://www.felafacs.org/files/final_excelencia_academica.pdf

Rubin, Alan (1986), "Uses, Gratifications, and Media Effects Research", en Jennings Bryant y Dolf Zillmann (eds.), *Perspectives on Media Effects*, LEA, Hillsdale, New Jersey.

Sánchez Ruiz, Enrique (1992a), *Medios de difusión y sociedad: Notas críticas y metodológicas*, CEIC-Universidad de Guadalajara, México.

_______ (1992b, enero-agosto), "El espacio audiovisual mexicano ante el Acuerdo de Libre Comercio Canadá-Estados Unidos-México", en *Comunicación y Sociedad*, núms. 14-15.

_______ (1993), "La investigación de la comunicación en tiempos neoliberales", en *Revista Mexicana de Comunicación*, núm. 27.

Sánchez Ruiz, E. (2000). México, Canadá y la Unión Europea: hacia un análisis comparativo de políticas de comunicación. *Razón y Palabra*, (19). Revista electrónica disponible en: http://www.razonypalabra.org.mx/anteriores/n19.

Santacruz, Adriana y Viviana Erazo (1981), *Compropolitan*, ILET-Editorial Nueva Imagen, México.

Schiller, Herbert (1976), *Comunicación de masas e imperialismo yanqui*, Gustavo Gili, Colección Punto y Línea, Barcelona.

_______ (1991, marzo), "Not Jet the Post-Imperialist Era", en *Critical Studies in Mass Communication*, vol. 8, núm. 1.

Schramm, Wilbur (1975), *La ciencia de la comunicación humana*, Editorial Roble, México.

Schudson, Michael (1993), "The Sociology of News Production Revisisted", en James Curran y Michael Gurevitch (eds.), *Mass Media and Society*, Edward Arnold, Londres.

Schudson, M. (1997). The sociology of news production. En D. Berkowitz (Comp.), *Social meanings of news* (pp. 7-23). Thousand Oaks, California: Sage Publications.

SEGRIN, C., Nabi, R. (2002). Does television viewing cultivate unrealistic expectations about marriage? *Journal of Communication, 52* (2), 247-263.

SEITER, Ellen (1992), "Semiotics, Structuralism, and Television", en Robert C. Allen (ed.), *Channels of Discourse, Reassembled,* The University of North Carolina Press, Chapel Hill.

SEMMEL, A. K. (1976), "Foreign News in Four US. Elite Dailies: Some Comparisons", en *Journalism Quarterly*, vol. 54.

SERVAES, Jan (1987, enero-marzo), "Comunicación en el subdesarrollo: Tres visiones", en *Chasqui,* núm. 21.

SHOEMAKER, Pamela (1991), *Communication Concepts 3: Gatekeeping,* Sage, Newbury Park, California.

_______ y Stephen D. Reese (1991), *Mediating the message,* Longman, Nueva York. Versión en español: *La mediatización del mensaje,* Diana, México, 1994.

SIGAL, León (1978), *Reporteros y funcionarios,* Gernika, México.

SIGNORIELLI, Nancy, Douglas McLeod y Elaine Healy (1994, invierno), "Gender Stereotypes in MTV Commercials: The Beat Goes On", en *Journal of Broadcasting and Electronic Media,* vol. 38, núm. 1.

SIGNORIELLI, N. y Bacue, A. (1999). Recognition and respect: A content analysis of prime-time television characters. *Sex Roles, 40* (7-8), 527-544.

SIMOES Borelli, Silvia Helena (1992, enero-agosto), "Multidisciplinariedad: Diálogos entre ciencias sociales y comunicaciones", en *Comunicación y Sociedad,* núms. 14-15.

SINCLAIR, J. (2003). "The Hollywood of Latin America": Miami as a regional center in television trade. *Television & New Media, 4* (3), 211-229.

SMITH, Conrad (1993), "News Sources and Power Elites in News Coverage of the Exxon Valdez Oil Spill", en *Journalism Quarterly,* vol. 79, núm. 2.

SMYTHE, Dallas (1983), "Las comunicaciones: Agujero negro del marxismo occidental", en Giuseppe Richeri (ed.), *La televisión: Entre servicio público y negocio,* Gustavo Gili, México.

SOLÍS, Javier y Tomás Guerra (1981), "La formación de periodistas en Costa Rica", en José Baldivia, Mario Planet, Javier Solís y Tomás Guerra, *La formación de los periodistas en América Latina,* CEESTEM-Editorial Nueva Imagen, México.

SREBERNY-Mohammadi (1990), "The World of the News", en John Martin y Ray E. Hiebert (eds.), *Current Issues in International Communication,* Longman, White Plains, N. J.

STRAUBHAAR, J., Youn, S.M., Campbell, C., Champanie, K., Ha, L., Shrikhande, S., Elasmar, M., Ahn, T.H., Chen, M. C., Clarke, S., Takahashi, M. (1994). Mercados para la televisión regional y flujos de programas. *Estudios sobre las Culturas Contemporáneas, 6* (18), 115-150.

STRAUBHAAR, J., Fuentes, M., Abram, D., McCormick, P., Campbell, C., Youn, S.M., Inagaki, N., Wang, T.L., Ha, L., Shrikhande, S., Elasmar, M., Ahn, T.H., Chen, M.C., Clarke, S., Takahashi, M. (2003, mayo). *Regional TV markets and TV program flows.* Ponencia presentada en el encuentro 2003 de la International Communication Association. San Diego, California.

SUTTER, M. (2001, 26 de marzo -1 de abril). Weak signal: digital shows promise, but cable creeps along. *Variety,* 34-40.

SWINGEWOOD, Alan (1981), *El mito de la cultura de masas*, Premiá Editora, México.

TOUSSAINT, F. (2003). Programación televisiva y pluralidad cultural en el México de los años 90. En N. P. Maldonado (Coord.), *Investigación de la comunicación: México en los albores del Siglo XXI* (pp. 193-210). México: Asociación Mexicana de Investigadores de la Comunicación (AMIC).

TREJO Delarbre, Raúl (coord.) (1985), *Televisa: El quinto poder*, Claves Latinoamericanas, México.

TUCHMAN, Gaye (1983), *La producción de la noticia*, Gustavo Gili, México.

VALENZUELA, Verónica (1988), "El dibujo infantil y las telenovelas", en *Estudios sobre las Culturas Contemporáneas*, vol. 2, núm. 4-5.

VAN DIJK, T. (1995). The mass media today. Discourses of domination or diversity? *Javnost/The Public* (Ljubljana), 2 (2), 1995, 27-45.

VARIS, T. (1984). The international flow of television programmes. *Journal of Communication, 34* (1), 143-152.

WEAVER, D., Mcombs, M. y Shaw, D. (2004). Agenda-setting research: Issues, attributes, and influences. En Lee Kaid, L. (Eds.), *Handbook of political communication* (pp. 257-282). Mahwah, NJ: Lawrence Erlbaum Associates (LEA).

WHITE, Mimi (1992), "Ideological Analysis and Television", en Robert C. Allen (ed.), *Channels of Discourse, Reassembled*, The University of North Carolina Press, Chapel Hill.

WIMMER, Roger y Joseph Dominick (1987), *Mass Media Research*, Wadsworth Publishing Company, 2a. ed., Belmom, California.

WOLF, Mauro (1987), *La investigación de la comunicación de masas*, Paidós, Instrumentos, Barcelona.

WRIGHT Mills, Charles (1978), *The Sociological Imagination*, Pelican Books, Londres.

WRIGHT, Charles R. (1986), "Análisis funcional y comunicación de masas", en M. de Moragas (ed.), *Sociología de la comunicación de masas II: Estructuras, funciones y efectos*, Gustavo Gili, Barcelona.

Índice onomástico

Índice

MAY

PROGRAMAS EDUCATIVOS, S.A. DE C.V.
CALZ. CHABACANO NO. 65,
COL. ASTURIAS. DELG. CUAUHTEMOC,
C.P. 06850, MÉXICO, D.F.

EMPRESA CERTIFICADA POR EL
INSTITUTO MEXICANO DE NORMALIZACIÓN
Y CERTIFICACIÓN A.C. BAJO LAS NORMAS
ISO-9002:1994/NMX-CC-004:1995
CON EL NO. DE REGISTRO RSC-048
E ISO-14001:1996/NMX-SAA-001:1998 IMNC/
CON EL NO. DE REGISTRO RSAA-003

2012